제4판

슬림
거시경제

이명훈

法 文 社

제4판 머리말

슬림거시경제 제3판을 발간한 지도 3년이 지났다. 제4판에서도 수요와 공급의 원리가 일관성 있게 전체 내용에 적용되는 슬림거시경제의 기본 틀을 계속 유지하고 있다. 말로 설명하는 전달 방식과 그래프로 설명하는 전달 방식이 주를 이루고 있으며, 수식으로 설명하는 전달 방식을 간간이 사용하였다. 그리고 본문의 통계표들을 최신 자료를 이용하여 업데이트하였다. 현실 경제는 코로나19로 많은 영향을 받았기 때문에 이를 반영하기 위해 실무적인 경제학 과목에는 어느 정도 수정이 필요하겠다. 그러나 본서의 내용은 거시경제의 이론적 기본원리를 담고 있기 때문에 코로나19에 영향은 거의 받지 않았다.

제1장에서 거시경제학의 개요를 설명한 후 제2장부터 제5장까지 경제모형을 소개하였다. 제2장에서는 재화시장만을 대상으로 하는 국민소득 결정모형을 다루었으며, 제3장에서는 재화시장과 화폐시장을 대상으로 하는 $IS-LM$모형을 분석하였다. 그리고 제4장에서는 재화시장, 화폐시장, 노동시장을 대상으로 하는 $AD-AS$ 모형을 다루었으며, 제5장에서는 모형의 응용으로서 여러 가지 토픽을 소개하였다. 제6장에서 제14장까지는 경제모형을 구성하였던 소비, 투자, 화폐, 노동, 인플레이션, 이자율, 경기변동, 경제성장 등 개별 경제변수들을 각각 자세히 살펴보았다.

제4판에서 통계표들을 업데이트하는 데 많은 도움을 주신 분들께 감사드리며, 본서를 출판하는 과정에서 많은 도움을 주신 법문사 사장님, 훌륭한 편집을 해주신 김제원 이사님 이하 관련 직원 여러분들께 감사를 드린다. 마지막으로 제4판을 발간하는 데 많은 도움을 준 가족들께도 감사의 뜻을 전한다.

2022년 6월
명지대학교 경제학과 연구실에서
이 명 훈

제3판 머리말

슬림거시경제가 처음 발간된 지도 강산이 한 번 변한다는 10년이 지났다. 제3판에서는 슬림거시경제의 기본 틀은 계속 유지하되 본문의 통계표들을 업데이트하였으며 그 간의 경제 상황의 변화를 고려하여 블록체인과 암호화폐에 관한 내용을 화폐의 정의와 관련하여 제8장 화폐공급에 박스로 추가하였다. 여전히 수요-공급의 경제원리가 일관성 있게 전체 내용에 적용되고 있다. 이러한 접근방식은 단편지식의 모자이크식 나열로 인해 분량만 방대해지고 독자로 하여금 암기의 부담만 가중시키는 폐단을 상당 부분 줄일 수 있을 것으로 기대된다. 그리고 말로 설명하는 전달 방식과 그래프로 설명하는 전달 방식이 주를 이루고 있으며, 수식으로 설명하는 전달 방식을 간간히 사용하였다.

제1장에서 거시경제학의 개요를 설명한 후 제2장부터 제5장까지 경제모형을 소개하였다. 제2장에서는 재화시장만을 대상으로 하는 국민소득 결정모형을 다루었으며, 제3장에서는 재화시장과 화폐시장을 대상으로 하는 IS-LM모형을 분석하였다. 그리고 제4장에서는 재화시장, 화폐시장, 노동시장을 대상으로 하는 AD-AS모형을 다루었으며, 제5장에서는 모형의 응용으로서 여러 가지 토픽을 소개하였다. 제6장에서 제14장까지는 경제모형을 구성하였던 소비, 투자, 화폐, 노동, 인플레이션, 이자율, 경기변동, 경제성장 등 개별 경제변수들을 각각 자세히 살펴보았다.

제3판을 준비하는 데 많은 분들의 도움을 받았다. 통계표들을 업데이트하는 데 많은 도움을 준 대학원생 라혜림 양, 본서를 출판하는 과정에서 여러 가지 방면으로 도움을 주신 법문사 사장님, 훌륭한 편집을 해주신 김제원 이사님 이하 관련 직원 여러분들께 감사를 드린다. 마지막으로 본서를 집필하는 데 많은 도움을 준 가족들께도 감사의 뜻을 전한다.

2019년 6월
명지대학교 경제학과 연구실에서
이 명 훈

제2판 머리말

슬림거시경제가 처음 발간된 지도 6년이라는 세월이 흘렀다. 그 동안 초판에 남아 있던 오류와 오타를 수정해 왔으며, 제2판에서는 각 장의 주제에 맞는 에피소드를 해당 장의 끝부분마다 추가하여 현실 설명력을 높이는 데 노력을 기울였다. 그러나 수요-공급의 경제원리가 전체 내용에 관통하는 방식은 그대로 고수하였다. 그리고 말로 전달하는 직관적인 설명과 함께 그래프로 전달하는 시각적인 설명을 활용하는 방식도 유지하였다.

제1장에서 거시경제학의 개요를 설명한 후 제2장부터 제5장까지 경제모형을 소개하였다. 제2장에서는 재화시장만을 대상으로 하는 국민소득 결정모형을 다루었으며, 제3장에서는 재화시장과 화폐시장을 대상으로 하는 $IS-LM$모형을 분석하였다. 그리고 제4장에서는 재화시장, 화폐시장, 노동시장을 대상으로 하는 $AD-AS$모형을 다루었으며, 제5장에서는 모형의 응용으로서 여러 가지 토픽을 소개하였다. 제6장에서 제14장까지는 경제모형을 구성하였던 소비, 투자, 화폐, 노동, 인플레이션, 이자율, 경기변동, 경제성장 등 개별 경제변수들을 각각 자세히 살펴보았다.

제2판을 준비하는 데 많은 분들의 도움을 받았다. 에피소드 작성에 많은 도움을 주신 이동은 교수, 원고를 읽고 유익한 조언을 해주신 빈기범 교수, 이요섭 교수, 변민식 교수께 감사를 드린다. 그리고 본서를 출판하는 과정에서 여러 가지 방면으로 도움을 주신 법문사 사장님과 훌륭한 편집을 해주신 김제원 부장님 이하 관련 직원 여러분들께도 감사를 드린다. 마지막으로 본서를 집필하는 데 많은 도움을 준 가족들께도 감사의 뜻을 전한다.

2015년 6월
명지대학교 경제학과 연구실에서
이 명 훈

머리말

   경제학의 핵심인 미시경제학과 거시경제학 중에서 저자는 거시경제학을 오랫동안 강의해왔다. 기존 거시경제학 교재는 방대한 내용으로 인해 분량이 많아져서 한 학기에 모두 다루기에는 역부족인 경우가 많았다. 또한 다양한 내용의 소개를 목적으로 한 결과 전체를 관통하는 경제원리를 강조하는 데 미흡한 면이 있었다.

   이에 본서는 거시경제학을 한 학기에 마칠 수 있도록 방대한 내용을 슬림화하였으며, 수요-공급의 경제원리가 전체 내용에 명확히 드러나게 서술하였다. 이러한 의미에서 제목을 "슬림거시경제"로 하였다. 그리고 내용의 전달방식으로서 말로 전달하는 직관적인 설명과 함께 그래프로 전달하는 시각적인 설명을 주로 활용하였다. 수식으로 전달하는 방식은 최소화하였다. 전체적으로 공급, 수요, 균형, 안정성, 시장 등의 개념을 이용하여 일관성 있게 설명하였다.

   제1장에서 거시경제학의 개요를 설명한 후 제2장부터 제5장까지 경제모형을 소개하였다. 제2장에서는 재화시장만을 대상으로 하는 국민소득 결정모형을 다루었으며, 제3장에서는 재화시장과 화폐시장을 대상으로 하는 $IS-LM$ 모형을 분석하였다. 그리고 제4장에서는 재화시장, 화폐시장, 노동시장을 대상으로 하는 $AD-AS$ 모형을 다루었으며, 제5장에서는 모형의 응용으로서 여러 가지 토픽을 소개하였다. 제6장에서 제14장까지는 경제모형을 구성하였던 소비, 투자, 화폐, 노동, 인플레이션, 이자율, 경기변동, 경제성장 등 개별 경제변수들을 각각 자세히 살펴보았다.

   본서를 저술하는 데 많은 분들의 도움을 받았다. 본서를 구상하는 데 도움을 주신 한동주 교수와, 정영근 교수께 감사를 드린다. 그리고 초고를 읽고 유익한 조언을 해주신 최창규 교수와 이요섭 교수께 감사를 드린다. 독자들께서 본서의 오류나 부족한 부분을 지적해 주시면 앞으로 개선해 나갈 것을 약속드린다. 본서를 출판하는 과정에서 여러 가지 방면으로 도움을 주신 법문사의 배효선 사장님과 훌륭한 편집을 해주신 김제원 부장님, 장지훈 과장님 이하 관련 직원 여러분들께도 깊은 감사를 표합니다. 마지막으로 본서를 집필하는 데 훌륭한 환경을 제공해준 가족들께도 감사의 뜻을 전한다.

2009년 6월
명지대학교 경제학과 연구실에서
이 명 훈

CHAPTER 12 이자율 이론

CHAPTER 13 경기변동과 경기예측

01

거시경제학의 기초

S L I M
M A C R O
E C O N O M I C S

01 거시경제학의 기초

1.1 거시경제학의 분석대상

경제학(economics)의 분야는 크게 미시경제학과 거시경제학으로 나눌 수 있다. 미시경제학(microeconomics)은 소비자의 효용극대화, 기업의 이윤극대화 등 최적화행위를 기반으로 하여 소비, 투자 등에 대한 개별 경제주체의 선택의 문제를 분석하는 학문이다. 이에 비해 거시경제학(macroeconomics)은 사회전체의 소비, 투자, 정부지출, 조세, 국내총생산, 화폐량, 노동, 자본, 채권량, 외환량 등 집계적 경제변수(aggregate economic variable)의 크기 결정과 경제변수간의 관계를 규명하고 이를 토대로 하여 경제정책의 효과를 분석하는 학문이다.

| 거시경제학의 3가지 관심영역 |

1. 개별 경제변수의 크기 결정
2. 경제변수간의 관계분석
3. 경제정책의 효과분석

1.2 개별 경제변수의 크기 결정

경제변수의 크기는 수량(quantity)과 가격(price)이라는 2가지 요소로 구성되어 있다. 따라서 경제변수의 크기를 알려면 수량이 얼마로 결정되는지 그리고 가격이 얼마로 결정되는지를 알아야 한다. 이를 손쉽게 분석하기 위해 그래프를 이용하는데 그래프의 수평축으로는 수량이 얼마로 결정되는지를 측정하고 수직축으로는 가격이 얼마로 결정되는지를 측정한다. 경제변수의 크기를 결정하는 데이용되는 방법론이 수요(D: demand)와 공급(S: supply)이다. [그림 1-1]과 같은 그래프 상에 우하향하는 수요곡선과 우상향하는 공급곡선을 표시하여 두 곡선이 교차하는 균형점(E: equilibrium point)을 구하면 이로부터 균형량과 균형가격을 결정할 수 있다. 이런 의미에서 개별 경제변수의 크기에 대한 정보는 수요와 공급에 관한 그래프의 정적인 시사점으로부터 얻을 수 있다.

[그림 1-1]에 의한 분석을 균형분석이라고도 하고 시장분석이라고도 한다. 즉 수요와 공급이 일치하는 균형으로부터 경제변수의 크기를 분석한다는 의미에서 균형분석(equilibrium analysis)이라 하고, 수요와 공급이 만나는 시장으로부터 분석한다는 의미에서 시장분석(market analysis)이라 한다. 수요와 공급이

그림 1-1 수요와 공급의 균형: 정적인 시사점

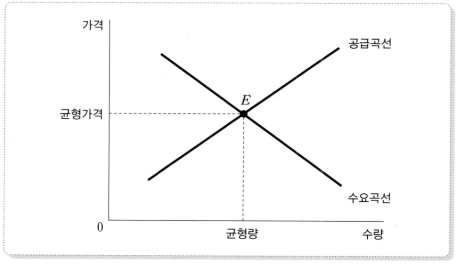

만나는 추상적인 공간을 시장(market)이라 하는데 경제 내의 시장은 크게 재화시장, 화폐시장, 노동시장, 채권시장, 외환시장으로 나눌 수 있다.

| 경제변수의 크기 결정 |

1. 공급(supply)
2. 수요(demand)
3. 균형(equilibrium)

1.3 경제변수간의 관계분석

수요와 공급이 일치하는 균형점으로부터 결정된 균형가격이 어떤 이유로든 상승하면 공급량이 수요량보다 크게 되는 초과공급이 발생하게 되며, 균형가격이 어떤 이유로든 하락하면 수요량이 공급량보다 크게 되는 초과수요가 발생하게 된다.

[그림 1–2]와 같이 가격이 균형가격인 P^*에서 P_1으로 상승하면 초과공급이 발생한다. 초과공급에서는 팔리지 않은 상품이 재고로 남게 되므로 가격을 하락시켜 처분하게 된다. 따라서 초과공급에서는 가격이 하락하여 새로운 균형으로 이행하게 된다. 반대로 가격이 균형가격인 P^*에서 P_2로 하락하면 초과수요가 발생한다. 초과수요에서는 팔고자 하는 상품이 부족한 상태이므로 가격이 상승하게 된다. 따라서 초과수요에서는 가격이 상승하여 새로운 균형으로 이행하게 된다.

이와 같이 최초의 균형으로부터 균형이 깨져도 시장원리(시장메커니즘, 시장기구, 시장의 힘)에 의해 새로운 균형으로 이행하는 것을 안정성(stability)이라 한다. 이런 의미에서 경제변수간 관계에 대한 정보는 수요와 공급에 관한 동적인 시사점으로부터 얻을 수 있다.

이와 같은 논의를 경제변수간의 관계를 분석하는 데 적용할 수 있다. 경제변수간의 복잡한 관계를 분석하기 위해 취할 수 있는 가장 간단한 방법은 관심대상 변수들 중에서 두 변수를 선택하여 관계를 규명하는 것이다. 경제변수간의 관계는 경제변수간 영향의 방향과 크기로 나누어 볼 수 있다. 첫째 경제변수간 영향

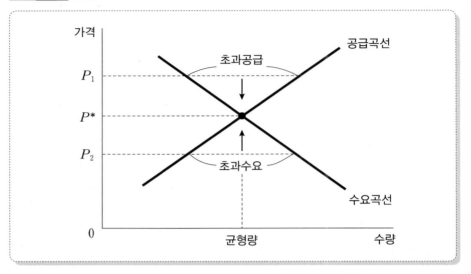

그림 1-2 안정성: 동적인 시사점

의 '방향'에 대한 분석은 두 변수가 같은 방향으로 움직이는지 아니면 반대 방향으로 움직이는지를 파악하는 것이고, 둘째 경제변수간 영향의 '크기'에 대한 분석은 한 변수의 변동이 다른 변수에 얼마만큼의 크기로 영향을 미치는지를 파악하는 것이다.

1. 경제변수간 영향의 방향

먼저 경제변수간의 관계 중 영향의 '방향'에 대해 분석하는 방법을 설명해보자. 예를 들어 최초의 균형($S_0=D_0$) 상태에 있는 경제변수들을 $(A_0, B_0, C_0, \cdots)$라 하자. 최초 균형변수 A_0가 A_1으로 변동하여 균형이 깨지면 초과수요 또는 초과공급이 발생한다. 그러면 다시 시장이 균형을 회복하는 과정에서 관련 변수인 최초 균형변수 B_0가 B_1으로 변동하여 새로운 균형($S_1=D_1$)이 달성된다.

이 때 A가 증가($A_0<A_1$)할 경우 B가 증가($B_0<B_1$)하여 새로운 균형으로 이행한다면 경제변수 A와 경제변수 B는 같은 방향으로 움직인다고 한다. 그리고 A가 증가($A_0<A_1$)할 경우 B가 감소($B_0>B_1$)하여 새로운 균형으로 이행한다면 경제변수 A와 경제변수 B는 반대방향으로 움직인다고 한다.

| 안정성(시장원리) |

1. 최초의 균형 → 초과공급 → 가격하락 → 새로운 균형
2. 최초의 균형 → 초과수요 → 가격상승 → 새로운 균형
    ($S_0 = D_0$)   ($A_0 \rightarrow A_1$)   ($B_0 \rightarrow B_1$)   ($S_1 = D_1$)

A와 B가 같은 방향(양의 관계 또는 정의 관계)이면 $A \oplus B$로 표시하고 반대 방향(음의 관계 또는 부의 관계)이면 $A \ominus B$로 표시하기로 한다. A가 증가할 때 B가 증가하는 관계를 보이는 $A \oplus B$의 경우 수학 기호로 $\frac{\Delta B}{\Delta A} > 0$ 또는 $B_A > 0$ 로 표시되며, 이는 그래프에서 곡선의 기울기의 부호가 양의 값을 가진다는 것을 의미한다. 따라서 A와 B가 같은 방향이면 우상향의 곡선이 된다. 반대로 A가 증가할 때 B가 감소하는 관계를 보이는 $A \ominus B$의 경우 수학 기호로 $\frac{\Delta B}{\Delta A} < 0$ 또는 $B_A < 0$로 표시되며, 이는 그래프에서 곡선의 기울기의 부호가 음의 값을 가진다는 것을 의미한다. 따라서 A와 B가 반대 방향이면 우하향의 곡선이 된다. 이를 그래프로 나타내면 [그림 1-3]과 [그림 1-4]와 같다.

그림 1-3 두 변수간의 양의 관계($A \oplus B$)

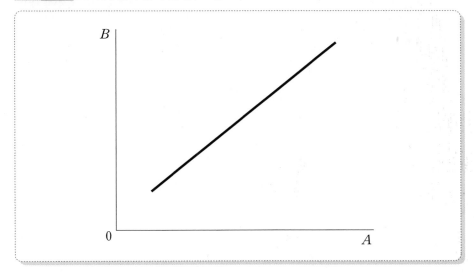

그림 1-4 두 변수간의 음의 관계($A \ominus B$)

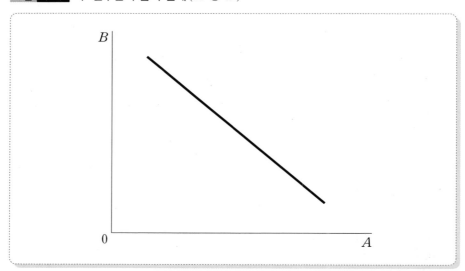

2. 경제변수간 영향의 크기

다음으로 경제변수간의 관계 중 영향의 '크기'에 대해 분석하는 방법을 살펴보자. A가 1단위 변동할 때 B가 몇 단위 변동되는가를 파악하는 것이 크기에 대한 분석이다. 이 크기는 $\dfrac{\Delta B}{\Delta A}$ (또는 $\dfrac{\partial B}{\partial A}$)로 표시하며 $\dfrac{\Delta B}{\Delta A}$의 값의 범위가 $\dfrac{\Delta B}{\Delta A} > 0$ 또는 $\dfrac{\Delta B}{\Delta A} < 0$의 형태로 주어지면 방향만을 알 수 있으며, $0 < \dfrac{\Delta B}{\Delta A} < 1$의 형태로 한정적으로 주어지면 방향과 크기를 동시에 알 수 있게 된다.

예를 들어 소득(Y) 1단위가 증가할 때 소비(C)가 0.8단위 증가하면 한계소비성향인 $\dfrac{\Delta C}{\Delta Y}$가 0.8이 된다. '관계'를 수식으로 표시하면 $C = C(Y)$와 같은 '소비함수'가 되며, $0 < C_Y = \dfrac{\Delta C}{\Delta Y} < 1$로부터 소득이 1단위 증가하면 소비가 1단위보다 작게(예: 0.8) 증가한다는 것을 알 수 있다. 즉 방향과 크기가 $0 < C_Y < 1$에 모두 표시된다. 이와 같이 경제변수간의 관계 중 영향의 크기는 기울기 값의 크기로 나타낼 수 있다.

경제변수간의 관계 중 방향에 대해서는 대부분 합의가 이루어져 있는 상태이나 크기에 대해서는 연구자들이 서로 상이한 주장을 한다. 이러한 상이한 주장이 경제현상에 대한 논쟁을 불러일으킨다. 예를 들어 화폐량(통화량)을 1단위 증가시킬 때 이자율(금리)이 하락하는 것에 대해서는 이견이 없지만, 이자율이 얼마나 하락할지에 대해서는 여러 가지 견해가 있기 때문에 통화-금리논쟁이 일어나기도 한다. 그리고 조세를 1단위 감소시킬 때 가처분소득이 늘어 소비가 증가하는 것에 대해서는 이견이 없지만, 소비가 얼마나 증가할지에 대해서는 다양한 의견이 있기 때문에 조세-소비논쟁이 일어나기도 한다.

| 경계변수 A와 B간의 관계: 함수, $B = f(A)$ |

1. 방향(기울기의 부호)

　같은 방향: A가 증가할 때 B가 증가, $A \oplus B$, $\dfrac{\Delta B}{\Delta A} > 0$,
　　　　　　$B_A > 0$, 우상향 곡선

　반대 방향: A가 증가할 때 B가 감소, $A \ominus B$, $\dfrac{\Delta B}{\Delta A} < 0$,
　　　　　　$B_A < 0$, 우하향 곡선

2. 크기(기울기의 크기: 소비함수 $C = C(Y)$의 예)
　$0 < C_Y = \dfrac{\Delta C}{\Delta Y} < 1$, $C_Y = \dfrac{\Delta C}{\Delta Y} = 0.8$

1.4 경제정책의 효과분석

　정부나 중앙은행은 경제성장, 물가안정, 금융안정 등을 달성하기 위해 경제정책을 시행한다. 국민소득을 증가시키는 경제성장, 인플레이션을 억제하는 물가안정, 시장이자율을 안정시키는 금융안정 등을 경제정책의 최종목표(final goal)라 한다.

　경제정책에는 정부가 정부지출을 변동시키는 재정정책, 정부가 조세를 변동시키는 조세정책, 중앙은행이 통화량을 변동시키는 통화정책 등이 있다. 정부나 중앙은행이 정부지출, 조세, 통화량 등 정책변수를 다른 경제변수에 의해 영향을 받지 않고 독자적으로 조절할 수 있다는 단순화된 가정(simplified assumption)을 하면 이들 변수는 외생변수(exogenous variable)의 성격을 갖는다.

　이에 비해 국민소득, 이자율, 물가 등 경제변수의 크기는 누군가가 정하는 것이 아니라 경제활동의 결과로 주어진다는 점에서 내생변수(endogenous variable)의 성격을 갖는다. 물론 어떤 경제변수가 외생변수인지 아니면 내생변수인지를 구분하는 기준은 절대적인 것이 아니다. 예를 들어 화폐량은 보통 외생변수로 간주하지만 상황에 따라서 내생변수로 설정하기도 한다.

따라서 경제정책의 효과분석이란 외생변수의 변동에 대해 내생변수가 어떻게 반응하는지를 파악하는 것이라고 할 수 있다. 즉 정부지출, 조세, 통화량 등 외생변수를 정책적으로 변동시킬 때 국민소득, 이자율, 물가 등 내생변수가 어떻게 변동하는지를 분석하는 것이 경제정책의 효과분석이다. 이는 경제변수간의 관계에 대한 논의 중에서 외생변수와 내생변수간의 관계에 대한 '방향'과 '크기'에 대한 분석에 해당한다.

> | 경제정책의 효과분석 |
>
> 외생변수의 변동 → 내생변수의 반응
> (정부지출, 조세, 통화량) (국민소득, 이자율, 물가)

이러한 개별 경제변수의 크기결정, 경제변수간의 관계, 경제정책의 효과 등 거시경제학의 3가지 관심영역을 분석하고 독자들에게 전달하는 방법에는 말로 (verbally) 전달하는 방법, 그래프로(graphically) 전달하는 방법, 수식으로 (mathematically) 전달하는 방법이 있다. 그런데 말은 직관적인 설명에 많이 의존하고 수식은 너무 복잡하기 때문에 본 교재에서는 주로 그래프를 이용할 것이다. 그래프는 독자의 이해력을 높이면서도 쉽게 접근할 수 있는 방법이다. 이렇듯 여러 가지(multi) 방법으로 경제학의 지식을 전달(media)한다는 의미에서 경제학을 멀티미디어(multi-media)의 학문이라 부를 수 있다.

1.5 시장분석의 방법

개별 경제변수의 크기결정, 경제변수간의 관계분석, 경제정책의 효과분석 등은 시장에서 수요와 공급의 균형과 안정성의 개념에 기초하고 있다. 이러한 균형분석에 대상이 되는 시장은 크게 재화시장, 화폐시장, 노동시장, 채권시장, 외환시장으로 나눌 수 있다. 시장분석을 위해 이용되는 5가지 단계를 구체적으로 살펴보자.

1. 공급식의 규정

재화시장, 화폐시장, 노동시장, 채권시장, 외환시장 등 해당 시장에서 공급식을 규정한다. 재화시장의 경우 국민소득의 공급식을 규정하고 화폐시장의 경우 화폐의 공급식을 규정하고 노동시장의 경우 노동의 공급식을 규정하는 과정이다. 즉 국민소득의 공급이 어떤 변수에 의해 결정되는지를 파악하는 것이며, 화폐공급이 어떤 변수에 의해 결정되는지를 파악하는 것이며, 노동공급이 어떤 변수에 의해 결정되는지를 파악하는 것이다.

2. 수요식의 규정

재화시장, 화폐시장, 노동시장, 채권시장, 외환시장 등 해당 시장에서 수요식을 규정한다. 재화시장의 경우 국민소득의 수요식을 규정하고 화폐시장의 경우 화폐의 수요식을 규정하고 노동시장의 경우 노동의 수요식을 규정하는 과정이다. 즉 국민소득의 수요가 어떤 변수에 의해 결정되는지를 파악하는 것이며, 화폐수요가 어떤 변수에 의해 결정되는지를 파악하는 것이며, 노동수요가 어떤 변수에 의해 결정되는지를 파악하는 것이다.

3. 균형식의 규정

이와 같이 규정된 공급식과 수요식을 일치시켜 균형식을 규정하는 과정이다. 균형식을 통해 개별 경제변수의 크기를 결정할 수 있다. [그림 1-1]에서 수요곡선과 공급곡선의 균형점으로부터 개별 경제변수의 크기인 균형량과 균형가격이 결정된다.

4. 안정성 개념의 적용

재화시장, 화폐시장, 노동시장, 채권시장, 외환시장 등 해당 시장에서 최초의 균형을 이루던 변수 중에서 하나의 변수가 변동하여 균형이 깨지면 초과공급이나 초과수요가 발생하게 된다. 이 때 경제가 안정적이라면 관련 변수가 이에 반응하여 변동함으로써 새로운 균형으로 이행하게 된다. 새로운 균형으로 이행한다는 것은 최초의 균형으로 복귀함을 의미할 수도 있고 문자 그대로 새로운 균형으로 옮겨간다는 것을 의미할 수도 있다.

안정성의 가정은 평상시의 경제에 무리 없이 적용할 수 있는 가정이다. 평상시의 경제에서 어떤 경제충격이 발생할 경우 안정성의 개념을 근거로 하여 이후의 경제상황에 대해 예측이 가능해진다. 이런 의미에서 경제의 안정성은 경제예측과도 밀접한 관련이 있다.

5. 시장분석

앞에서 설명한 공급, 수요, 균형, 안정성의 개념을 재화시장, 화폐시장, 노동시장, 채권시장, 외환시장 등 각각의 시장에 적용함으로써, 해당 시장과 관련된 경제변수들을 파악할 수 있을 뿐만 아니라 경제변수간의 관계도 분석할 수 있다. 이러한 관계를 개별방정식 또는 연립방정식의 형태로 설정한 것을 경제모형 (economic model)이라 한다. 제2장~제5장에서 경제모형의 분석을 통하여 경제변수간의 관계를 구체적으로 살펴보도록 한다.

| 시장분석의 5가지 단계 |

1. 공급식의 규정
2. 수요식의 규정
3. 균형식의 규정 : 공급 = 수요
4. 안정성 개념의 적용
5. 시장분석 : 공급, 수요, 균형, 안정성의 개념을 각각의 시장에 적용

1.6 시장의 분류

앞에서 설명한 바와 같이 경제 내의 시장은 크게 재화시장, 화폐시장, 노동시장, 채권시장, 외환시장으로 나눌 수 있다. 여기서는 어떤 경제변수들이 각각의 시장과 관련되어 있는지를 살펴보도록 한다. 그리고 이하의 장에서 이들 경제변수들의 크기결정과 경제변수들 간의 관계에 대해서 자세히 분석할 것이다.

1. 재화시장

상품과 서비스가 거래되는 시장을 재화시장(goods market) 또는 실물시장이라 한다. 상품과 서비스를 사용하면 만족(효용)을 얻기 때문에 상품과 서비스는 우리에게 좋은(good) 것이다. 이런 의미에서 파생되어 재화시장을 goods market이라 한다. 재화시장에서 국민소득의 공급과 국민소득의 수요의 균형으로부터 국민소득(Y: yield, national income)이라는 수량과 물가(P: price)라는 가격이 결정된다. 1년 동안 한 국가의 국경 내에서 상품과 서비스가 거래되는 수량을 금액으로 합계한 것을 국내총생산(GDP: Gross Domestic Product)이라 하며, 이 지표가 대표적인 국민소득 지표이다. GDP에는 명목GDP와 실질GDP가 있다.

명목GDP는 당해 연도(2018년)에 생산된 상품과 서비스(총 N개)를 당해 연도(2018년)의 가격으로 평가한 지표이다.

$$명목\text{GDP} \ = \ Y^{18} \ = \ \sum_{i=1}^{N} P_i^{18} Q_i^{18} \tag{1}$$

이에 비해 실질GDP는 당해 연도(2018년)에 생산된 상품과 서비스를 과거의 기준년도(2015년)의 가격으로 평가한 지표이다.

$$실질\text{GDP} \ = \ y^{18} \ = \ \sum_{i=1}^{N} P_i^{15} Q_i^{18} \tag{2}$$

식 (1)의 명목GDP를 식 (2)의 실질GDP로 나누면 분모와 분자에서 Q_i^{18}은 서로 동일하기 때문에 수량의 변동은 측정할 수 없으나, 분모의 P_i^{15}와 분자의

P_i^{18}간 가격의 변동은 측정할 수 있다. 즉 기준년도의 가격(P_i^{15})에 비해 당해 연도의 가격(P_i^{18})이 종합적으로 얼마나 변동했는가를 측정하는 물가지수(P^{18})가 구해진다. 이를 GDP 디플레이터라 한다. GDP 디플레이터는 100을 곱하여 100을 기준으로 하는 지수로 나타내기도 한다.

$$\text{GDP 디플레이터} = \frac{Y^{18}}{y^{18}} = \frac{\sum_{i=1}^{N} P_i^{18} Q_i^{18}}{\sum_{i=1}^{N} P_i^{15} Q_i^{18}} = P^{18} \tag{3}$$

식 (3)으로부터 명목GDP는 실질GDP와 GDP 디플레이터의 곱으로 표시할 수 있다.

$$Y = Py \tag{4}$$

예를 들어 우리나라의 경우 2018년도의 명목GDP가 약 1,780조 원이고 기준년도에 비해 물가가 11.25% 상승했다면 2018년의 실질GDP는 약 1,600조 원이 된다.

$$1,780\text{조 원} = 1.1125 \times 1,600\text{조 원}$$

한편 당해 연도의 실질GDP가 직전 연도의 실질GDP보다 얼마나 증가하였는가를 측정하면 경제성장률을 구할 수 있다.

$$\text{경제성장률}(\%) = \hat{y}^{18} = \frac{y^{18} - y^{17}}{y^{17}} \times 100 \tag{5}$$

그리고 당해 연도의 GDP 디플레이터가 직전 연도의 GDP 디플레이터보다 얼마나 상승하였는가를 측정하면 인플레이션율을 구할 수 있다.

$$\text{인플레이션율}(\%) = \pi^{18} = \frac{P^{18} - P^{17}}{P^{17}} \times 100 \tag{6}$$

2. 화폐시장

화폐시장(market for money)은 이자가 붙지 않는 금융상품인 화폐가 거래 되는 시장이다. 영어의 money와 우리말의 돈은 3가지 뜻으로 쓰인다. 먼저 돈을 벌었다고 할 때는 소득(income)을 의미하고, 돈이 많다고 할 때는 재산 (wealth)을 의미한다. 그리고 친구가 돈을 빌려 달라고 할 때는 현금 또는 화폐 (cash or currency)를 의미한다.

소득은 기간 중에 측정하는 유량(flow)변수이고 재산과 화폐는 일정 시점에 서 측정하는 저량(stock)변수이다. 예를 들어 2017년 말에 화폐량(M1(협의통화)) 이 850조 원이고 2018년 말에 화폐량이 866조 원이라면, 2018년 중에 화폐의 증가분은 16조 원이 된다. 여기서 2017년 말의 850조 원과 2018년 말의 866조 원은 저량변수이고, 2018년 중의 화폐의 증가분인 16조 원은 유량변수이다.

$$\text{저량변수}: M^{18} = 866\text{조 원}, \qquad M^{17} = 850\text{조 원}$$
$$\text{유량변수}: \Delta M^{18} = M^{18} - M^{17} = 16\text{조 원}$$

| 유량변수와 저량변수 |

1. 유량(flow)변수 : 기간 중에 측정

　　　　　　　국민소득, 소비, 투자, 정부지출, 조세 등
2. 저량(stock)변수 : 일정 시점에 측정

　　　　　　　화폐량, 채권량, 재산
3. 유량변수와 저량변수의 관계 : 유량변수 = Δ 저량변수

이런 의미에서 화폐수요라 할 때는 이자가 붙지 않는 현금(화폐)에 대한 수요 (보유)를 의미한다. 화폐수요에서 화폐를 재산으로 간주하여 재산으로서의 돈을 얼마나 많이 갖고 싶은가로 해석하면, 화폐(재산)는 무조건 많이 보유할수록 좋은 것이 되지만 이는 화폐수요의 개념을 잘못 이해한 것이다. 따라서 화폐수요에서 화폐를 현금으로 간주하여 현금으로서의 돈을 얼마나 많이 갖고 싶은가로 해석하여야 한다. 즉 현금 보유에는 이자가 붙지 않기 때문에 화폐수요는 무조건 많을수록 좋은 것이 아니라 적정한 규모가 바람직하다고 할 수 있다.

화폐시장에서 화폐의 공급과 수요의 균형으로부터 화폐량(M: quantity of money)과 이자율(r: interest rate)이 결정된다. 여기서 이자율은 화폐수요의 기회비용의 성격을 갖는데 이후에 상세히 설명할 것이다.

재화시장에서 1,780조 원의 상품과 서비스의 거래를 1년 동안 성립시키기 위해서는 1년 동안 1,780조 원의 화폐의 흐름이 필요하다. 만약 화폐가 1년 동안 평균 10회 쓰인다면 중앙은행은 178조 원의 화폐만 공급(M)하면 된다. 화폐의 평균 거래횟수를 유통속도(V: velocity)라 한다. 이 조건을 교환조건 또는 거래 성립조건이라 한다.

1,780조 원의 화폐의 흐름 = 1,780조 원의 실물의 흐름

이를 수식으로 표시한 식 (7)을 교환방정식(equation of exchange) 또는 화폐수량방정식(quantity equation of money)이라 한다.

$$MV = Py \qquad (7)$$
178조 원 × 10회 = 1.1125 × 1,600조 원

우리나라의 경우 2018년도에 화폐의 평균 거래횟수(유통속도)가 10회이고 명목 GDP가 1,780조 원이며 기준년도에 비해 물가가 11.25% 상승하여 실질GDP가 1,600조 원이라면 중앙은행은 178조 원의 화폐공급을 해야 한다. 이런 의미에서 교환방정식은 일종의 항등식(identity)이다.

실물과 화폐가 활발히 거래되어 거래량이 증가한다면 경기가 좋아졌다고 하고 이 거래량의 크기를 총수요(AD: aggregate demand)라 한다. 즉 재화시장과 화폐시장이 결합되어 총수요의 크기가 결정된다.

| 총수요의 크기 결정 |

1. 재화시장과 화폐시장의 결합
2. 교환방정식 : $MV = Py$

3. 노동시장

재화시장과 화폐시장이 결합하여 총수요의 크기가 결정되는 것에 대비하여 총공급의 크기는 생산부문에서 결정된다. 생산이라는 산출(output)은 노동과 자본의 투입(input)에 의해 결정되기 때문에 총공급의 크기를 파악하기 위해서는 노동과 자본에 대한 분석이 필요하다. 기계설비, 공장시설 등 자본의 크기를 변동시킬 수 없는 기간을 단기(short run)이라 하고 자본의 크기를 변동시킬 수 있는 기간을 장기(long run)라 한다. 분석의 단순화를 위해 분석기간을 단기로 한정하면 총공급(AS: aggregate supply)을 결정하는 시장은 노동시장(labor market)이 된다. 노동시장에서 노동의 공급과 노동의 수요의 균형으로부터 고용량(N: number)과 임금(W: wage)이 결정된다.

4. 채권시장

재화, 화폐, 노동 이외에 경제에서 거래되는 것으로서 증권시장에서 거래되는 증권을 들 수 있다. 증권에는 채권과 주식이 있는데 거시경제분석에서는 주로 채권시장을 분석대상으로 한다. 채권시장에서 채권의 공급과 채권의 수요의 균형으로부터 채권량(B: bond)과 이자율(r: interest rate)이 결정된다. 이자율은 채권의 가격과 밀접한 관계가 있을 뿐만 아니라 화폐보유의 기회비용으로 작용하기 때문에, 화폐시장에서 이자율이 결정된다고 할 수도 있고 채권시장에서 이자율이 결정된다고 할 수도 있다.

5. 외환시장

경제가 개방되면 달러 등 외국통화에 대한 시장이 형성되는데 이를 외환시장(foreign exchange market)이라 한다. 외환시장에서 외환의 공급과 외환의 수요의 균형으로부터 외환량(E: foreign exchange)과 환율(e: exchange rate)이 결정된다.

| 시장의 구분 |

1. 재화시장: 국민소득(Y)과 물가(P)가 결정됨
2. 화폐시장: 화폐량(M)과 이자율(r)이 결정됨
3. 노동시장: 고용량(N)과 임금(W)이 결정됨
4. 채권시장: 채권량(B)과 이자율(r)이 결정됨
5. 외환시장: 외환량(E)과 환율(e)이 결정됨

1.7 거시경제분석의 체계

재화시장, 화폐시장, 노동시장, 채권시장, 외환시장의 5개의 시장분석으로부터 거시경제의 운행원리를 파악할 수 있다. 분석의 단순화를 위해서는 분석 대상이 되는 시장의 수를 줄일 필요가 있다. 먼저 폐쇄경제(closed economy)를 가정하면 외환시장을 분석에서 제외시킬 수 있다. 다음으로 균형분석에서 N개의 시장 중 $(N-1)$개의 시장이 균형을 이루면 나머지 하나의 시장은 자동적으로 균형이 된다는 왈라스(Walras)의 법칙을 적용하면 채권시장을 분석에서 제외시킬 수 있다.

그러면 재화시장, 화폐시장, 노동시장이 분석 대상이 된다. 앞에서 살펴봤듯이 재화시장과 화폐시장으로부터 총수요가 도출되고 노동시장으로부터 총공급이 도출되며 이러한 재화시장, 화폐시장, 노동시장을 분석 대상으로 하는 경제모형을 물가변동하의 총수요(AD)-총공급(AS)모형이라 한다. AD-AS모형은 중기(medium run)모형의 성격을 갖는다. 참고로 장기(long run)모형에는 경제성장모형이 있다.

단순화를 더 진행하려면 선진국형 수요부족경제의 가정이 필요하다. 수요부족을 경험하는 선진국형 경제에서는 대량생산 체제를 갖추어 상품의 생산은 충분하게 이루어지고 있으나, 생산된 상품이 팔리지 않는 수요부족의 문제가 발생한다. 이럴 경우 균형국민소득은 총수요의 크기와 같아지기 때문에 총수요 분석만으로도 균형국민소득에 대한 분석이 완결된다. 따라서 선진국형 수요부족경제의 가정하에서 노동시장이 분석 대상에서 제외된다. 수요부족 경제에서는 물가

가 오르지 않고 간혹 하락하기도 하기 때문에 물가불변의 가정을 하게 된다. 이와 같이 재화시장과 화폐시장을 분석 대상으로 하는 경제모형을 물가불변하의 IS-LM모형이라 한다. IS-LM모형은 단기(short run)모형의 성격을 갖는다.

마지막으로 화폐가 존재하지 않는 보다 단순화된 물물교환경제의 가정을 하면 재화시장만을 분석 대상으로 하는 국민소득 결정모형이 된다.

| 거시경제분석의 대상 |

1. 개방경제: 재화시장, 화폐시장, 노동시장, 채권시장, 외환시장
2. 폐쇄경제: 재화시장, 화폐시장, 노동시장, 채권시장
3. 왈라스 법칙: 재화시장, 화폐시장, 노동시장
   → 2, 3의 가정: AD-AS모형
    (중기모형: 물가변동모형)
4. 수요부족경제: 재화시장, 화폐시장
   → 2, 3, 4의 가정: IS-LM모형
    (단기모형: 물가불변모형)
5. 물물교환경제: 재화시장
   → 2, 3, 4, 5의 가정: 국민소득 결정모형
    (단기모형)
[참고] 경제성장모형(장기모형)

앞으로의 논의는 첫째 폐쇄경제, 왈라스 법칙, 수요부족경제, 물물교환경제의 가정하에 국민소득의 결정모형, 둘째 폐쇄경제, 왈라스 법칙, 수요부족경제의 가정하에 IS-LM모형, 셋째 폐쇄경제, 왈라스 법칙의 가정하에 AD-AS모형의 순으로 진행된다.

Episode
에 · 피 · 소 · 드

데이터로 보는 거시경제: 우리나라 GDP

본문에서 살펴본 바와 같이 국내총생산(GDP)은 거시경제학에서의 핵심적인 개념 중 하나이다. 본문에서 거시경제학에서 바라본 시장을 재화시장, 화폐시장, 노동시장, 채권시장, 외환시장 등으로 나누어 분석하였지만, GDP는 이 모든 시장의 균형이 총합적으로 반영된 결과라 할 수 있다.

〈그림 A1〉은 우리나라의 명목 GDP를 나타내고 있는데, 6.25 한국전쟁 이후 우리나라 경제가 빠르게 성장한 모습을 단적으로 잘 보여주고 있다. 그림에서 1980년대 이전의 성장 속도는 잘 보이지 않지만, 1960~1980년 사이에도 우리나라는 연평균 30%에 육박하는 빠른 속도로 성장하였으며, 이후 1981~2000년의 20년 동안은 연평균 15% 정도, 2000년대 이후에는 평균 6.5% 속도로 성장하였다. 이런 꾸준한 성장의 결과로 1953년 전후 477억 원에 불과했던 우리나라의 명목 GDP는 1,428조 2,960억 원에 달할 정도로 커졌으며, 1953년에 비교한 2013년의 GDP는 약 3만 배 수준이다.

A1 우리나라의 명목 GDP 추이 (단위: 십억 원)

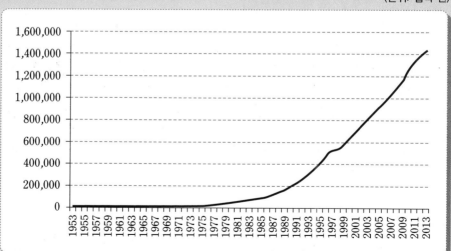

출처: 한국은행 경제통계시스템

exercise

연 습 문 제

01 거시경제학의 3가지 관심영역에 대해 설명하시오.

02 경제변수의 크기를 결정하는 균형분석에 대해 설명하시오.

03 경제변수간의 관계분석에 사용되는 안정성의 개념에 대해 설명하시오.

04 경제변수간의 관계 중에서 경제변수간 영향의 방향에 대해 설명하시오.

05 경제변수간의 관계 중에서 경제변수간 영향의 크기에 대해 설명하시오.

06 경제정책의 효과분석을 외생변수와 내생변수의 개념을 이용하여 설명하시오.

07 시장분석의 5가지 단계에 대해 설명하시오.

08 명목GDP와 실질GDP를 구하는 식에 대해 설명하시오.

09 재화시장과 화폐시장으로부터 교환방정식을 도출하고 이에 대해 설명하시오.

10 시장분석에 대상이 되는 5가지 시장에서 결정되는 수량변수와 가격변수에 대해 설명하시오.

11 국민소득의 결정모형, $IS-LM$모형, $AD-AS$모형은 각각 어떤 가정하에 성립하는 모형인가?

02

거시경제모형 Ⅰ

국민소득 결정모형

SLIM MACRO ECONOMICS

02 거시경제모형 I
국민소득 결정모형

　IS-LM모형을 분석하기 전에 거시경제를 가장 단순하게 분석할 수 있는 모형으로서 폐쇄경제, 왈라스 법칙, 수요부족경제, 물물교환경제의 가정하의 국민소득 결정모형을 살펴보자. 국민소득 결정모형은 재화시장만을 분석 대상으로 한다. 제1장에서 살펴본 바와 같이 시장분석의 방법을 재화시장에 적용하여 국민소득의 결정과정을 분석할 수 있다.

2.1 국민소득의 공급식

　국민소득(Y: yield, national income)의 지표로서 국내총생산(GDP: gross domestic product)이 많이 쓰이고 있다. GDP는 일정 기간 동안(1년 또는 분기) 국적을 불문하고 내국인이나 외국인이 한 국가의 국경 내에서 생산한 상품과 서비스의 시장가치를 합한 것이다.

　대량생산 등에 의해 상품과 서비스의 생산이 충분히 이루어진다고 하면 국민소득의 공급(Y^s)에 대한 제약조건은 없다고 간주할 수 있다. 따라서 국민소득의 공급식은 다음과 같이 규정할 수 있다.

$$Y^s = Y \qquad\qquad (1)$$

2.2 국민소득의 수요식

경제의 3대 주체인 가계(household), 기업(firm), 정부(government)가 각각 원하는 지출을 하기 위해 국민소득을 수요하게 된다. 가계가 행하는 지출을 소비(C: consumption), 기업이 행하는 지출을 투자(I: investment), 정부가 행하는 지출을 정부지출(G: government expenditure)이라 한다. 따라서 국민소득의 수요(Y^d)는 소비지출수요, 투자지출수요, 정부지출수요의 합계이다.

$$Y^d = C + I + G$$

소비는 가처분소득(disposable income)의 증가함수로 규정할 수 있다. 즉 소득(Y)에서 조세(T)를 제외한 가처분소득($Y-T$)이 증가하면 소비도 증가하므로 소비는 가처분소득과 같은 방향으로 움직인다.

$$C = C(Y-T) = a + b(Y-T), \quad a>0, \quad 0<b<1$$
$$\oplus$$

여기서 $\oplus$는 소득(가처분 소득)이 증가하면 소비도 증가한다는 것을 나타낸다. a는 소득이 없어도 생존을 위해 지출해야 하는 최소한의 소비인 생존소비(subsistence consumption)이다. b는 소득이 1단위 증가할 때 소비가 몇 단위 증가하는가를 나타내는데, 이를 한계소비성향(MPC: marginal propensity to consume)이라 한다. 추가소득이 발생했을 때 이를 모두 소비에 지출하는 소비자 i의 한계소비성향은 $MPC_i=1$이고, 추가소득의 일부를 남겨 저축을 하는 소비자 j의 한계소비성향은 $0<MPC_j<1$이고, 추가소득보다 더 많이 지출하는 소비자 k의 한계소비성향은 $MPC_k>1$이다. 경제 전체적으로 국민소득 중 일부가 저축이 되기 때문에 이들 소비자의 한계소비성향을 모두 종합해보면 $0<MPC<1$가 된다.

소비함수에서 함수의 구체적인 형태를 모르는 상태에서 단지 소비와 소득이 같은 방향으로 움직인다는 사실만을 알 경우에는 소비함수를 $C=C(Y-T)$의 형태로 나타내며, 소비함수의 구체적인 형태를 알 경우에는 $C=a+b(Y-T)$의 형태로 나타낸다. 함수의 구체적인 형태를 모를 경우에도 경제변수간의 관계를 파악할 수 있다.

화폐가 존재하지 않는 상태에서 재화시장만을 분석 대상으로 하기 때문에 이
자율이 존재하지 않는다고 가정한다. 따라서 투자는 이자율에 영향을 받지 않고,
기업이 그 크기를 독립적으로 정하는 독립투자(autonomous investment)라고
규정한다.

$$I \ = \ I$$

정부가 필요한 지출을 하기 위해서는 재원을 조달해야 한다. 정부는 통상적
으로 세금을 걷어 정부지출(G)의 자금을 충당(tax financing)한다. 정부지출이
조세(T: tax)보다 적은 경우 흑자재정 또는 흑자예산(budget surplus)이라 하고,
정부지출과 조세가 같을 경우($G=T$)에는 균형재정 또는 균형예산(balanced
budget)이라 한다. 그러나 정부가 조세보다 더 많은 정부지출을 원한다면 빚을
내야 한다. 정부가 빚을 내는 방법에는 국채(government bond)를 발행하는 방
법(bond financing)과 화폐(money)를 발행하는 방법(money financing)이 있다.
이런 경우를 적자재정 또는 적자예산(budget deficit)이라 한다. 당대 정부의 빚
은 차기 정부로 넘길 수 있기 때문에 단기적으로 정부가 지출을 하는 데는 특별
한 제약이 없다고 할 수 있다. 따라서 정부지출은 정부가 독자적으로 또는 외생
적으로 정하는 외생변수의 성격을 갖는다.

$$G \ = \ G$$

이를 종합하여 국민소득의 수요식을 정리하면 다음과 같다.

$$Y^d \ = \ a+b(Y-T)+I+G \ = \ (a+I+G-bT)+bY \qquad (2)$$

| 국민소득의 공급과 수요 |

$Y^s = Y$

$Y^d = a+b(Y-T)+I+G = (a+I+G-bT)+bY, \ a>0, \ 0<b<1$

2.3 재화시장의 균형식

국민소득의 공급식과 수요식을 일치시키는 식을 재화시장의 균형식이라 한다. 균형식으로부터 균형국민소득을 구하는 방법으로서 그래프를 이용하는 방법과 수식을 이용하는 방법에 대해 살펴보자.

먼저 그래프를 이용하기 위해 수평축에 Y를 표시하고 수직축에 Y^s와 Y^d를 표시한 그래프상에서, 국민소득의 공급식과 국민소득의 수요식의 곡선을 그려보자. [그림 2-1]에서 국민소득의 공급식은 기울기가 1이고 절편이 0인 직선이므로 원점을 통과하는 45°선으로 그려진다. 그리고 국민소득의 수요식은 기울기가 $b(0<b<1)$이고 절편이 $(a+I+G-bT)$인 직선이므로 기울기가 국민소득의 공급식보다 완만하고 수직축의 양의 값을 절편으로 하는 직선이 된다. 국민소득의 공급곡선과 국민소득의 수요곡선이 만나는 점 E에서 균형국민소득 Y^*가 결정된다.

다음으로 수식을 이용하여 균형국민소득을 구하기 위해 국민소득의 공급식 (1)과 국민소득의 수요식 (2)를 일치시켜 국민소득의 균형식을 설정한다.

그림 2-1 균형국민소득의 결정

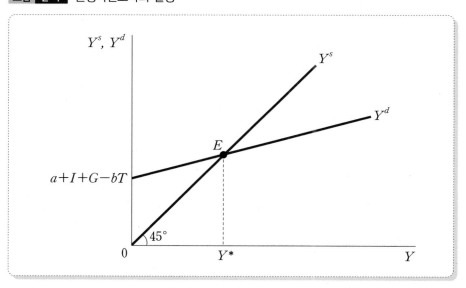

$$Y^s = Y^d$$
$$Y = a+b(Y-T)+I+G = (a+I+G-bT)+bY \tag{3}$$

이 식을 Y에 대하여 풀면 다음과 같이 균형국민소득 Y^*가 구해진다.

$$Y^* = \frac{1}{1-b}(a+I+G-bT) \tag{4}$$

| 균형국민소득의 결정 |

$$Y^s = Y^d$$
$$Y = a+b(Y-T)+I+G=(a+I+G-bT)+bY$$
$$Y^* = \frac{1}{1-b}(a+I+G-bT)$$

2.4 균형국민소득의 변동요인

한계소비성향(b)이 주어져 있을 때 균형국민소득을 변동시킬 수 있는 요인은 a, I, G, T이다. 즉 독립적 소비지출인 생존소비(a), 독립투자(I), 외생변수인 정부지출(G), 외생변수인 조세(T)가 변동하면 균형국민소득이 변동한다.

1. 생존소비의 변동

생존소비(a)가 a_0에서 a_1으로 증가하면 [그림 2-2]에서 국민소득의 수요곡선(Y^d)이 Y_0^d에서 Y_1^d으로 위쪽으로 이동하여 균형국민소득이 Y_0^*에서 Y_1^*로 증가하게 된다. 이를 균형국민소득식 (4)을 이용하여 살펴보면 생존소비(a)의 1단위 증가가 균형국민소득(Y^*)을 $(\frac{1}{1-b})$배 증가시킨다.

$$\frac{\Delta Y^*}{\Delta a} = \frac{1}{1-b} \qquad\qquad (5)$$

이를 국민소득의 균형식 (3), $Y=a+b(Y-T)+I+G$에서 직관적으로 살펴보면 다음과 같다. 1단계에서 우변의 a가 1단위 증가하면 좌변의 Y가 1단위 증가한다. Y의 1단위 증가로 인해 2단계에서 우변의 소비($a+b(Y-T)$)가 b(예를 들어 0.8) 단위 증가하면 좌변의 Y가 b단위 증가한다. Y의 b단위 증가로 인해 3단계에서 우변의 소비가 b^2(예를 들어 $0.8^2=0.64$) 단위 증가하면 좌변의 Y가 b^2단위 증가한다. 이러한 과정을 무한히 반복하여 국민소득의 변동을 합계해 보면 균형국민소득(Y^*)이 ($\frac{1}{1-b}$)배 증가한다는 것을 알 수 있다. 한계소비성향(b)이 0과 1 사이의 값을 가지므로 ($\frac{1}{1-b}$)은 1보다 큰 값을 갖는다. 이런 의미에서 ($\frac{1}{1-b}$)을 지출승수(expenditure multiplier)라 한다.

그림 2-2 균형국민소득의 변동: 생존소비의 증가($a_0<a_1$)

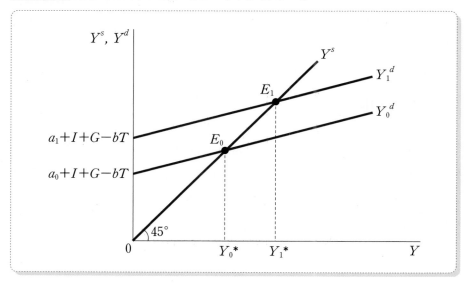

	국민소득의 변동(공급)	지출요소(생존소비)의 변동(수요)
1단계	1	1
2단계	b	b
3단계	b^2	b^2
$\cdot$	$\cdot$	$\cdot$
$\cdot$	$+\;)\;\dfrac{\cdot}{\dfrac{1}{1-b}}$	$\cdot$

2. 독립투자의 변동

독립투자(I)가 I_0에서 I_1으로 증가하면 [그림 2-3]에서 국민소득의 수요곡
선(Y^d)이 Y_0^d에서 Y_1^d으로 위쪽으로 이동하여 균형국민소득이 Y_0^*에서 Y_1^*로
증가하게 된다. 이를 균형국민소득식 (4)을 이용하여 살펴보면 독립투자(I)의
1단위 증가가 균형국민소득(Y^*)을 ($\dfrac{1}{1-b}$)배 증가시킨다.

그림 2-3 균형국민소득의 변동 : 독립투자의 증가($I_0 < I_1$)

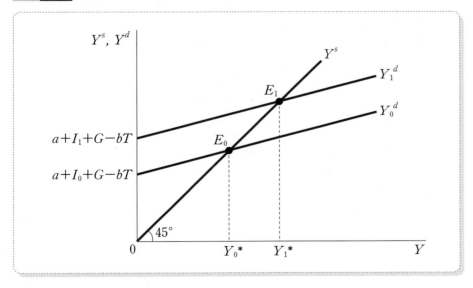

$$\frac{\Delta Y^*}{\Delta I} = \frac{1}{1-b} \tag{6}$$

독립투자의 경우는 생존소비의 경우와 같이 독립투자가 증가한 것보다 그 이상의 배수로 균형국민소득이 증가한다. 이를 투자의 승수효과(multiplier effect)라 한다. 독립투자의 변동이 균형국민소득을 증가시키는 과정에 대한 논의는 생존소비의 변동이 균형국민소득을 증가시키는 과정에 대한 논의와 유사하다.

3. 정부지출의 변동

정부지출(G)이 G_0에서 G_1으로 증가하면 [그림 2-4]에서 국민소득의 수요곡선(Y^d)이 Y_0^d에서 Y_1^d으로 위쪽으로 이동하여 균형국민소득이 Y_0^*에서 Y_1^*로 증가하게 된다. 이를 균형국민소득식 (4)을 이용하여 살펴보면 정부지출(G)의 1단위 증가가 균형국민소득(Y^*)을 ($\frac{1}{1-b}$)배 증가시킨다.

$$\frac{\Delta Y^*}{\Delta G} = \frac{1}{1-b} \tag{7}$$

그림 2-4 균형국민소득의 변동: 정부지출의 증가($G_0 < G_1$)

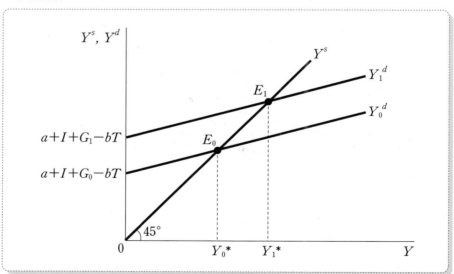

정부지출의 경우는 생존소비와 독립투자의 경우와 같이 정부지출이 증가한 것보다 그 이상의 배수로 균형국민소득이 증가한다. 정부지출의 변동이 균형국민소득을 증가시키는 과정에 대한 논의는 생존소비와 독립투자의 변동이 균형국민소득을 증가시키는 과정에 대한 논의와 유사하다.

4. 조세의 변동

조세(T)가 T_0에서 T_1으로 증가하면 [그림 2-5]에서 국민소득의 수요곡선 (Y^d)이 Y_0^d에서 Y_1^d으로 아래쪽으로 이동하여 균형국민소득이 Y_0^*에서 Y_1^*로 감소하게 된다. 이를 균형국민소득식 (4)을 이용하여 살펴보면 조세(T)의 1단위 증가가 균형국민소득(Y^*)을 ($\frac{b}{1-b}$)배 감소시킨다.

$$\frac{\Delta Y^*}{\Delta T} = -\frac{b}{1-b} \tag{8}$$

조세가 1 단위 증가하면 가처분소득의 감소로 한계소비성향(예: $MPC=0.8$) 만큼 소비를 감소시키므로 국민소득이 0.8 단위 감소한다. 이에 비해 정부지출

그림 2-5 균형국민소득의 변동: 조세의 증가($T_0 < T_1$)

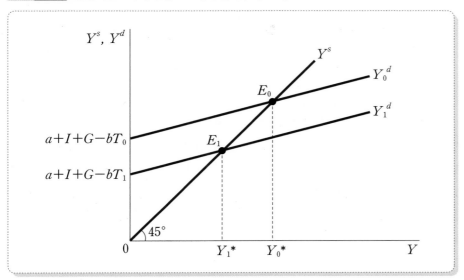

이 1단위 증가하면 국민소득이 1단위 증가한다. 따라서 조세의 변동이 국민소득에 미치는 영향은 정부지출의 변동이 국민소득에 미치는 영향보다 상대적으로 작다.

| 균형국민소득의 변동요인 |

1. 생존소비(a)의 증가: 균형국민소득(Y^*)이 ($\frac{1}{1-b}$)배 증가,

$$\frac{\Delta Y^*}{\Delta a} = \frac{1}{1-b}$$

2. 독립투자(I)의 증가: 균형국민소득(Y^*)이 ($\frac{1}{1-b}$)배 증가,

$$\frac{\Delta Y^*}{\Delta I} = \frac{1}{1-b}$$

3. 정부지출(G)의 증가: 균형국민소득(Y^*)이 ($\frac{1}{1-b}$)배 증가,

$$\frac{\Delta Y^*}{\Delta G} = \frac{1}{1-b}$$

4. 조세(T)의 증가: 균형국민소득(Y^*)이 ($\frac{b}{1-b}$)배 감소,

$$\frac{\Delta Y^*}{\Delta T} = -\frac{b}{1-b}$$

---

5. 균형예산승수

정부지출과 조세가 일치하는 상태를 균형예산(balanced budget)이라 한다.

$$G = T$$

정부가 조세를 걷어서 정부지출에 충당할 경우 국민소득에 미치는 효과를 균형예산승수(balanced budget multiplier)라 한다. 앞에서 살펴본 바와 같이 정부지출의 1단위 증가는 국민소득을 1단위 증가시키나 조세의 1단위 증가는 국민소득을 $MPC(=0.8)$ 단위 감소시키기 때문에, 균형예산을 유지하면서 정부지출과 조세를 동시에 같은 금액으로 증가시켜도 국민소득은 증가한다. 이를 식으로 표시하면 다음과 같다.

$$\frac{\Delta Y^*}{\Delta G} + \frac{\Delta Y^*}{\Delta T} = \frac{1}{1-b} + \frac{-b}{1-b} = 1 \tag{9}$$

식 (9)로부터 정부지출과 조세를 동시에 1단위 증가시키면 국민소득도 1단위 증가한다. 따라서 재화시장만을 고려하는 국민소득 결정모형에서 균형예산승수는 1이 된다.

	정부지출의 1단위 증가에 따른 국민소득의 변동	조세의 1단위 증가에 따른 국민소득의 변동
1단계	1	$-b$
2단계	b	$-b^2$
3단계	b^2	$-b^3$
·	·	·
·	$+\,)\;\cdot$	$+\,)\;\cdot$
	$\dfrac{1}{1-b}$	$\dfrac{-b}{1-b}$

2.5 모형의 확장

수출(EX: Export)과 수입(IM: Import)의 차이인 순수출($NX = EX - IM$: net export)을 고려하는 개방경제를 가정하면 모형은 다음과 같이 확장된다. 대량생산 등에 의해 상품과 서비스의 생산이 충분히 이루어진다고 하면 국민소득의 공급(Y^s)에 대한 제약조건은 없다고 간주할 수 있다. 따라서 국민소득의 공급식은 다음과 같이 규정할 수 있다.

$$Y^s = Y \tag{10}$$

국민소득의 수요식을 소비, 투자, 정부지출, 순수출의 합으로 정리하면 다음과 같다.

$$Y^d = a + b(Y - T) + I + G + NX = (a + I + G - bT + NX) + bY \quad (11)$$

| 국민소득의 공급과 수요 |

$Y^s = Y$

$Y^d = a + b(Y - T) + I + G + NX = (a + I + G - bT + NX) + bY,$

$\quad a > 0, \quad 0 < b < 1$

다음으로 수식을 이용하여 균형국민소득을 구하기 위해 국민소득의 공급식 (10)과 국민소득의 수요식 (11)을 일치시켜 국민소득의 균형식을 설정한다.

$$Y^s = Y^d$$
$$Y = a + b(Y - T) + I + G + NX = (a + I + G - bT + NX) + bY \quad (12)$$

이 식을 Y에 대하여 풀면 다음과 같이 균형국민소득 Y^*가 구해진다.

$$Y^* = \frac{1}{1-b}(a + I + G - bT + NX) \quad (13)$$

| 균형국민소득의 결정 |

$Y^s = Y^d$

$Y = a + b(Y - T) + I + G + NX = (a + I + G - bT + NX) + bY$

$Y^* = \frac{1}{1-b}(a + I + G - bT + NX)$

순수출(NX)이 NX_0에서 NX_1으로 증가하면 [그림 2-6]에서 국민소득의 수요곡선(Y^d)이 $Y_0^{\ d}$에서 $Y_1^{\ d}$으로 위쪽으로 이동하여 균형국민소득이 Y_0^*에서 Y_1^*로 증가하게 된다. 이를 균형국민소득식 (13)을 이용하여 살펴보면 순수출 (NX)의 1단위 증가가 균형국민소득(Y^*)을 ($\frac{1}{1-b}$)배 증가시킨다.

그림 2-6 균형국민소득의 변동 : 순수출의 증가($NX_0 < NX_1$)

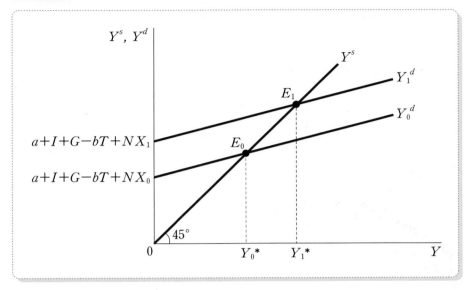

$$\frac{\Delta Y^*}{\Delta NX} = \frac{1}{1-b} \qquad (14)$$

순수출의 경우는 생존소비, 독립투자, 정부지출의 경우와 같이 순수출이 증가한 것보다 그 이상의 배수로 균형국민소득이 증가한다. 순수출의 변동이 균형국민소득을 증가시키는 과정에 대한 논의는 생존소비, 독립투자, 정부지출의 변동이 균형국민소득을 증가시키는 과정에 대한 논의와 유사하다.

| 순수출(NX)의 증가 |

균형국민소득(Y^*)이 $(\frac{1}{1-b})$배 증가, $\frac{\Delta Y^*}{\Delta NX} = \frac{1}{1-b}$

Episode

에 · 피 · 소 · 드

데이터로 보는 거시경제: 우리나라 GDP의 지출측면 구성항목

본문에서 살펴보았듯이 한 국가의 국내총생산(GDP)는 지출측면에서 소비, 투자, 정부지출, 순수출의 합계로 나타낼 수 있다. 그렇다면 우리나라 GDP에서 각각의 구성요소는 어느 정도의 비중을 가지고 있을까? 〈그림 A2〉는 2014년과 2000년의 우리나라 GDP의 지출 항목별 비중을 나타내고 있다. 2014년 현재 우리나라 GDP에서 48.5%는 민간 소비에 사용되고, 30.2%는 투자에 사용되며, 정부지출과 순수출이 차지하는 바는 각각 14.3%와 7.1% 수준이다. 이 상대 비중이 언제나 일정한 것은 아니다. 2000년 자료를 보면 소비와 투자는 각각 55.6%와 35.3%로 2014년보다 높고, 정부지출과 순수출은 각각 13.4%와 −3.3%로 2014년보다 낮다.

그런데 2000년 자료에서 순수출의 비중이 마이너스라는 것은 무엇을 의미할까? 순수출이 (수출−수입)이라는 점을 생각하면 이는 2000년에 수입액이 수출액을 초과했다는 사실을 알 수 있으며, 이를 무역적자라 한다. 반면 2014년 우리나라 경제는 순수출의 비중이 플러스이므로 무역흑자를 기록했음을 알 수 있다.

A2 우리나라 GDP의 지출측면 구성 비율

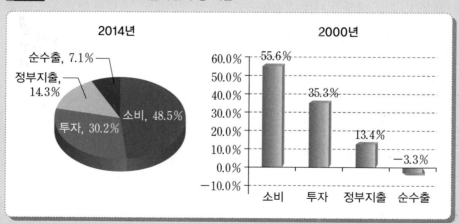

출처: 한국은행 경제통계시스템

exercise

연 습 문 제

폐쇄경제, 왈라스 법칙, 수요부족경제, 물물교환경제의 가정하에서 재화시장만을 분석하는 국민소득 결정모형에 대한 물음(1~7)에 답하시오.

01 국민소득 결정모형에서 국민소득의 공급식과 수요식을 규정하시오.

02 국민소득 결정모형에서 균형국민소득을 구하시오.

03 국민소득 결정모형에서 생존소비의 증가가 국민소득에 미치는 영향을 수식과 그래프로 설명하시오.

04 국민소득 결정모형에서 독립투자의 증가가 국민소득에 미치는 영향을 수식과 그래프로 설명하시오.

05 국민소득 결정모형에서 정부지출의 증가가 국민소득에 미치는 영향을 수식과 그래프로 설명하시오.

06 국민소득 결정모형에서 조세의 증가가 국민소득에 미치는 영향을 수식과 그래프로 설명하시오.

07 국민소득 결정모형에서 균형예산승수를 구하시오.

08 개방경제하의 국민소득 결정모형에서 국민소득의 공급식과 수요식을 규정하시오.

09 개방경제하의 국민소득 결정모형에서 균형국민소득을 구하시오.

10 개방경제하의 국민소득 결정모형에서 순수출의 증가가 국민소득에 미치는 영향을 수식과 그래프로 설명하시오.

03

거시경제모형 Ⅱ

물가불변하의 $IS-LM$ 모형

03 거시경제모형 Ⅱ
물가불변하의 $IS\text{-}LM$ 모형

폐쇄경제, 왈라스 법칙, 수요부족경제의 가정하의 $IS\text{-}LM$ 모형을 분석해 보자. $IS\text{-}LM$ 모형은 물가불변하에서 재화시장과 화폐시장을 분석대상으로 한다. 따라서 화폐경제의 특징이 모형에 반영된다.

3.1 재화시장

앞에서 살펴본 바와 같이 재화시장만을 분석 대상으로 하는 국민소득 결정모형과는 달리, $IS\text{-}LM$ 모형은 재화시장과 화폐시장을 동시에 분석 대상으로 하기 때문에 재화시장이 화폐시장과 연관되어 있는 것을 모형에 반영해야 한다. $IS\text{-}LM$ 모형을 분석하는 데 있어서 국민소득 결정모형에서와 같이 시장분석의 방법을 적용한다.

1. 국민소득의 공급식

국민소득 결정모형과 같이 국민소득의 공급(Y^s)에 대한 제약조건은 없다고 간주할 수 있기 때문에 국민소득의 공급식은 다음과 같이 규정할 수 있다.

$$Y^s = Y \qquad\qquad (1)$$

2. 국민소득의 수요식

경제의 3대 주체인 가계(household), 기업(firm), 정부(government)가 각각
이 원하는 지출을 하기 위해 국민소득을 수요하게 된다. 즉 가계는 소비지출을
위하여, 기업은 투자지출을 위하여, 정부는 정부지출을 위하여 국민소득을 필요
로 한다. 따라서 국민소득의 수요(Y^d)는 소비지출수요(C: consumption), 투자
지출수요(I: investment), 정부지출수요(G: government expenditure)의 합계
이다.

$$Y^d = C + I + G$$

이제 소비, 투자, 정부지출의 크기를 결정하는 요인에 대해 자세히 살펴보자.
첫째 소득(Y)에서 조세(T)를 제외한 가처분소득($Y-T$)이 증가하면 소비도
증가하므로 소비는 가처분소득과 같은 방향으로 움직인다.

$$C = C(Y-T)$$
$$\oplus$$

여기서 소득이 1단위 증가할 때 소비가 몇 단위 증가하는가를 나타내는 한계소
비성향(MPC: marginal propensity to consume)은 $0 < MPC < 1$의 값을 갖는
다.

둘째 화폐시장이 존재하는 상태에서 재화시장을 분석하기 때문에 이자율이
존재한다. 이자율(r: interest rate)은 투자를 위해 기업이 자금을 차입할 경우
그 대가로 지급해야 하는 비용의 성격을 갖는다. 따라서 이자율이 상승하면 기업
의 부담이 증대되어 기업은 투자를 감소시키게 된다.

$$I = I(r)$$
$$\ominus$$

셋째 정부가 필요한 지출을 하기 위해서는 재원을 조달해야 하는데 정부는
조세수입에만 의존하지 않고 국채발행이나 화폐발행을 통하여 빚을 질 수 있다.
이런 점에서 정부는 정부지출의 규모를 특별한 제약 없이 원하는 수준으로 정할

수 있다. 따라서 정부지출은 정부가 독자적으로 또는 외생적으로 정하는 외생변
수의 성격을 갖는다.

$$G = G$$

이를 종합하여 국민소득의 수요식을 정리하면 다음과 같다.

$$Y^d = C(Y-T)+I(r)+G \qquad (2)$$

3. 재화시장의 균형식

국민소득의 공급식 (1)과 국민소득의 수요식 (2)를 일치시키면 재화시장의
균형식을 얻을 수 있다.

$$Y^s = Y^d \qquad (3)$$
$$Y = C(Y-T)+I(r)+G$$

재화시장의 균형식 $Y=C(Y-T)+I(r)+G$은 (Y, r, G, T)의 4개 변수
간의 관계식이다. 이 균형식을 만족하는 (Y, r, G, T)의 값이 각각의 균형값이
된다. 이들 변수 중 국민소득(Y)과 이자율(r)은 모형 내에서 결정되는 내생변
수(endogenous variable)이고, 정부지출(G)과 조세(T)는 모형의 외부에서 결
정되는 외생변수(exogenous variable)이다.

| 재화시장의 공급, 수요, 균형 |

1. 공급식 : $Y^s = Y$
2. 수요식 : $Y^d = C(Y-T)+I(r)+G$
3. 균형식$(Y^s=Y^d)$: $Y = C(Y-T)+I(r)+G$
   $\qquad\qquad\qquad\qquad\qquad \oplus \qquad\quad \ominus$

4. 경제변수간의 관계분석 : 안정성 개념의 적용

재화시장과 관련된 변수간의 관계를 분석하기 위해 안정성의 개념을 적용한다. 복잡한 경제변수간의 관계를 가장 간단히 분석할 수 있는 방법은 관심대상 변수들 중에서 두 변수를 선택하여 관계를 규명하는 것이다. 두 변수간의 관계를 분석하기 위한 방법으로는 첫째 하나의 변수의 변동이 다른 관련 변수에 어떤 영향을 미치는지를 안정성(stability)의 개념을 이용하여 분석하는 것이고, 둘째 2차원 그래프에 변수간의 관계에 대한 정보를 그림으로 표시하는 것이다.

(1) 두 변수간의 관계

재화시장과 관련된 (Y, r, G, T)의 4개 변수 중 국민소득이 가장 중요한 변수이기 때문에 Y를 중심으로 Y와 r의 관계, Y와 G의 관계, Y와 T의 관계를 안정성 개념을 이용하여 분석해 보자. 재화시장의 균형식을 다시 한 번 표시해 보자.

$$(Y^s=)\ Y=\ C(Y-T)+I(r)+G\ (=Y^d) \qquad (4)$$
$$\oplus \qquad\quad \ominus$$

이자율(r)이 상승하면 재화시장에서 투자(I)가 감소하여 국민소득의 수요 (Y^d)가 감소하게 된다. 그 결과 재화시장의 균형식 (4)에서 우변인 수요가 감소하여 초과공급(excess supply) 상태가 된다. 경제가 안정적이라면 이런 초과 공급 상태를 해소하는 과정에서 좌변인 국민소득의 공급(Y^s)이 감소하게 되어 국민소득(Y)도 감소한다. 따라서 국민소득과 이자율은 반대 방향으로 움직인다. 식 (4)에서 국민소득이 1단위 감소하면 국민소득의 공급은 1단위 감소하지만, 한계소비성향(MPC)이 1보다 작으므로 국민소득의 수요는 1단위 미만으로 감소한다. 따라서 국민소득(Y)의 감소를 공급측면에서 국민소득(Y^s)의 감소로 간주해도 무방하다.

> | Y와 r의 관계 (반대 방향) |
>
> (공급(Y^s) ↓) Y ↓ $\ominus$ r ↑   (I ↓, 수요(Y^d) ↓)

다음으로 정부지출(G)이 증가하면 국민소득의 수요(Y^d)가 증가하게 된다. 그 결과 재화시장의 균형식 (4)에서 우변인 수요가 증가하여 초과수요(excess demand) 상태가 된다. 경제가 안정적이라면 이런 초과수요 상태를 해소하는 과정에서 좌변인 국민소득의 공급(Y^s)이 증가하게 되어 국민소득(Y)도 증가한다. 따라서 국민소득과 정부지출은 같은 방향으로 움직인다.

> | Y와 G의 관계 (같은 방향)|
>
> (공급(Y^s)↑)　　Y↑ $\oplus$ G↑　　(수요(Y^d)↑)

마지막으로 조세(T)가 증가하면 가처분소득($Y-T$)이 줄고 소비(C)가 감소해서 국민소득의 수요(Y^d)가 감소하게 된다. 그 결과 재화시장의 균형식 (4)에서 우변인 수요가 감소하여 초과공급 상태가 된다. 경제가 안정적이라면 이런 초과공급 상태를 해소하는 과정에서 좌변인 국민소득의 공급(Y^s)이 감소하게 되어 국민소득(Y)도 감소한다. 따라서 국민소득과 조세는 반대 방향으로 움직인다.

> | Y와 T의 관계 (반대 방향)|
>
> (공급(Y^s)↓)　　Y↓ $\ominus$ T↑　　(($Y-T$)↓, C↓, 수요(Y^d)↓)

(2) 2차원 그래프의 활용

안정성의 개념을 이용하여 재화시장을 구성하는 (Y, r, G, T)의 4개 변수 중 두 변수간의 관계를 파악할 수 있었다. 재화시장의 균형 상태에서 Y와 r의 관계, Y와 G의 관계, Y와 T의 관계를 그래프로 표시하면 재화시장의 운행원리를 이해하는 데 도움이 된다. 이런 관점에서 경제학은 '그림학'에서 다루는 그래프라는 분석도구를 빌려서 사용하고 있다.

그래프를 이용하려면 그래프의 기본원리를 알아야 한다. 여기에는 2가지 원리가 있다. 첫째 그래프의 양축에 표시되는 변수간의 관계는 곡선의 기울기(slope)를 결정한다. 둘째 그 밖의 변수는 해당 곡선을 이동(shift)시킨다.

| 그래프의 2대 원리 |

1. 그래프의 양축에 표시되는 변수간의 관계: 곡선의 기울기
   (slope)를 결정
2. 그 밖의 변수: 곡선을 이동(shift)시킴

앞에서 살펴봤듯이 재화시장을 구성하는 (Y, r, G, T)의 4개 변수 중 국민소득(Y)과 이자율(r)은 모형 내에서 결정되는 내생변수이고, 정부지출(G)과 조세(T)는 모형의 외부에서 결정되어 주어지는 외생변수이다. 이하에서는 재화시장을 균형시키는 곡선의 기울기와 이동변수에 대해 살펴보자.

① IS곡선의 기울기

우리의 관심은 내생변수의 크기이기 때문에 그래프의 양축에 내생변수인 Y와 r을 표시한다. 관례적으로 수평축에 Y를, 수직축에 r을 표시한다. 그러면 그래프의 양축에 표시되는 Y와 r의 관계는 $Y\downarrow \ominus r\uparrow$이므로 기울기가 $\ominus$인 곡선이 그려진다. 이와 같이 재화시장을 균형시키는 국민소득과 이자율의 조합인 우하향의 곡선을 재화시장 균형곡선 또는 IS곡선(IS curve)이라 한다. 재화시장의 균형을 나타내는 식인 $Y=C+I+G$에서 정부부문을 생략하고 소비를 좌변으로 넘기면 $Y-C=I$가 되고 $Y-C$를 저축(S)으로 정의하면 재화시장 균형식은 $S=I$가 된다. 이런 의미에서 재화시장 균형곡선을 IS곡선으로 약칭한다.

| IS곡선의 기울기 |

$Y\downarrow \ominus r\uparrow$: (Y, r)-좌표에서 기울기가 $\ominus$인 곡선

이를 그래프로 나타내면 [그림 3-1]과 같다.

② IS곡선의 이동

재화시장을 구성하는 (Y, r, G, T)의 4개 변수 중 그래프의 양축에 표시되는 Y와 r 이외의 그 밖의 변수는 해당 곡선을 이동시킨다. 먼저 [그림 3-2]에서

그림 3-1 *IS*곡선

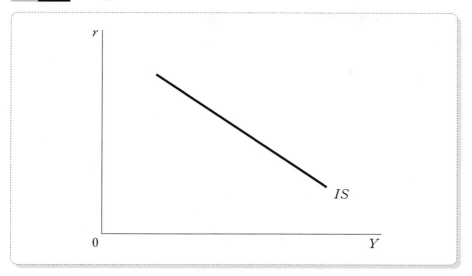

Y와 G의 관계는 $Y\uparrow\ \oplus\ G\uparrow$이므로 G가 G_0에서 G_1으로 증가할 때 Y가 증가하려면 IS곡선이 오른쪽으로 이동해야 한다. 따라서 G의 증가는 IS곡선을 오른쪽으로 이동시킨다. 같은 논리로 G가 G_0에서 G_2로 감소할 때 Y가 감소하려면 IS곡선이 왼쪽으로 이동해야 한다. 따라서 G의 감소는 IS곡선을 왼쪽으로

그림 3-2 *IS*곡선의 이동(정부지출의 변동 : $G_2<G_0<G_1$)

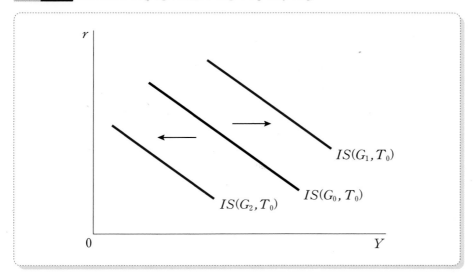

이동시킨다.

둘째 [그림 3-3]에서 Y와 T의 관계는 $Y\downarrow \ominus T\uparrow$이므로 T가 T_0에서 T_1으로 증가할 때 Y가 감소하려면 IS곡선이 수평축 방향으로 왼쪽으로 이동해야 한다. 따라서 T의 증가는 IS곡선을 왼쪽으로 이동시킨다. 같은 논리로 T가 T_0에서 T_2로 감소할 때 Y가 증가하려면 IS곡선이 수평축 방향으로 오른쪽으로 이동해야 한다. 따라서 T의 감소는 IS곡선을 오른쪽으로 이동시킨다.

| IS곡선의 이동 |

1. $Y\uparrow \oplus G\uparrow$: G의 증가는 IS곡선의 오른쪽 이동, G의 감소는 IS곡선의 왼쪽 이동
2. $Y\downarrow \ominus T\uparrow$: T의 증가는 IS곡선의 왼쪽 이동, T의 감소는 IS곡선의 오른쪽 이동

이를 종합하면 재화시장을 구성하는 (Y, r, G, T)의 4개 변수 중 Y와 r의 관계인 $Y\downarrow \ominus r\uparrow$로부터 기울기가 $\ominus$인 IS곡선이 그려진다. 그리고 그 밖의 변수인 G와 T 중에서 먼저 Y와 G의 관계인 $Y\uparrow \oplus G\uparrow$로부터 G의 증가는

그림 **3-3** IS곡선의 이동(조세의 변동 : $T_2 < T_0 < T_1$)

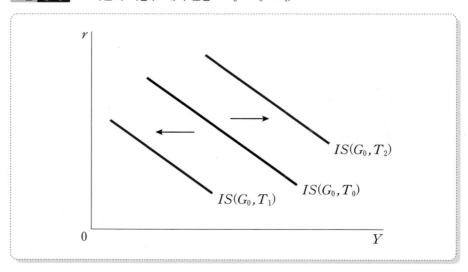

그림 **3-4** *IS*곡선의 기울기와 이동

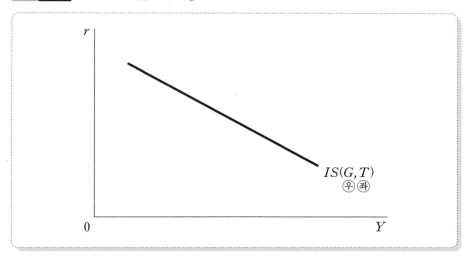

*IS*곡선을 오른쪽으로 이동시키고, *Y*와 *T*의 관계인 *Y*↓ ⊖ *T*↑로부터 *T*의 증가는 *IS*곡선을 왼쪽으로 이동시킨다. 반대로 *G*의 감소는 *IS*곡선을 왼쪽으로 이동시키고, *T*의 감소는 *IS*곡선을 오른쪽으로 이동시킨다.

이동변수가 증가할 때를 기준으로 *IS*곡선의 기울기와 이동방향을 그래프로 정리한 것이 [그림 3-4]이다.

3.2 화폐시장

화폐시장(market for money)은 이자가 붙지 않는 금융상품인 화폐가 거래되는 시장이다. 제1장에서 살펴봤듯이 영어의 money와 우리말의 돈은 소득(income), 재산(wealth), 현금 또는 화폐(cash or currency)의 3가지 의미로 쓰이는데, 화폐시장에서 화폐라 함은 세 번째 의미인 이자가 붙지 않는 현금을 말한다. 화폐시장의 분석에 있어서도 재화시장에서와 같이 시장분석의 방법을 적용한다.

1. 화폐의 공급식

화폐의 공급(M^s : money supply)을 중앙은행이 독자적으로 결정한다고 가정하면 화폐공급의 외생성(exogeneity)이라 하고, 화폐공급이 다른 변수에 의해 영향을 받으면 화폐공급의 내생성(endogeneity)이라 한다. 일반적으로 화폐공급이 이자율에 정($\oplus$)의 영향을 받는다고 설정한다. 화폐공급이 외생적으로 결정되면 $M^s = M$으로 나타낼 수 있고 화폐공급이 이자율에 의해 내생적으로 결정되면 $M^s = M(\underset{\oplus}{r})$으로 나타낼 수 있다. 이자율이 상승하여 실물경제가 침체되면 중앙은행은 경기회복을 위해 화폐공급을 늘릴 것이므로 화폐공급이 이자율과 같은 방향으로 움직인다고 할 수 있다. 여기서 M은 명목화폐량이고 $\dfrac{M}{P}$은 실질화폐량이다. 예를 들어 $M = 110$이고 물가가 10% 올라 $P = 1.1$이면 $\dfrac{M}{P} = 100$이 된다. 본 모형에서 분석의 단순화를 위해 화폐공급을 외생적으로 간주한다. 따라서 화폐의 공급식은 다음과 같이 규정된다. 본장에서는 물가불변모형을 다루기 때문에 물가를 $P = 1$과 같이 상수로 취급할 수 있다. 제4장의 물가변동모형에서는 P도 변수로 취급된다.

$$\frac{M^s}{P} = \frac{M}{P} \tag{5}$$

2. 화폐의 수요식

재산의 보유형태는 현금, 채권, 주식, 부동산 등이 있다. 재산 중에서 화폐(현금)로 몇 %를 보유할 것인가에 대한 결정을 화폐수요(M^d : money demand)라 한다. 현금은 이자가 발생하지 않는 무수익자산이고 채권, 주식, 부동산 등은 수익이 발생하는 수익자산이다. 수익자산에 대한 수익률(r)이 올라갈수록 화폐보유에 따른 기회비용이 커지므로 화폐수요는 감소하게 된다. 그리고 소득이 증가하면 일반적으로 모든 형태의 재산의 수요가 증대됨에 따라 화폐수요도 증가한다.

따라서 실질화폐수요함수 $\dfrac{M^d}{P}$는 다음과 같이 이자율(r)과 반대 방향($\ominus$)으로 움직이고 소득(Y)과 같은 방향($\oplus$)으로 움직인다.

$$\frac{M^d}{P} = L(r, Y) \qquad (6)$$
$$\underset{\ominus\ \oplus}{}$$

여기서 화폐수요함수의 기호로 쓰인 $L(\cdot, \cdot)$은 Liquidity(유동성)의 약자로서
화폐수요를 의미한다. 함수의 기호로 아무 문자를 시용해도 무방하나 화폐수요
를 연상하는 데 용이하기 때문에 $L(\cdot, \cdot)$을 사용한다.

3. 화폐시장의 균형식

화폐의 공급식 (5)와 화폐의 수요식 (6)을 일치시키면 화폐시장의 균형식을
얻을 수 있다.

$$\frac{M}{P} = L(r, Y) \qquad (7)$$

화폐시장의 균형식은 (Y, r, M, P)의 4개 변수 또는 $(Y, r, \frac{M}{P})$의 3개 변
수간의 관계식이다. 이 균형식을 만족하는 $(Y, r, \frac{M}{P})$의 값이 각각의 균형값이
된다. 재화시장의 경우와 마찬가지로 이들 변수 중 국민소득(Y)과 이자율(r)은
모형 내에서 결정되는 내생변수이고, 실질화폐량$(\frac{M}{P})$에서 명목화폐량(M)과
고정된 물가(P)는 외생화된 변수이다.

| 화폐시장의 공급, 수요, 균형 |

1. 공급식 : $\frac{M^s}{P} = \frac{M}{P}$

2. 수요식 : $\frac{M^d}{P} = L(r, Y)$

3. 균형식 $(\frac{M^s}{P} = \frac{M^d}{P}) : \frac{M}{P} = L(r, Y)$
$\qquad\qquad\qquad\qquad\qquad\quad \underset{\ominus\ \oplus}{}$

4. 경제변수간의 관계분석 : 안정성 개념의 적용

화폐시장과 관련된 변수간의 관계를 분석하기 위해 안정성의 개념을 적용한다. 두 변수간의 관계를 분석하기 위한 방법으로는 첫째 하나의 변수의 변동이 다른 관련 변수에 어떤 영향을 미치는지를 안정성(stability)의 개념을 이용하여 분석하는 것이고, 둘째 2차원 그래프에 변수간의 관계에 대한 정보를 그림으로 표시하는 것이다.

(1) 두 변수간의 관계

화폐시장과 관련된 $(Y, r, \frac{M}{P})$의 3개 변수 중 국민소득이 가장 중요한 변수이기 때문에 Y를 중심으로 Y와 r의 관계, Y와 $\frac{M}{P}$의 관계를 안정성 개념을 이용하여 분석해 보자. 화폐시장의 균형식을 다시 한 번 표시해 보자.

$$(\frac{M^s}{P} =) \ \frac{M}{P} \ = \ \underset{\ominus \ \oplus}{L(r, \ Y)} \ (= \frac{M^d}{P}) \tag{8}$$

이자율(r)이 상승하면 화폐수요가 감소한다. 그 결과 화폐시장의 균형식 (8)에서 우변인 화폐수요가 감소하여 초과공급 상태가 된다. 경제가 안정적이라면 이런 초과공급 상태를 해소하는 과정에서 우변에 있는 국민소득(Y)의 증가로 화폐수요를 증가시켜 균형상태를 회복시킨다. 따라서 국민소득과 이자율은 같은 방향으로 움직인다.

> | Y와 r의 관계 (같은 방향) |
>
> (수요$(\frac{M^d}{P})\uparrow$) $Y\uparrow \oplus r\uparrow$ (수요$(\frac{M^d}{P})\downarrow$)

다음으로 실질화폐량$(\frac{M}{P})$이 증가하면 화폐공급이 증가하게 된다. 그 결과 화폐시장의 균형식 (8)에서 좌변인 화폐공급이 증가하여 초과공급 상태가 된다. 경제가 안정적이라면 이런 초과공급 상태를 해소하는 과정에서 우변에 있는 국민소득(Y)의 증가로 화폐수요를 증가시켜 균형상태를 회복시킨다. 따라서 국민소득과 실질화폐량은 같은 방향으로 움직인다.

> | Y와 $\dfrac{M}{P}$의 관계 (같은 방향) |
>
> (수요($\dfrac{M^d}{P}$)↑) Y↑ $\oplus$ $\dfrac{M}{P}$↑   (공급($\dfrac{M^s}{P}$)↑)

(2) 2차원 그래프의 활용

안정성의 개념을 이용하여 화폐시장을 구성하는 $(Y,\ r,\ \dfrac{M}{P})$의 3개 변수 중 두 변수간의 관계를 파악할 수 있었다. 화폐시장의 균형 상태에서 Y와 r의 관계, Y와 $\dfrac{M}{P}$의 관계를 그래프로 표시하면 화폐시장의 운행원리를 이해하는 데 도움이 된다. 그러면 화폐시장을 균형시키는 곡선의 기울기와 이동변수에 대해 살펴보자.

① LM곡선의 기울기

그래프의 양축에 표시되는 내생변수 Y와 r의 관계는 Y↑ $\oplus$ r↑이므로 기울기가 $\oplus$인 곡선이 그려진다. 이와 같이 화폐시장을 균형시키는 국민소득과 이자율의 조합인 우상향의 곡선을 화폐시장 균형곡선 또는 LM곡선(LM curve)이라 한다.

화폐시장의 균형을 나타내는 식 $\dfrac{M}{P}=L(r,\ Y)$에서 화폐수요를 나타내는 L과 화폐공급을 나타내는 M을 따서 화폐시장 균형곡선을 LM곡선으로 약칭한다.

> | LM곡선의 기울기 |
>
> Y↑ $\oplus$ r↑ : (Y, r)–좌표에서 기울기가 $\oplus$인 곡선

이를 그래프로 나타내면 [그림 3-5]와 같다.

그림 3-5 *LM*곡선

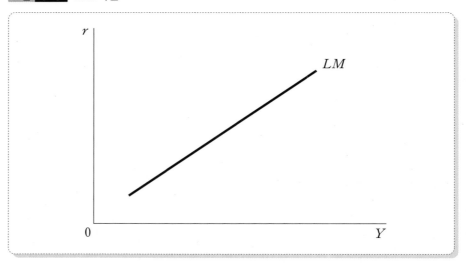

② *LM*곡선의 이동

화폐시장을 구성하는 $(Y, r, \frac{M}{P})$의 3개 변수 중 그래프의 양축에 표시되는 Y와 r 이외의 그 밖의 변수는 해당 곡선을 이동시킨다. Y와 $\frac{M}{P}$의 관계는 $Y\uparrow$ $\oplus$ $\frac{M}{P}\uparrow$ 이므로 M이 M_0에서 M_1으로 증가할 때 Y가 증가하려면 *LM*곡선이 오른쪽으로 이동해야 한다. 따라서 M의 증가는 *LM*곡선을 오른쪽으로 이동시

그림 3-6 *LM*곡선의 이동(화폐량의 변동 : $M_2 < M_0 < M_1$)

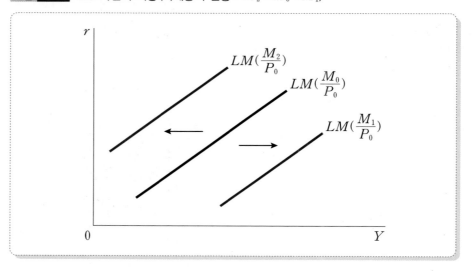

그림 3-7 *LM*곡선의 이동(물가의 변동 : $P_2 > P_0 > P_1$)

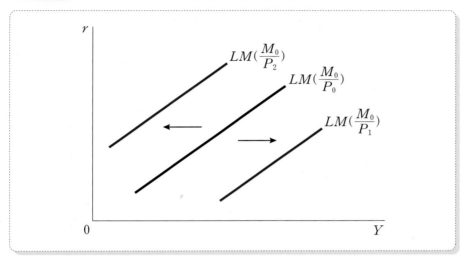

킨다. 같은 논리로 M이 M_0에서 M_2로 감소할 때 Y가 감소하려면 *LM*곡선이 왼쪽으로 이동해야 한다. 따라서 M의 감소는 *LM*곡선을 왼쪽으로 이동시킨다 ([그림 3-6]). 다음으로 제4장의 물가변동모형에서 물가 P가 변동할 경우는 화폐량 M의 변동의 경우와 정반대로 *LM*곡선을 이동시킨다([그림 3-7]).

| *LM*곡선의 이동 |

$Y \uparrow \oplus \dfrac{M}{P} \uparrow$: $\dfrac{M}{P}$의 증가는 *LM*곡선의 오른쪽 이동, $\dfrac{M}{P}$의 감소는 *LM*곡선의 왼쪽 이동

$Y \uparrow \oplus M \uparrow$: M의 증가는 *LM*곡선의 오른쪽 이동, M의 감소는 *LM*곡선의 왼쪽 이동

$Y \downarrow \ominus P \uparrow$: P의 상승은 *LM*곡선의 왼쪽 이동, P의 하락은 *LM*곡선의 오른쪽 이동

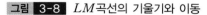

그림 3-8 LM곡선의 기울기와 이동

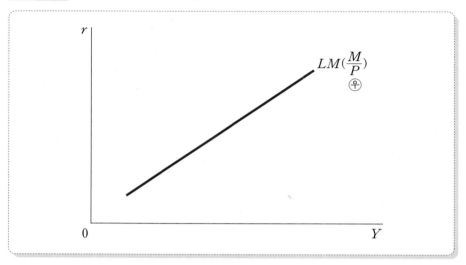

이를 종합하면 화폐시장을 구성하는 $(Y, r, \frac{M}{P})$의 3개 변수 중 Y와 r의 관계인 $Y\uparrow \oplus r\uparrow$로부터 기울기가 $\oplus$인 LM곡선이 그려진다. 그리고 그 밖의 변수인 $\frac{M}{P}$의 경우 Y와 $\frac{M}{P}$의 관계인 $Y\uparrow \oplus \frac{M}{P}\uparrow$로부터 $\frac{M}{P}$의 증가는 LM곡선을 오른쪽으로 이동시킨다. 반대로 $\frac{M}{P}$의 감소는 LM곡선을 왼쪽으로 이동시킨다. 실질화폐량을 M과 P로 나누어 보면 M의 증가는 LM곡선을 오른쪽으로 이동시키고, M의 감소는 LM곡선을 왼쪽으로 이동시킨다. 그리고 P의 상승은 LM곡선을 왼쪽으로 이동시키고, P의 하락은 LM곡선을 오른쪽으로 이동시킨다.

이동변수가 증가할 때를 기준으로 LM곡선의 기울기와 이동방향을 그래프로 정리한 것이 [그림 3–8]이다.

3.3 $IS-LM$모형을 이용한 경제정책의 효과분석

재화시장의 균형식과 화폐시장의 균형식을 결합하면 $IS-LM$모형이 된다.

그림 3-9 *IS-LM*모형

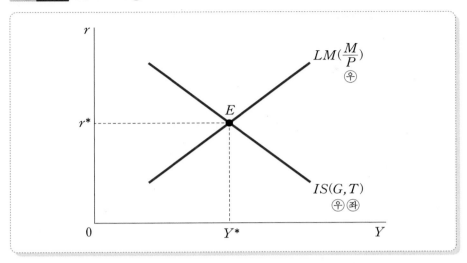

| *IS-LM*모형 |

$$IS곡선 : Y = C(\underset{\oplus}{Y-T}) + I(\underset{\ominus}{r}) + G$$

$$LM곡선 : \frac{M}{P} = L(\underset{\ominus}{r}, \underset{\oplus}{Y})$$

이를 그래프로 나타내면 [그림 3-9]와 같다.

  *IS*곡선과 *LM*곡선의 교차점 *E*는 실물과 화폐가 시장에서 거래되는 거래량의 크기를 나타낸다. 이와 같은 거래량의 크기를 총수요(*AD*: aggregate demand)라 한다. 결국 재화시장과 화폐시장이 결합하여 총수요의 크기가 결정된다. 이러한 총수요의 크기는 선진국형 수요부족경제를 가정하면 균형국민소득(Y^*)과 같아진다. 따라서 *IS*곡선과 *LM*곡선의 교차점은 균형점으로 간주되며 균형점 *E*에서 균형국민소득(Y^*)과 균형이자율(r^*)이 결정된다.

  *IS-LM*모형을 이용하여 경제정책의 효과를 분석해 보자. *IS*곡선의 이동변수인 *G*와 *T*, *LM*곡선의 이동변수인 *M*이 정책변수이다. *G*를 변동시키는 것을 재정정책(fiscal policy), *T*를 변동시키는 것을 조세정책(tax policy), *M*을 변동시키는 것을 통화정책(monetary policy)이라 한다. 재정정책과 조세정책을 포

괄하여 넓은 의미의 재정정책이라고 한다. G, T, M을 변동시키면 총수요(Y^*)가 변동하기 때문에 재정정책, 조세정책, 통화정책을 총수요관리정책이라 한다. 총수요관리정책을 통하여 국민소득과 이자율을 변동시킬 수 있다.

| 총수요관리정책 |

1. 재정정책 : 정부지출(G)을 변동시키는 정책
2. 조세정책 : 조세(T)를 변동시키는 정책
3. 통화정책 : 화폐량(M)을 변동시키는 정책

1. 재정정책

정부지출(G)을 증가시키면 [그림 3–10]과 같이 IS곡선이 오른쪽으로 이동하여 균형점이 A에서 B로 이행한다. 그 결과 국민소득이 Y_0에서 Y_1으로 증가하고 이자율이 r_0에서 r_1으로 상승한다.

그림 **3-10** 정부지출 증가($G_0 < G_1$)의 효과

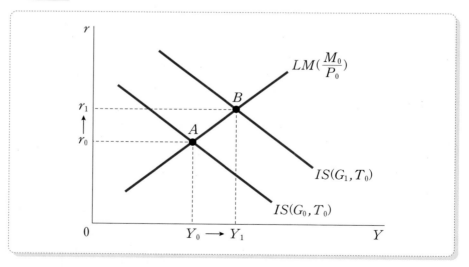

| 재정정책의 효과 |

1. 정부지출(G)의 증가 : 국민소득(Y)의 증가, 이자율(r)의 상승
2. 정부지출(G)의 감소 : 국민소득(Y)의 감소, 이자율(r)의 하락

2. 조세정책

조세(T)를 증가시키면 [그림 3–11]과 같이 IS곡선이 왼쪽으로 이동하여 균형점이 A에서 B로 이행한다. 그 결과 국민소득이 Y_0에서 Y_1으로 감소하고 이자율이 r_0에서 r_1으로 하락한다.

| 조세정책의 효과 |

1. 조세(T)의 증가 : 국민소득(Y)의 감소, 이자율(r)의 하락
2. 조세(T)의 감소 : 국민소득(Y)의 증가, 이자율(r)의 상승

그림 **3-11** 조세 증가($T_0 < T_1$)의 효과

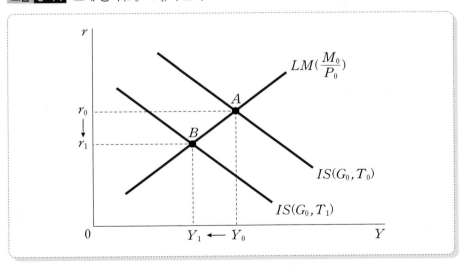

3. 통화정책

화폐량(M)을 증가시키면 [그림 3-12]와 같이 LM곡선이 오른쪽으로 이동하여 균형점이 A에서 B로 이행한다. 그 결과 국민소득이 Y_0에서 Y_1으로 증가하고 이자율이 r_0에서 r_1으로 하락한다.

> | 통화정책의 효과 |
>
> 1. 화폐량(M)의 증가 : 국민소득(Y)의 증가, 이자율(r)의 하락
> 2. 화폐량(M)의 감소 : 국민소득(Y)의 감소, 이자율(r)의 상승

4. 정책조합

G, T, M 중 2개 이상의 정책을 동시에 시행하는 것을 정책조합(policy mix)이라 한다. G, T, M중 2개를 정책적으로 조합하는 경우의 수는 12가지이다. 먼저 정부지출의 증가와 화폐량의 증가의 경우를 살펴보자. [그림 3-13]과 같이 G의 증가는 IS곡선을 오른쪽으로 이동시키고 M의 증가는 LM곡선을 오른쪽

그림 **3-12** 화폐량 증가($M_0 < M_1$)의 효과

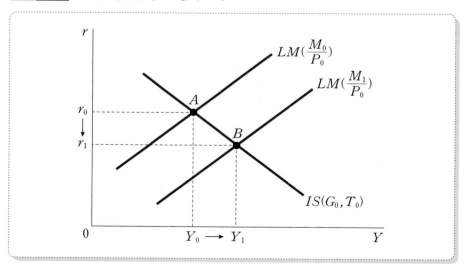

그림 3-13 정부지출 증가($G_0 < G_1$)와 화폐량 증가($M_0 < M_1$)의 효과

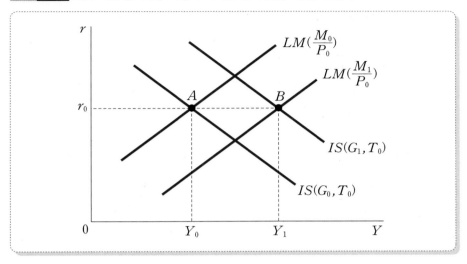

으로 이동시킨다. 그 결과 국민소득은 Y_0에서 Y_1으로 증가하나 이자율에는 별 영향이 없다.

다음으로 조세의 감소와 화폐량의 감소의 경우를 살펴보자. [그림 3-14]와 같이 T의 감소는 IS곡선을 오른쪽으로 이동시키고 M의 감소는 LM곡선을 왼쪽으로 이동시킨다. 그 결과 국민소득에는 별 영향이 없으나 이자율은 r_0에서

그림 3-14 조세 감소($T_0 > T_1$)와 화폐량 감소($M_0 > M_1$)의 효과

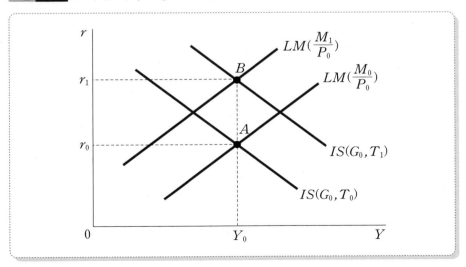

r_1으로 증가한다.

> | 정책조합 |
>
> 1. 정부지출 증가와 화폐량 증가의 효과
>   국민소득은 증가하나 이자율에는 별 영향이 없음
> 2. 조세 감소와 화폐량 감소의 효과
>   국민소득에는 별 영향이 없으나 이자율은 상승함

Episode
에 · 피 · 소 · 드

데이터로 보는 거시경제: 추가경정예산을 통한 재정확장

본문에서 살펴본 바와 같이 한 국가의 정부지출(G)을 늘리거나 조세(T)를 줄이는 확장적 재정정책을 취하면 국가의 생산수준(Y)이 상승하게 된다. 한 국가의 예산은 국가 회계연도로 전년도에 이미 국회의결을 거쳐 정해지게 되는데, 이러한 본예산 편성 이후로 생긴 사유로 인하여 추가적으로 필요한 예산을 편성하는 것을 추가편성예산이라 한다. 아래 〈표 A1〉은 우리나라 추가경정예산의 편성 시점, 규모, 그리고 편성 이유를 나타내고 있는데, 2008년부터 2013년 사이 우리나라 정부는 모두 16차례의 추가경정예산을 편성하였고, 그 사유는 주로 경기대책과 재해대책으로 요약할 수 있다. 즉, 경제가 침체 국면에 진입하거나 자연재해로 인해 국민소득이 감소할 우려가 있을 때 정부가 재정지출을 늘려서 경기하강의 충격을 완화하는 것이다. 〈표 A1〉에서 가장 많은 28.4조 원의 추가경정 예산이 편성된 2009년은 미국의 서브프라임 모기지 사태로부터 촉발된 글로벌 금융위기의 여파가 심화되던 시기로 세계적인 경기둔화에 우리나라 정부는 확장재정정책으로 대응하였음을 보여주고 있다. 〈그림 A3〉은 추가경정예산의 시점과 우리나라 경제성장률을 나타내고 있는데, 추가경정예산은 시점은 대체로 경기 하강이 예상되거나 진행되고 있는 상황에서 진행되었음을 확인할 수 있다.

[표 A1] 우리나라 추가경정예산 규모

	정부제출 일자	국회의결 일자	규모 (조 원)	추경편성내역
1998-1(정책시행)	2.09	3.25	12.8	• 세입결손 보전 및 금융구조조정 비용 지원
1998-2(경기대책)	7.30	9.02	12.2	• 세입결손 보전 및 실업 · 경기대책
1999-1(경기대책)	3.31	4.27	2.8	• 실업대책 및 어업구조조정 지원
1999-2(경기대책)	6.29	8.11	2.7	• 중산층 · 서민생활안정대책 및 재해대책 지원
2000(경기대책)	6.29	10.13	2.3	• 저속득층 생계안정 지원 및 의약분업, 구제역, 산불 등 현안관련 소요
2001-1(정책시행)	6.22	9.03	5.1	• 지역건강보험재정 국고지원 확대 및 의료보호 지원, 재해대책예비비 증액
2001-2(경기대책)	10.23	11.05	1.6	• SOC 등 건설투자, 수출 · 중소기업 지원, 쌀값안정 지원, 9.11 테러사태 관련 지원

	정부제출 일자	국회의결 일자	규모 (조 원)	추경편성내역
2002(재해대책)	9.10	9.13	4.1	• 태풍 루사로 인한 재해대책 지원
2003-1(경기대책)	6.05	7.15	4.5	• SOC 등 건설투자, 서민 · 중산층 지원, 지역경제 활성화 등
2003-2(재해대책)	10.02	10.24	3.0	• 태풍 매미로 인한 재해대책 지원
2004(경기대책)	7.03	7.15	2.5	• 세입결손 보전 및 서민생활안정, 중소기업 지원
2005(정책시행)	9.30	11.15	4.9	• 세입결손 보전 및 의료 · 생계급여 부족분, 주한미 군기지이전부지매입비 지원
2006(재해대책)	8.18	8.29	2.2	• 태풍 위니아 및 집중호우로 인한 재해대책 지원
2008(경기대책)	6.20	9.17	4.6	• 고유가 극복을 위한 민생안정대책
2009(경기대책)	3.30	4.29	28.4	• 경제위기 극복을 위한 일자리 유지 · 창출 및 민생 안정대책
2013(경기대책)	4.18	5.07	17.3	• 세입결손 보전 및 민생안정 · 경기회복을 위한 경기 대책

출처: 최성은 · 강성범 · 김은정 · 최영은, "외환위기 이후 우리나라 추경예산 편성 현황," 조세재정연구원, 2013.6, p.4

A3 경제성장률과 추경시점

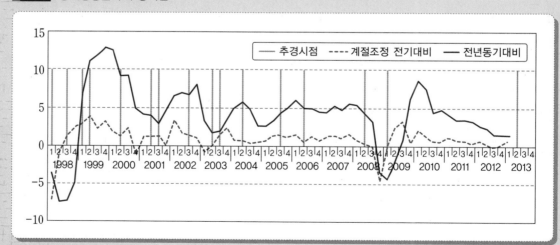

출처: 최성은 외(2013), p.12

연 습 문 제

폐쇄경제, 왈라스 법칙, 수요부족경제의 가정하에서 $IS-LM$모형에 대한 물음에 답하시오.

01 재화시장의 공급식, 수요식, 균형식을 각각 도출하시오.

02 재화시장에서 Y와 r의 관계를 안정성의 개념을 이용하여 도출하시오.

03 재화시장에서 Y와 G의 관계를 안정성의 개념을 이용하여 도출하시오.

04 재화시장에서 Y와 T의 관계를 안정성의 개념을 이용하여 도출하시오.

05 IS곡선의 기울기와 이동에 대해 설명하시오.

06 화폐시장의 공급식, 수요식, 균형식을 각각 도출하시오.

07 화폐시장에서 Y와 r의 관계를 안정성의 개념을 이용하여 도출하시오.

08 화폐시장에서 Y와 $\dfrac{M}{P}$의 관계를 안정성의 개념을 이용하여 도출하시오.

09 LM곡선의 기울기와 이동에 대해 설명하시오.

10 정부지출을 증가시키는 재정정책이 국민소득과 이자율에 미치는 효과를 그래프로 분석하시오.

11 조세를 증가시키는 조세정책이 국민소득과 이자율에 미치는 효과를 그래프로 분석하시오.

12 화폐량을 증가시키는 통화정책이 국민소득과 이자율에 미치는 효과를 그래프로 분석하시오.

13 정부지출의 감소와 화폐량의 감소의 정책조합이 국민소득과 이자율에 미치는 효과를 그래프로 분석하시오.

04

거시경제모형 Ⅲ

물가변동하의 AD-AS모형

04 거시경제모형 Ⅲ
물가변동하의 *AD–AS*모형

폐쇄경제와 왈라스 법칙의 가정하에서 *AD–AS*모형을 분석해 보자. *AD–AS*모형은 물가변동하에서 재화시장, 화폐시장, 노동시장을 분석대상으로 한다.

4.1 총수요

재화시장의 상품과 서비스인 실물과 화폐시장의 화폐가 같은 가치로 교환되면 거래가 성립되는데, 이와 같은 거래량의 크기를 총수요(*AD*: aggregate demand)라 한다. 총수요는 재화시장에서 거래되는 상품과 서비스 등 국민소득 거래와 이의 유통을 뒷받침하는 화폐시장에서의 화폐량의 크기에 따라 결정된다. 즉 재화시장과 화폐시장이 결합하여 총수요의 크기가 결정된다. 따라서 총수요에 대한 분석은 재화시장과 화폐시장의 분석을 통해 이루어진다. *IS–LM*모형을 다시 한 번 표시해보자.

$$IS곡선 : Y = C(Y-T) + I(r) + G \qquad (Y, r, G, T) \qquad (1)$$

$$LM곡선 : \frac{M}{P} = L(r, Y) \qquad (Y, r, \frac{M}{P}) \qquad (2)$$

*IS*곡선은 (Y, r, G, T)간의 관계식이고 *LM*곡선은 $(Y, r, \frac{M}{P})$간의 관계

식이다. 재화시장과 화폐시장을 결합하여 총수요(AD)곡선을 도출한다는 것은 IS곡선과 LM곡선의 내생변수인 Y와 r을 연립방정식으로 푼다는 것을 의미한다. 식 (1)과 식 (2)를 연립하여 Y에 대하여 풀면 r이 소거되어 AD곡선은 (Y, P, G, T, M)의 관계식이 된다.

제3장의 IS-LM모형에서 IS곡선과 LM곡선은 국민소득(Y)과 이자율(r)의 좌표에서 그래프로 표시되는 반면, 본장의 총수요(AD)-총공급(AS)모형에서 AD곡선과 AS곡선은 국민소득(Y)과 물가(P)의 좌표에서 그래프로 표시된다. 따라서 AD곡선의 (Y, P, G, T, M)의 관계식에서 Y와 P의 관계는 AD곡선의 기울기를 결정하고, Y와 G의 관계, Y와 T의 관계, Y와 M의 관계는 AD곡선의 이동방향을 결정한다.

| AD곡선 : (Y, P, G, T, M)의 관계식 |

1. Y와 P의 관계 : AD곡선의 기울기를 결정
2. Y와 G의 관계 : AD곡선의 이동방향을 결정
3. Y와 T의 관계 : AD곡선의 이동방향을 결정
4. Y와 M의 관계 : AD곡선의 이동방향을 결정

---

1. AD곡선의 기울기

AD곡선의 기울기와 이동방향을 결정한 방법에는 수식을 이용하는 방법과 그래프를 이용하는 방법이 있는데, 본장에서는 복잡한 수식으로 접근하기보다는 분석이 용이한 그래프로 접근하고자 한다. IS-LM곡선에서 P의 변동이 Y에 미치는 영향을 살펴보면 AD곡선의 기울기를 결정할 수 있다. [그림 4-1]에서 P가 P_0에서 P_1으로 상승하면 LM곡선이 왼쪽으로 이동한다. 그 결과 Y가 Y_0에서 Y_1으로 감소한다. P의 상승과 Y의 감소를 결합하면 Y와 P는 반대 방향으로 움직이므로 $Y \ominus P$로 표시된다.

그림 **4-1** AD곡선의 도출($P_0 < P_1$, $Y_0 > Y_1$)

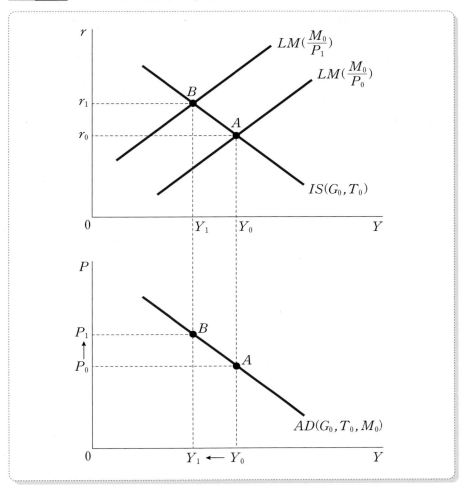

2. AD곡선의 이동

다음으로 AD곡선의 이동변수인 G, T, M이 변동할 때 AD곡선이 어느 방향으로 이동하는지를 분석해 보자. $IS-LM$모형에서 $Y \oplus G$, $Y \ominus T$, $Y \oplus M$의 관계를 이미 살펴봤듯이 G의 증가는 Y를 증가시키고, T의 증가는 Y를 감소시키고, M의 증가는 Y를 증가시킨다.

이를 AD곡선의 이동방향과 연결시켜 보자. $AD-AS$모형은 $IS-LM$모형과 수평축이 Y로 동일하기 때문에 G의 증가는 Y를 증가시키므로 AD곡선을 오른쪽으로 이동시키고, T의 증가는 Y를 감소시키므로 AD곡선을 왼쪽으로 이동시키고, M의 증가는 Y를 증가시키므로 AD곡선을 오른쪽으로 이동시킨다.

　G, T, M이 변동할 때 AD곡선이 어느 방향으로 이동하는지를 살펴보자. 먼저 [그림 4-2]에서 경제가 균형점 A에 있을 때 G가 G_0에서 G_1으로 증가하면 IS곡선이 오른쪽으로 이동한다. 그 결과 균형점이 점 B로 이행하여 Y가 Y_0에서 Y_1으로 증가한다. 이 때 물가는 변동 없이 P_0에 고정되어 있으므로 P_0하에서 Y가 Y_0에서 Y_1으로 증가한 것을 (Y, P)-좌표에 나타내면 AD곡선의 오른쪽 이동으로 표시된다. 한편 G가 G_0에서 G_2로 감소하면 IS곡선이 왼쪽으로 이동

그림 4-2 AD곡선의 이동(정부지출의 변동 : $G_2 < G_0 < G_1$)

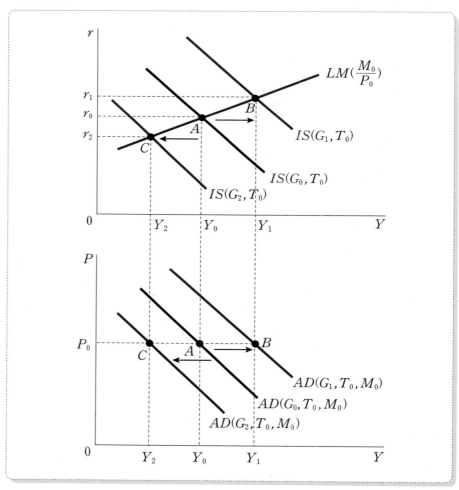

함으로써 균형점이 점 C가 되고 Y가 Y_0에서 Y_2로 감소한다. 이 때 물가는 변동 없이 P_0에 고정되어 있으므로 P_0하에서 Y가 Y_0에서 Y_2로 감소한 것을 (Y, P)−좌표에 나타내면 AD곡선의 왼쪽 이동으로 표시된다. 따라서 G가 증가하면 AD곡선이 오른쪽으로 이동하고, G가 감소하면 AD곡선이 왼쪽으로 이동한다.

둘째 [그림 4-3]에서 경제가 균형점 A에 있을 때 T가 T_0에서 T_1으로 증가 하면 IS곡선이 왼쪽으로 이동한다. 그 결과 균형점이 점 B로 이행하여 Y가 Y_0 에서 Y_1으로 감소한다. 이 때 물가는 변동 없이 P_0에 고정되어 있으므로 P_0하에 서 Y가 Y_0에서 Y_1으로 감소한 것을 (Y, P)−좌표에 나타내면 AD곡선의 왼쪽

그림 4-3 AD곡선의 이동(조세의 변동 : $T_2 < T_0 < T_1$)

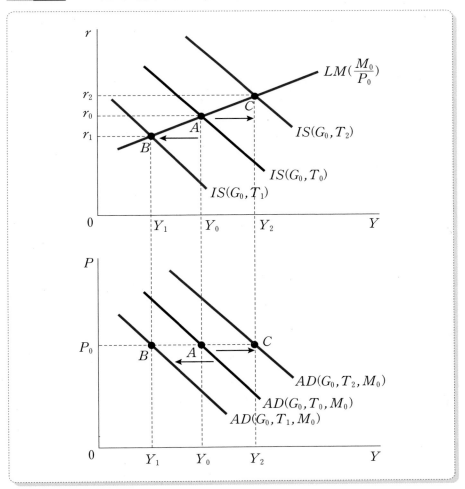

그림 4-4 AD곡선의 이동 (화폐량의 변동 : $M_2 < M_0 < M_1$)

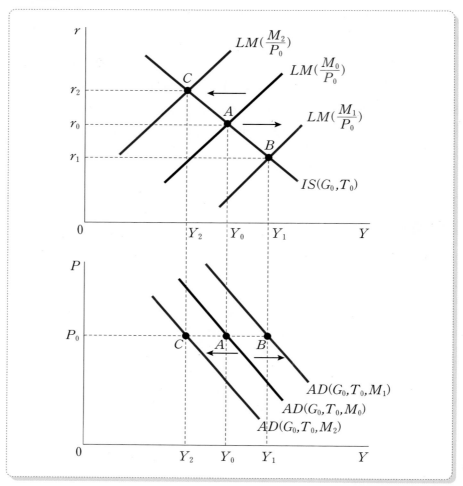

이동으로 표시된다. 한편 T가 T_0에서 T_2로 감소하면 IS곡선이 오른쪽으로 이동함으로써 균형점이 점 C가 되고 Y가 Y_0에서 Y_2로 증가한다. 이 때 물가는 변동 없이 P_0에 고정되어 있으므로 P_0하에서 Y가 Y_0에서 Y_2로 증가한 것을 (Y, P)-좌표에 나타내면 AD곡선의 오른쪽 이동으로 표시된다. 따라서 T가 증가하면 AD곡선이 왼쪽으로 이동하고, T가 감소하면 AD곡선이 오른쪽으로 이동한다.

셋째 [그림 4-4]에서 경제가 균형점 A에 있을 때 M이 M_0에서 M_1으로 증가하면 LM곡선이 오른쪽으로 이동한다. 그 결과 균형점이 점 B로 이행하여 Y가 Y_0에서 Y_1으로 증가한다. 이 때 물가는 변동 없이 P_0에 고정되어 있으므로 P_0하에서 Y가 Y_0에서 Y_1으로 증가한 것을 (Y, P)-좌표에 나타내면 AD곡선의 오른쪽 이동으로 표시된다. 한편 M이 M_0에서 M_2로 감소하면 LM곡선이 왼쪽으로 이동함으로써 균형점이 점 C가 되고 Y가 Y_0에서 Y_2로 감소한다. 이 때 물가는 변동 없이 P_0에 고정되어 있으므로 P_0하에서 Y가 Y_0에서 Y_2로 감소한 것을 (Y, P)-좌표에 나타내면 AD곡선의 왼쪽 이동으로 표시된다. 따라서 M이 증가하면 AD곡선이 오른쪽으로 이동하고, M이 감소하면 AD곡선이 왼쪽으로 이동한다.

| AD곡선의 기울기와 이동 |

1. AD곡선의 기울기
   $Y\downarrow \ominus P\uparrow$: (Y, P)-좌표에서 기울기가 $\ominus$인 곡선
2. AD곡선의 이동
   $Y\uparrow \oplus G\uparrow$: G의 증가는 AD곡선의 오른쪽 이동, G의 감소는 AD곡선의 왼쪽 이동
   $Y\downarrow \ominus T\uparrow$: T의 증가는 AD곡선의 왼쪽 이동, T의 감소는 AD곡선의 오른쪽 이동
   $Y\uparrow \oplus M\uparrow$: M의 증가는 AD곡선의 오른쪽 이동, M의 감소는 AD곡선의 왼쪽 이동

4.2 총공급

재화시장과 화폐시장이 결합하여 총수요의 크기가 결정되는 반면, 총공급(AS: aggregate supply)의 크기는 생산부문에서 결정된다. 생산 측면의 산출량(Y: output)은 노동과 자본의 투입(input)에 의해 결정된다. 산출량(Y)을 노동(L: labor)과 자본(K: capital)의 관계로 표시한 것을 생산함수라 한다. 따라서 총공급의 크기를 파악하기 위해서는 노동과 자본에 대한 분석이 필요하다.

기계설비, 공장시설 등 자본의 크기를 변동시킬 수 없는 기간을 단기(short run)이라 하고 자본의 크기를 변동시킬 수 있는 기간을 장기(long run)라 한다. 분석의 단순화를 위해 분석기간을 단기로 한정하면 총공급을 결정하는 시장은

노동시장(labor market)이 된다. 노동시장에서 노동의 공급과 노동의 수요의 균형으로부터 고용량(N: number)과 임금(W: wage)이 결정되고 고용량이 결정되면 생산함수를 통해서 총공급의 크기가 결정된다.

| 총공급의 결정 |

노동의 공급과 수요 → 임금과 고용량의 결정 → 총공급의 결정
(노동시장)   (생산함수)

가격과 임금의 완전신축성(complete flexibility)을 가정하는 고전학파와 가격과 임금의 경직성(rigidity)을 가정하는 케인즈학파(케인지안(Keynesian))는 노동시장의 분석에서 차이를 보이며 이에 따라 총공급곡선의 형태가 달라진다. 이하에서는 고전학파의 노동시장을 먼저 분석하고 다음에 케인즈학파의 노동시장을 분석하기로 하자.

1. 고전학파의 노동시장

노동시장과 총공급을 연결하기 위해 먼저 생산함수를 살펴보자. 기업의 생산함수(production function)는 다음과 같이 노동(L)과 자본(K)의 함수로 설정할 수 있다.

$$Y=F(L, K)$$

단기에는 자본이 고정되어 있다고 가정하면 생산함수는 다음의 식 (3)과 같이 노동(N: 고용량)만의 함수로 나타낼 수 있다.

$$Y=f(N), \qquad f_N>0, \qquad f_{NN}<0 \tag{3}$$

노동의 투입량이 증가할수록 산출량이 증가한다. 따라서 생산함수는 양($\oplus$)의 기울기를 갖는다($f_N>0$: 생산함수의 1차 미분). 노동을 추가적으로 1단위 투입했

을 때 얻게 되는 산출량의 크기를 노동의 한계생산($f_N=f_N(N)$: marginal product of labor)이라고 한다. 노동의 투입량이 증가할수록 노동의 한계생산은 점점 줄어든다($f_{NN}<0$: 생산함수의 2차 미분). 따라서 생산함수는 [그림 4-5]와 같은 형태의 곡선으로 표시된다.

　노동(N)의 수요는 기업이 이윤극대화(profit maximization)를 달성하는 수준에서 결정된다. 기업의 이윤(Π: profit)은 산출액($PY=Pf(N)$)에서 노동비용(WN)을 뺀 것이다. 이윤극대화를 위한 이윤함수는 다음과 같다.

$$\underset{N}{Max}\ Pf(N)-WN$$

이윤극대화의 조건은 이윤함수의 최대값을 찾는 과정이다. 이윤함수의 최대값에서 기울기는 0이 되므로 이윤극대화의 조건은 이윤함수를 N으로 미분한 값을 0으로 놓는 것이다.

$$\frac{d\Pi}{dN}=Pf_N(N)-W=0 \tag{4}$$

$$\frac{W}{P}=f_N(\underset{\ominus}{N^d})$$

그림 4-5 생산함수

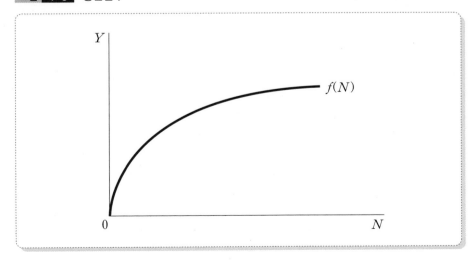

식 (4)를 만족하는 N이 노동수요 N^d가 되며, N^d의 크기는 노동의 한계생산(f_N)과 실질임금($\frac{W}{P}$)이 일치하는 수준에서 결정된다. 즉 기업이 노동자에게 노동의 한계생산만큼 실질임금을 지불할 경우 기업의 이윤은 극대화되며, 이윤극대화에 부합하는 노동수요를 결정할 수 있다. 기업은 실질임금이 높을수록 고용량을 줄여 한계생산을 높게 유지함으로써 이윤극대화를 달성하게 된다. 따라서 노동의 수요곡선은 [그림 4-6]과 같이 우하향한다. 수학적으로 설명하면 (N, $\frac{W}{P}$)-좌표에서 노동수요곡선의 기울기는 f_N의 기울기이고, f_N의 기울기는 $f_{NN} < 0$이기 때문에 노동수요곡선의 기울기는 음(⊖)의 값을 갖는다.

노동의 공급(N^s)은 실질임금이 상승할수록 증가하므로 노동공급곡선의 기울기는 양(⊕)의 값을 갖는다.

$$N^s = g(\underset{\oplus}{\frac{W}{P}}), \quad g' > 0 \tag{5}$$

고전학파의 노동수요곡선과 노동공급곡선이 교차하는 균형점에서 균형고용량(N^*)과 균형임금($(\frac{W}{P})^*$)이 결정되는 것이 [그림 4-7]에 나타나 있다.

 그림 4-6 노동수요곡선

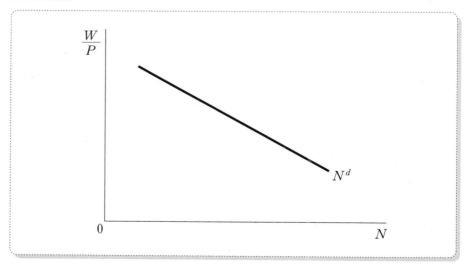

그림 4-7 고전학파의 노동시장

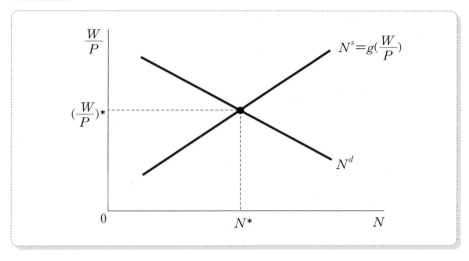

2. 고전학파의 *AS*곡선

총공급(*AS*)곡선을 도출하기 위해서 물가(*P*)가 변동할 때 노동시장에서 명목임금(*W*)과 고용량(*N*)이 어떻게 변동하는지를 살펴보고, *N*의 변동이 생산함수를 통해서 총공급 *Y*에 어떤 영향을 미치는지를 살펴보자.

| *AS*곡선의 도출과정 |

1. *P*의 변동이 노동시장에서 *W*와 *N*에 미치는 영향 분석
2. *N*의 변동이 생산함수에서 *Y*에 미치는 영향 분석

가격과 임금의 완전신축성을 가정하는 고전학파의 경우 물가(*P*)가 변동할 경우 같은 비율로 명목임금(*W*)이 변동하기 때문에 실질임금에는 변동이 없다. 즉 물가가 2배로 상승할 경우 명목임금도 2배로 상승하기 때문에 실질임금이 불변하다($\frac{W}{P} = \frac{2W}{2P} = $ 일정). 실질임금이 변동하지 않는다면 고용량(*N*)에도 변동이 없고 총공급 *Y*에도 변동이 없다. 즉 물가가 P_0에서 P_1으로 상승하여도 총공급 *Y*에는 변동이 없으며, 이를 그래프로 나타내면 [그림 4-8]과 같다.

그림 4-8 고전학파의 AS곡선

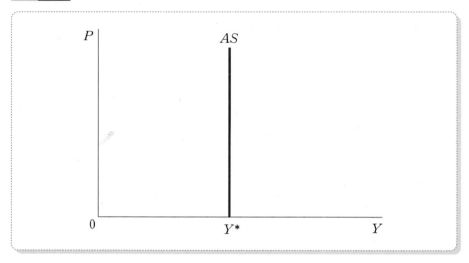

| 고전학파 AS곡선의 기울기 |

P가 변동해도 Y는 불변 : (Y, P)−좌표에서 수직선의 형태

3. 케인즈학파의 노동시장

케인즈학파는 가격과 임금의 경직성을 가정한다. 특히 명목임금(nominal wage)이 하락하지 않는 하방경직성(downward rigidity)을 가정한다. 케인즈학파의 경우 노동시장에서 명목임금이 느리게 조정되기 때문에 일정기간 내에서 명목임금은 주어진 값에서 변동하지 않는다고 가정할 수 있다. 이런 의미에서 분석의 단순화를 위해 명목임금이 경직적이라는 것을 명목임금이 불변($\overline{W}$)한 것으로 해석하고자 한다.

노동(N)의 수요는 기업이 이윤극대화를 달성하는 수준에서 결정된다. 고전학파의 경우와 동일한 방법으로 이윤극대화를 만족시키는 노동수요곡선은 다음과 같다.

$$\frac{\overline{W}}{P}=f_N(\underset{\ominus}{N^d})\qquad\qquad(6)$$

식 (6)을 만족하는 노동수요(N^d)의 크기는 노동의 한계생산(f_N)과 실질임금($\frac{\overline{W}}{P}$)이 일치하는 수준에서 결정된다. 기업은 실질임금이 높을수록 고용량을 줄여 한계생산을 높게 유지함으로써 이윤극대화를 달성하게 된다. 따라서 노동수요곡선의 기울기는 고전학파의 경우와 같이 음($\ominus$)의 값을 갖는다.

케인즈학파는 명목임금의 경직성($\overline{W}$)을 가정함으로써 임금이 노동시장에서 수요와 공급의 균형에서 결정되지 않는다고 주장하였다. 특히 명목임금의 하방 경직성하에서 노동의 수요와 공급이 일치하지 않는 비자발적 실업(involuntary unemployment)이 존재한다고 한다. 이 경우 실제 고용량은 실질임금에 상응하는 노동수요에 의해 결정된다.

케인즈학파의 노동시장은 [그림 4-9]에 요약되어 있다. 물가가 P_0이고 주어진 명목임금이 $\overline{W}$일 때 실질임금은 $\frac{\overline{W}}{P_0}$가 된다. 실질임금이 결정되면 이에 상응하여 실제 고용량은 기업의 노동수요곡선에 의해 N_0로 결정된다.

그림 4-9 케인즈학파의 노동시장

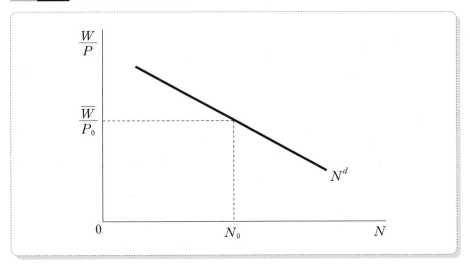

4. 케인즈학파의 AS곡선

총공급(AS)곡선을 도출하기 위해서 물가(P)가 변동할 때 주어진 명목임금 ($\overline{W}$)하에서 고용량(N)이 어떻게 변동하는지를 살펴보고, N의 변동이 생산함수를 통해서 총공급 Y에 어떤 영향을 미치는지를 살펴보자.

[그림 4-10]에서 물가가 P_0에서 P_1으로 상승하면 주어진 명목임금 $\overline{W}$하에서 실질임금이 $\dfrac{\overline{W}}{P_0}$에서 $\dfrac{\overline{W}}{P_1}$로 하락하여 고용량이 N_0에서 N_1으로 증가한다. 그

그림 **4-10** 물가상승($P_0 < P_1$)이 고용량과 총공급에 미치는 영향

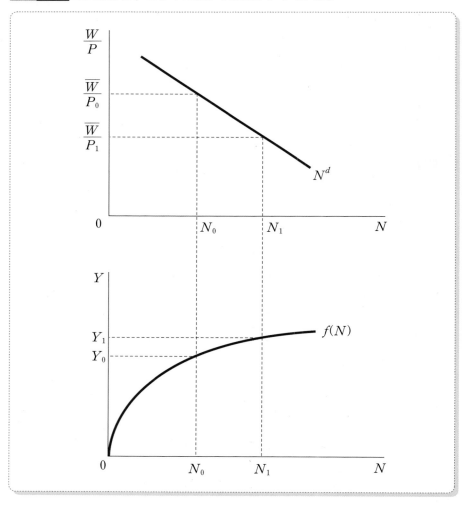

그림 4-11 케인즈학파의 AS곡선

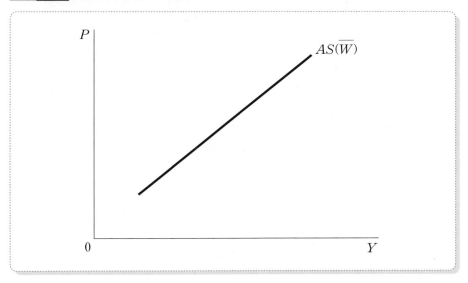

러면 생산함수를 통해서 총공급이 Y_0에서 Y_1으로 증가한다. 따라서 케인즈학파의 경우 물가가 P_0에서 P_1으로 상승하면 총공급이 Y_0에서 Y_1으로 증가한다. 이와 같은 물가 P와 총공급 Y의 정($\oplus$)의 관계를 (Y, P)-좌표에서 그래프로 나타내면 [그림 4-11]과 같이 우상향하는 케인즈학파의 총공급(AS)곡선이 된다. AS곡선에서 명목임금 $\overline{W}$는 이동변수가 된다. 명목임금과 물가가 같은 방향으로 움직인다고 보면 명목임금의 상승은 AS곡선을 위쪽 또는 왼쪽으로 이동시킨다.

| 케인즈학파 AS곡선의 기울기와 이동 |

1. AS곡선의 기울기
   $Y\uparrow \oplus P\uparrow$: (Y, P)-좌표에서 기울기가 $\oplus$인 곡선
2. AS곡선의 이동
   $P\uparrow \oplus \overline{W}\uparrow$: $\overline{W}$의 증가는 AS곡선의 위쪽 이동, $\overline{W}$의 감소는
   　　　　　　　　AS곡선의 아래쪽 이동

4.3 AD-AS모형을 이용한 경제정책의 효과분석

1. 거시경제모형

본장에서는 재화시장과 화폐시장을 결합하여 AD곡선을 도출하였고 노동시장과 생산함수를 통하여 AS곡선을 도출하였다. AD곡선은 고전학파와 케인즈학파의 공통모형으로 설정하였으나 고전학파의 AS곡선의 형태는 케인즈학파의 AS곡선의 형태와 상이하였다.

(1) 고전학파의 거시경제모형

IS-LM모형과 AD-AS모형 등으로 구성된 고전학파의 거시경제모형을 정리하면 다음과 같다. 5개의 방정식으로 구성된 모형에서 내생변수는 Y, r, N, P, W이고 외생변수는 G, T, M이다. 식이 5개이고 미지수인 내생변수가 5개이므로 이 모형에서 외생변수의 값이 주어지면 내생변수의 값을 구할 수 있다.

| 고전학파의 거시경제모형 |

총수요

1. 재화시장의 IS곡선: $Y = C(\underset{\oplus}{Y-T}) + I(\underset{\ominus}{r}) + G$

2. 화폐시장의 LM곡선: $\dfrac{M}{P} = L(\underset{\ominus}{r}, \underset{\oplus}{Y})$

총공급

1. 노동시장의 노동수요곡선: $\dfrac{W}{P} = f_N(\underset{\ominus}{N^d})$, $f_{NN} < 0$

2. 노동시장의 노동공급곡선: $N^s = g(\underset{\oplus}{\dfrac{W}{P}})$, $g' > 0$

3. 생산함수: $Y = f(\underset{\oplus}{N})$, $f_N > 0$, $f_{NN} < 0$

고전학파는 가격과 임금의 완전신축성을 가정하기 때문에 재화시장, 화폐시장, 노동시장 등 모든 시장에서 수요와 공급이 일치하는 균형분석이 적용된다. 우선 노동시장에서 노동수요곡선과 노동공급곡선이 교차하는 점에서 균형실질임금$(\frac{W}{P})^*$과 균형고용량(N^*)이 결정되고, 이렇게 결정된 균형고용량이 생산함수를 통해 균형국민소득(Y^*)을 결정한다. 따라서 고전학파의 경우 균형국민소득(Y^*)은 노동시장과 생산함수 등 총공급 부문에서 결정된다. 이러한 의미에서 고전학파의 이론을 공급중시 경제학이라 한다. 이렇게 총공급 부문에서 결정된 Y^*에 상응하여 재화시장과 화폐시장의 균형에서 균형이자율(r^*)이 결정되고 수직의 AS곡선과 우하향하는 AD곡선이 만나는 점에서 균형물가(P^*)가 결정된다. 고전학파의 거시경제모형을 그래프로 나타내면 [그림 4-12]와 같다.

그림 4-12 고전학파의 거시경제모형

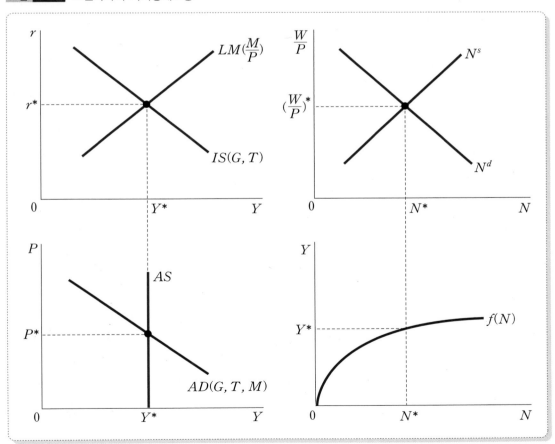

(2) 케인즈학파의 거시경제모형

$IS-LM$모형과 $AD-AS$모형 등으로 구성된 케인즈학파의 거시경제모형을 정리하면 다음과 같다. 4개의 방정식으로 구성된 모형에서 내생변수는 Y, r, N, P이고 외생변수는 G, T, M, $\overline{W}$이다. 식이 4개이고 미지수인 내생변수가 4개이므로 이 모형에서 외생변수의 값이 주어지면 내생변수의 값을 구할 수 있다.

| 케인즈학파의 거시경제모형 |

총수요

1. 재화시장의 IS곡선: $Y = C(\underset{\oplus}{Y-T}) + I(\underset{\ominus}{r}) + G$

2. 화폐시장의 LM곡선: $\dfrac{M}{P} = L(\underset{\ominus}{r}, \underset{\oplus}{Y})$

총공급

1. 노동시장의 노동수요곡선: $\dfrac{\overline{W}}{P} = f_N(\underset{\ominus}{N^d})$, $\ f_{NN} < 0$

2. 생산함수: $Y = f(\underset{\oplus}{N})$, $\ f_N > 0$, $\ f_{NN} < 0$

케인즈학파는 고전학파와 달리 가격과 임금이 경직적이라고 가정한다. 경직성의 정도를 어떻게 보느냐에 따라 케인즈학파의 모형은 물가의 신축성을 불완전하게 보는 (일반적) 케인즈학파의 모형과 물가가 불변이라는 극단적 케인즈학파의 모형으로 구분된다.

먼저 케인즈학파의 모형을 살펴보자. 고전학파의 경우 수직인 AS곡선이 이동하지 않으면 AD곡선이 이동하여도 Y^*가 변동하지 않기 때문에 Y^*가 전적으로 총공급에 의해 결정되었다. 그러나 케인즈학파의 경우는 고전학파와 달리 우하향하는 AD곡선과 우상향하는 AS곡선이 만나는 점에서 균형국민소득 Y^*와 균형물가 P^*가 결정되기 때문에 총수요의 변동도 Y^*에 영향을 미친다. 이러한 의미에서 케인즈학파의 이론을 수요중시 경제학이라 한다. 재화시장, 화폐시장, 노동시장이 유기적으로 연관되어 Y^*, r^*, N^*, P^*가 결정된다. 케인즈학파의 거시경제모형을 그래프로 나타내면 [그림 4-13]과 같다.

그림 4-13 케인즈학파의 거시경제모형

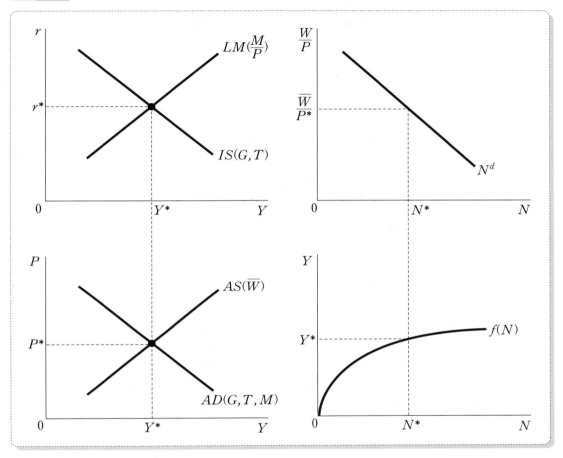

(3) 극단적 케인즈학파의 거시경제모형

극단적 케인즈학파의 모형에서는 물가불변($\overline{P}$)의 가정을 도입하기 때문에 *AS*곡선이 수평선의 형태를 띠게 된다. 즉 *AS*곡선은 $P=\overline{P}$로 나타난다. 이 모형의 경우 대량생산체제와 유휴생산능력의 존재 등으로 총공급을 제약하는 요인이 전혀 없다고 할 수 있다. 이러한 상황에서 국민소득의 크기는 전적으로 총수요 부문에서 결정되기 때문에 제3장에서 살펴본 물가불변하의 *IS-LM*모형으로 돌아가게 된다.

물가가 완전히 경직적이라고 가정하는 극단적 케인즈학파의 모형은 [그림 4-14]에 나타나 있다.

그림 4-14 극단적 케인즈학파의 거시경제모형

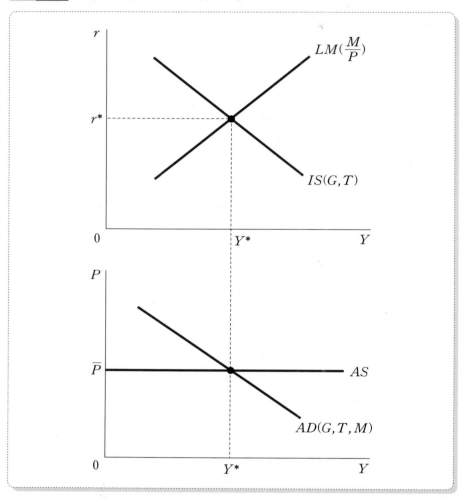

| 극단적 케인즈학파의 거시경제모형 |

총수요

   1. 재화시장의 IS곡선 : $Y = C(Y-T) + I(r) + G$
$$\qquad\qquad\qquad\qquad\quad \oplus \qquad\ominus$$

   2. 화폐시장의 LM곡선 : $\dfrac{M}{P} = L(r, Y)$
$$\qquad\qquad\qquad\qquad\qquad\quad \ominus \ \oplus$$

총공급
$$P = \overline{P}$$

2. $AD-AS$모형을 이용한 경제정책의 효과분석

$AD-AS$모형을 이용하여 경제정책의 효과를 분석해 보자. AD곡선의 이동변수인 G, T, M이 정책변수이다. 물가변동하에서 정부지출(G)을 변동시키는 재정정책, 조세(T)를 변동시키는 조세정책, 화폐량(M)을 변동시키는 통화정책의 효과를 각각 분석해 보자.

(1) 재정정책

정부가 정부지출과 조세를 변동시키는 정책을 광의의 재정정책(fiscal policy)이라 한다. 협의로는 G를 변동시키는 것을 재정정책이라 하고 T를 변동시키는 것을 조세정책이라 한다. 분석의 편의상 정부지출을 증가시키거나 조세를 감소시키는 확대재정정책에 대해 살펴보자.

① 고전학파의 확대재정정책

먼저 고전학파의 모형에서 확대재정정책의 효과를 [그림 4-15]를 통해 분석해 보자. 확대재정정책($G_0 < G_1$)은 Y, r, P 등 내생변수에 2단계로 효과를 미친다. G가 G_0에서 G_1으로 증가하면 1단계로 IS곡선과 AD곡선이 오른쪽으로 이동함에 따라 원래의 물가수준(P_0)하에서 초과수요가 발생한다(점 A → 점 B). 2단계로 초과수요가 발생하여 물가가 P_0에서 P_1으로 상승하면 LM곡선이 왼쪽으로 이동한다. LM곡선의 왼쪽 이동은 초과수요가 사라질 때까지 진행된다. 즉 수직선 형태의 AS곡선상에서 국민소득 Y^*에 부합되는 수준까지 왼쪽으

로 이동한다(점 B → 점 C). 그 결과 국민소득은 변동이 없고, 이자율은 r_0에서 r_1으로 상승하고, 물가는 P_0에서 P_1으로 상승한다. 그리고 물가와 명목임금이 같은 비율로 상승함으로써 실질임금이 불변이고, 이에 따라 고용량도 불변이다.

그림 4-15 고전학파의 확대재정정책($G_0 < G_1$)의 효과

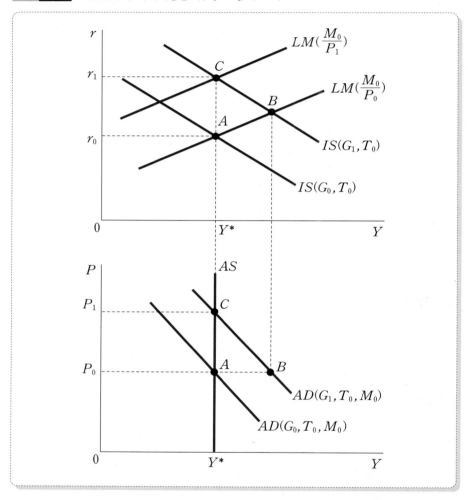

> | 고전학파의 확대재정정책의 효과 (균형점 A → 균형점 C) |
>
> 1단계 효과 : $G\uparrow$, IS곡선의 오른쪽 이동과 AD곡선의 오른쪽 이동
> P_0에서 초과수요 발생하여 P가 상승($P_0 \to P_1$)
> 2단계 효과 : $P\uparrow$, LM곡선의 왼쪽 이동 (초과수요＝0일 때까지 이동)
> 결론 : 국민소득 불변 $(Y^* \to Y^*)$
>   이자율 상승 $(r_0 \to r_1\uparrow)$
>   물가 상승 $(P_0 \to P_1\uparrow)$

고전학파의 모형에서 정부지출의 증가는 이자율의 상승을 가져와 투자를 감소시키는데, 민간투자의 감소효과가 정부지출의 증가를 완전히 상쇄하는 상황이 발생하게 된다. 이를 완전한 구축효과(full crowding-out effect)라 부른다. 결과적으로 고전학파의 거시경제모형에서 정부지출의 증가나 조세의 감소 등 확대재정정책은 국민소득에 아무런 영향도 미치지 못한다는 의미에서 총수요관리정책은 효과가 없다.

② 케인즈학파의 확대재정정책

다음으로 케인즈학파의 모형에서 확대재정정책의 효과를 [그림 4-16]을 통해 분석해 보자. 확대재정정책($G_0 < G_1$)은 내생변수에 2단계로 효과를 미친다. G가 G_0에서 G_1으로 증가하면 1단계로 IS곡선과 AD곡선이 오른쪽으로 이동함에 따라 원래의 물가수준(P_0)하에서 초과수요가 발생한다(점 A → 점 B). 2단계로 초과수요가 발생하여 물가가 P_0에서 P_2로 상승하면 LM곡선이 왼쪽으로 이동한다. LM곡선의 왼쪽 이동은 초과수요가 사라질 때까지 진행된다(점 B → 점 C). 그 결과 국민소득은 Y_0에서 Y_2로 증가하고, 이자율은 r_0에서 r_2으로 상승하고, 물가는 P_0에서 P_2로 상승한다. 그리고 명목임금은 불변이고 물가가 상승하기 때문에 실질임금은 하락하고, 이에 따라 고용량이 증가한다.

케인즈학파의 모형에서 정부지출의 증가는 이자율의 상승을 가져와 투자를 감소시키는데, 민간투자의 감소효과가 정부지출의 증가를 완전히 상쇄시키지 못하는 불완전한(incomplete) 또는 부분(partial) 구축효과만 발생한다. 따라서 케인즈학파의 거시경제모형에서 정부지출의 증가나 조세의 감소 등 확대재정정책은 국민소득을 증가시킨다는 의미에서 총수요관리정책은 효과가 있다. 극단적 케인즈학파의 확대재정정책의 효과는 제3장의 $IS-LM$모형의 결과와 같다.

그림 4-16 케인즈학파의 확대재정정책($G_0 < G_1$)의 효과

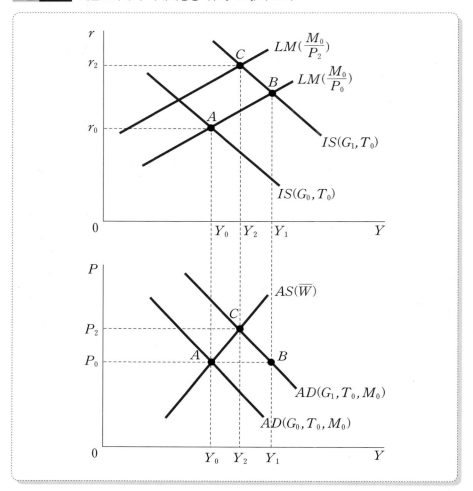

| 케인즈학파의 확대재정정책의 효과 (균형점 A → 균형점 C) |

1단계 효과 : $G\uparrow$, IS곡선의 오른쪽 이동과 AD곡선의 오른쪽 이동
　　　　　　 P_0에서 초과수요 발생하여 P가 상승($P_0 \rightarrow P_2$)
2단계 효과 : $P\uparrow$, LM곡선의 왼쪽 이동(초과수요＝0일 때까지 이동)
결론 : 국민소득 증가　（$Y_0 \rightarrow Y_2 \uparrow$）
　　　 이자율 상승　　（$r_0 \rightarrow r_2 \uparrow$）
　　　 물가 상승　　　（$P_0 \rightarrow P_2 \uparrow$）

(2) 통화정책

정부가 화폐량을 변화시키는 정책을 통화정책(monetary policy)이라 한다. 분석의 편의상 화폐량을 증가시키는 확대통화정책에 대해 살펴보자.

① 고전학파의 확대통화정책

먼저 고전학파의 모형에서 확대통화정책의 효과를 [그림 4-17]을 통해 분석해 보자. 확대통화정책($M_0 < M_1$)은 Y, r, P 등 내생변수에 2단계로 효과를 미친다. M이 M_0에서 M_1으로 증가하면 1단계로 LM곡선과 AD곡선이 우측으로 이동함에 따라 원래의 물가수준(P_0)하에서 초과수요가 발생한다(점 A → 점

그림 **4-17** 고전학파의 확대통화정책($M_0 < M_1$)의 효과

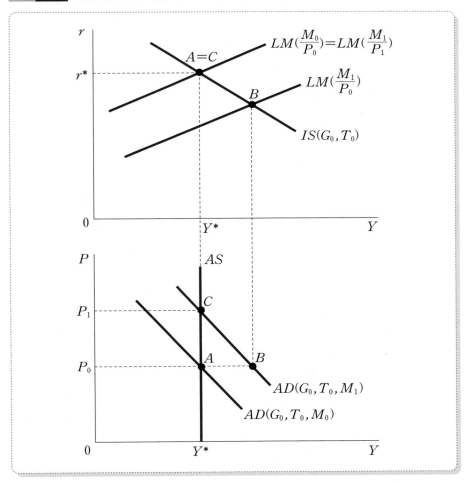

B). 2단계로 초과수요가 발생하여 물가가 P_0에서 P_1으로 상승하면 LM곡선이 왼쪽으로 이동한다. LM곡선의 왼쪽 이동은 초과수요가 사라질 때까지 진행된다. 즉 수직선 형태의 AS곡선상의 국민소득(Y^*)에 부합되는 수준까지 왼쪽으로 이동한다(점 B → 점 C). 그 결과 국민소득과 이자율은 변동이 없고, 물가만 P_0에서 P_1으로 상승한다. 그리고 물가와 명목임금이 같은 비율로 상승함으로써 실질임금이 불변이고, 이에 따라 고용량도 불변이다.

| 고전학파의 확대통화정책의 효과 (균형점 A → 균형점 C) |

1단계 효과 : $M\uparrow$, LM곡선의 오른쪽 이동과 AD곡선의 오른쪽 이동

$\qquad$ P_0에서 초과수요 발생하여 P가 상승($P_0 \rightarrow P_1$)

2단계 효과 : $P\uparrow$, LM곡선의 왼쪽 이동(초과수요＝0일 때까지 이동)

결론 : 국민소득 불변　($Y^* \rightarrow Y^*$)

$\qquad$ 이자율 불변　　($r^* \rightarrow r^*$)

$\qquad$ 물가 상승　　　($P_0 \rightarrow P_1\uparrow$)

고전학파 모형에서 최초의 균형점 A와 새로운 균형점 C가 같기 때문에 $LM(\frac{M_0}{P_0})=LM(\frac{M_1}{P_1})$의 관계가 성립된다. 즉 명목변수인 화폐량의 증가가 명목변수인 물가만 1 : 1의 비율로 증가시키고 실질변수인 국민소득에는 아무런 영향을 미치지 못하는 소위 화폐의 중립성(neutrality of money)이 성립된다. 결과적으로 고전학파의 거시경제모형에서 화폐량의 증가인 확대통화정책은 국민소득에 아무런 영향도 미치지 못한다는 의미에서 총수요관리정책은 효과가 없다.

② 케인즈학파의 확대통화정책

다음으로 케인즈학파의 모형에서 확대통화정책의 효과를 [그림 4-18]을 통해 분석해 보자. 확대통화정책($M_0<M_1$)은 Y, r, P 등 내생변수에 2단계로 효과를 미친다. M이 증가하면 1단계로 LM곡선과 AD곡선이 오른쪽으로 이동함에 따라 원래의 물가수준(P_0)하에서 초과수요가 발생한다(점 A → 점 B). 2단계로 초과수요가 발생하여 물가가 P_0에서 P_2로 상승하면 LM곡선이 왼쪽으로 이동한다. LM곡선의 왼쪽 이동은 초과수요가 사라질 때까지 진행된다(점 B → 점 C). 그 결과 국민소득은 Y_0에서 Y_2로 증가하고, 이자율은 r_0에서 r_2로 하락하고, 물가는 P_0에서 P_2로 상승한다. 그리고 명목임금은 불변이고 물가가 상승하기

그림 4-18 케인즈학파의 확대통화정책($M_0 < M_1$)의 효과

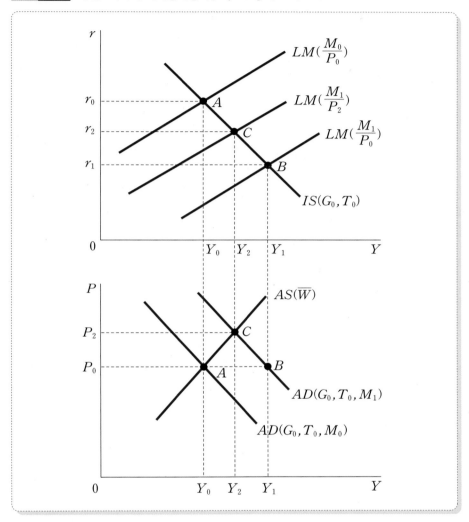

때문에 실질임금은 하락하고, 이에 따라 고용량이 증가한다.

케인즈학파 모형에서 통화정책 시행시 최초의 *LM*곡선과 정책시행 후의 *LM*곡선이 일치하지 않기 때문에 $LM(\frac{M_0}{P_0}) \neq LM(\frac{M_1}{P_2})$의 관계가 성립된다. 그 결과 화폐량의 증가는 일부 국민소득의 증가와 일부 물가의 상승으로 분산되어 나타난다. 결국 화폐량의 증가가 실질변수인 국민소득의 증가를 가져오기 때문에 화폐의 중립성이 성립하지 않는다. 따라서 케인즈학파의 거시경제모형에서 확대통화정책은 국민소득을 증가시킨다는 의미에서 총수요관리정책은 효과가

있다. 극단적 케인즈학파의 확대통화정책의 효과는 제3장의 IS-LM모형의 결과와 같다.

| 케인즈학파의 확대통화정책의 효과 (균형점 A → 균형점 C) |

1단계 효과: $M\uparrow$, LM곡선의 오른쪽 이동과 AD곡선의 오른쪽 이동
P_0에서 초과수요 발생하여 P가 상승($P_0 \rightarrow P_2$)

2단계 효과: $P\uparrow$, LM곡선의 왼쪽 이동(초과수요=0일 때까지 이동)

결론: 국민소득 증가   ($Y_0 \rightarrow Y_2\uparrow$)

이자율 하락   ($r_0 \rightarrow r_2\downarrow$)

물가 상승   ($P_0 \rightarrow P_2\uparrow$)

Episode
에 · 피 · 소 · 드

경제기사로 보는 거시경제 : 재정정책과 통화정책의 경기부양 효과

정부는 경기하강 국면이 발생할 때 확장적 재정정책과 통화정책을 통해 경기하강의 충격을 완화하려고 노력한다. 아래의 기사(매일경제, 2014.7.9)는 추경 예산 편성이라는 확장적 재정정책과 금리인하라는 확장적 통화정책을 통해 우리나라의 GDP가 얼마나 높아질 수 있는지를 논하고 있다.

========================= 이하 기사 인용 =========================

원문: http://news.mk.co.kr/newsRead.php?no=974940&year=2014

A4　역대 추경규모와 경제성장률

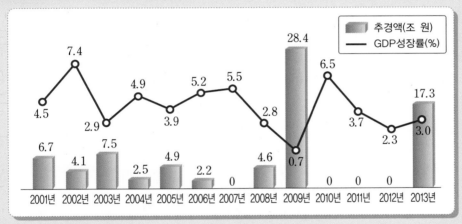

* GDP성장률은 개편된 기준
출처: 기획재정부 · 현대경제연구원

최경환 경제부총리 내정자가 인사청문회에서 추가경정예산 편성에 대한 의지를 드러내면서 2년 연속 추경 가능성이 높아지고 있다. 기획재정부는 지난달 말 한국개발연구원(KDI)에 '2013년 추경이 실제 경제에 미친 효과'를 주제로 하는 연구 용역을 발주한 것으로 확인됐다. 최 내정자 내정 이후 올해 추경 가능성을 염두에 두고 지난해 추경의 실질적 효과를 분석한 것으로 풀이된다. 최 내정자는 내정 직후 "추경은 하면 하는 것"이라고 운을 뗀 후 9일 인사청문회에선 "경제상황을 놓고 보면 추경이 필요하다"고 말해 추경 추진을 사실상 인정했다.

정부와 학계는 올해 15조 원 규모 추경과 한은의 기준금리 인하가 동시에 나올 경우 경제성장률이 무난히 4%를 넘을 것으로 보고 있다. 15조 원 추경은 올해 세수 부족분 10조 원을 메우고 5조 원을 추가로 푸는 시나리오로 지난해 경기 부양용 추경과 유사한 규모다.

추경 효과를 결정하는 가장 중요한 요인은 추경 규모와 한은과의 정책조합 여부다. 기획재정부는 한국 경제의 재정지출승수를 0.49로 파악하고 있다. 정부가 추경을 통해 10조 원의 돈을 풀 때 1년 동안 4조 9,000억 원의 국내총생산(GDP) 증가효과가 생긴다는 것이다. 기재부 관계자는 "지난해 17조 3,000억 원의 추경을 단행해 4월부터 연말까지 0.3%포인트의 GDP 증가효과가 발생할 것으로 전망했다"며 "추경의 정확한 경제효과 분석을 위해 KDI에 최근 연구 용역을 발주했다"고 밝혔다.

정부와 민간연구소의 분석에 따르면 올해 세수 부족분 10조 원을 메우고 경기부양용 추경을 5조 원 정도 할 경우 올해 경제성장률에는 0.1~0.2%포인트 증가효과가 발생할 것으로 보인다. 기재부 고위 관계자는 "재정지출승수가 1년 사이 변하지 않았기 때문에 지난해와 비슷한 규모의 추경을 할 경우 그 경제효과도 비슷할 것으로 본다"며 "관건은 한은이 지난해처럼 금리를 인하해 주느냐에 달렸다"고 말했다.

정부는 조만간 현재 3.9%인 경제성장률을 하향 조정할 계획인데 추경만으로는 4% 경제성장이 어렵다는 게 기재부의 판단이다. 정부가 재정을 늘리면 이자율이 높아지면서 민간투자가 감소해 총수요가 줄어드는 구축효과가 발생한다. 여기서 한은이 금리를 내려주면 그 구축효과가 최소화될 수 있고, 경제주체들에 경기부양을 위한 강력한 신호를 줄 수 있어 경제 활성화 효과가 배가된다.

지난해 4월 정부가 17조 3,000억 원(경기부양용 5조 3,000억 원) 규모 추경을 단행한 한 달 뒤 한은은 기준금리를 0.25%포인트 인하하면서 정책공조를 이뤄냈다. 당시 김중수 한은 총재는 '추경+금리인하' 정책 패키지가 GDP 성장률에 미치는 효과를 2013년 0.2%포인트, 2014년 0.3%포인트로 분석한 바 있다.

추경의 효과를 따지기 이전에 현재 경제상황이 추경을 할 수 있는 법적요건을 충족하는지도 관심사다. 정부는 '의지의 문제지 법적으론 문제 없다'는 입장이다. 국가재정법 제89조는 ① 전쟁이나 대규모 자연재해가 발생한 경우, ② 경기침체, 대량실업, 남북관계의 변화, 경제협력과 같은 대내외 여건에 중대한 변화가 발생했거나 발생할 우려가 있는 경우, ③ 법령에 따라 국가가 지급하여야 하는 지출이 발생하거나 증가하는 경우를 추경의 법적요건으로 규정하고 있다.

연 습 문 제

폐쇄경제, 왈라스 법칙의 가정하에서 $AD-AS$모형에 대한 물음에 답하시오.

01 $IS-LM$모형으로부터 AD곡선을 도출하시오.

02 정부지출의 변동은 AD곡선을 어느 방향으로 이동시키는가?

03 조세의 변동은 AD곡선을 어느 방향으로 이동시키는가?

04 화폐량의 변동은 AD곡선을 어느 방향으로 이동시키는가?

05 고전학파의 AS곡선을 도출하시오.

06 케인즈학파의 AS곡선을 노동시장과 생산함수로부터 도출하시오.

07 명목임금의 변동은 케인즈학파의 AS곡선을 어느 방향으로 이동시키는가?

08 고전학파의 확대재정정책$(G_0<G_1)$이 국민소득, 이자율, 물가에 미치는 효과를 분석하시오.

09 케인즈학파의 확대재정정책$(G_0<G_1)$이 국민소득, 이자율, 물가에 미치는 효과를 분석하시오.

10 고전학파의 확대통화정책$(M_0<M_1)$이 국민소득, 이자율, 물가에 미치는 효과를 분석하시오.

11 케인즈학파의 확대통화정책$(M_0<M_1)$이 국민소득, 이자율, 물가에 미치는 효과를 분석하시오.

12 완전한 구축효과와 화폐의 중립성에 대해 설명하시오.

05

거시경제모형 IV

모형의 응용

05 거시경제모형 Ⅳ
모형의 응용

5.1 재정정책과 통화정책의 상대적 유효성

$IS-LM$모형을 이용하여 재정정책과 통화정책의 상대적 유효성을 살펴보도록 한다. 이러한 논의는 국민소득을 변동시키는 데 있어서 재정정책과 통화정책 중 어느 정책이 더 효과적인가에 관한 논쟁과 관련이 있다. 고전학파의 전통을 이어 받은 통화주의자와 케인즈학파는 IS곡선과 LM곡선의 기울기에 대해 서로 다른 견해를 보이고 있다. 이러한 기울기의 크기에 대한 양 학파의 차이로 인해 통화주의자가 선호하는 경제정책과 케인즈학파가 선호하는 경제정책이 서로 다르다. 우선 $IS-LM$곡선에 대한 이자율탄력성 개념을 살펴보자.

1. $IS-LM$곡선의 이자율탄력성

IS곡선과 LM곡선의 기울기를 이자율탄력성과 연결시켜 보자. 먼저 완만한 기울기의 $IS-LM$곡선의 경우에는 이자율의 소폭적인 변동이라는 충격에 대해 국민소득이 대폭적으로 변동하는 반응을 보인다. 즉 충격보다 반응이 클 때 반응이 충격에 대해 탄력적(elastic)이라는 표현을 쓴다. 이를 완만한 기울기의 $IS-LM$곡선에 적용하면 [그림 5-1]과 같이 IS곡선과 LM곡선이 이자율에 탄력적이라 한다. IS곡선이 이자율에 탄력적이라는 표현을 보다 구체화하면, 재화시장의 균형식에서 이자율과 관련되어 있는 것이 투자이기 때문에 "투자가 이자율에 탄력적"이라는 표현을 쓴다. 그리고 LM곡선이 이자율에 탄력적이라는 표현을

그림 5-1 이자율에 탄력적인 완만한 $IS-LM$곡선

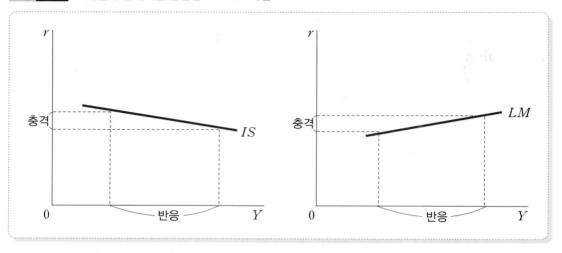

보다 구체화하면, 화폐시장의 균형식에서 이자율과 관련되어 있는 것이 화폐수요이기 때문에 "화폐수요가 이자율에 탄력적"이라는 표현을 쓴다.

다음으로 가파른 기울기의 $IS-LM$곡선의 경우에는 이자율의 대폭적인 변동이라는 충격에 대해 국민소득이 소폭적으로 변동하는 반응을 보인다. 즉 충격보다 반응이 작을 때 반응이 충격에 대해 비탄력적(inelastic)이라는 표현을 쓴다. 이를 가파른 기울기의 $IS-LM$곡선에 적용하면 [그림 5-2]와 같이 IS곡선

그림 5-2 이자율에 비탄력적인 가파른 $IS-LM$곡선

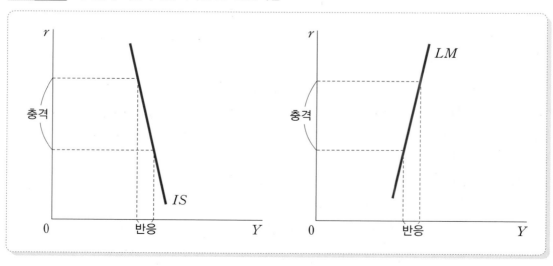

과 LM곡선이 이자율에 비탄력적이라 한다. IS곡선이 이자율에 비탄력적이라는 표현을 보다 구체화하면, 재화시장의 균형식에서 이자율과 관련되어 있는 것이 투자이기 때문에 "투자가 이자율에 비탄력적"이라는 표현을 쓴다. 그리고 LM곡선이 이자율에 비탄력적이라는 표현을 보다 구체화하면, 화폐시장의 균형식에서 이자율과 관련되어 있는 것이 화폐수요이기 때문에 "화폐수요가 이자율에 비탄력적"이라는 표현을 쓴다.

> | $IS-LM$곡선의 이자율탄력성 |
>
> 1. 완만한 IS곡선 : 투자가 이자율에 탄력적
> 2. 완만한 LM곡선 : 화폐수요가 이자율에 탄력적
> 3. 가파른 IS곡선 : 투자가 이자율에 비탄력적
> 4. 가파른 LM곡선 : 화폐수요가 이자율에 비탄력적

2. 고전학파 전통의 통화주의자의 경제정책

통화주의자(monetarist)는 투자가 이자율에 탄력적이고 화폐수요가 이자율에 비탄력적이라 주장하였다. 왜냐하면 통화주의자의 경우 투자는 이자율에 많은 영향을 받지만, 화폐수요는 이자율에 별 영향을 받지 않는다고 보았기 때문이다. 따라서 완만한 IS곡선과 가파른 LM곡선을 상정하였다. 이 경우 정부지출을 증가시키는 확대재정정책과 화폐량을 증가시키는 확대통화정책이 각각 국민소득에 어떤 영향을 미치는지를 분석해 보자.

[그림 5-3]과 같이 완만한 IS곡선과 가파른 LM곡선에서 확대재정정책을 실행하면 IS곡선이 오른쪽으로 이동하여 균형점이 점 A에서 점 B로 이행한다. 그 결과 국민소득은 소폭 증가하고 이자율은 대폭 상승한다. 반대로 확대통화정책을 실행하면 LM곡선이 오른쪽으로 이동하여 균형점이 점 C에서 점 D로 이행한다. 그 결과 국민소득은 대폭 증가하고 이자율은 소폭 하락한다. 따라서 해당 곡선을 동일한 폭으로 이동시키는 조건하에 재정정책과 통화정책을 각각 실행할 경우, 확대통화정책이 국민소득을 증가시키는 정도가 확대재정정책보다 크다. 이런 의미에서 통화주의자는 통화정책이 재정정책보다 상대적으로 우월하다고 주장하였다.

그림 5-3 통화주의자의 $IS-LM$곡선

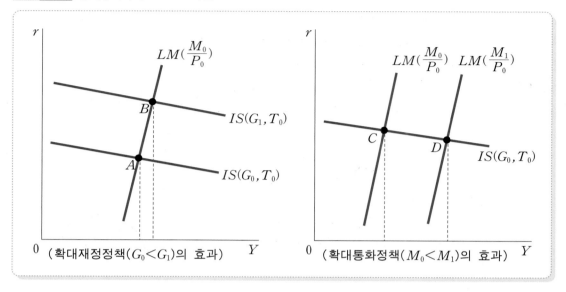

(확대재정정책($G_0 < G_1$)의 효과)

(확대통화정책($M_0 < M_1$)의 효과)

3. 케인즈학파의 경제정책

케인즈학파(Keynesian)는 투자가 이자율에 비탄력적이고 화폐수요가 이자율에 탄력적이라 주장하였다. 왜냐하면 케인즈학파의 경우 투자는 기업가의 동물적 감각(animal spirit)에 많은 영향을 받기 때문에 이자율에는 별 영향을 받지 않지만, 화폐수요는 이자율에 많은 영향을 받는다고 보았기 때문이다. 따라서 가파른 IS곡선과 완만한 LM곡선을 상정하였다. 이 경우 정부지출을 증가시키는 확대재정정책과 화폐량을 증가시키는 확대통화정책이 각각 국민소득에 어떤 영향을 미치는지를 분석해 보자.

[그림 5-4]와 같이 가파른 IS곡선과 완만한 LM곡선에서 확대재정정책을 실행하면 IS곡선이 오른쪽으로 이동하여 균형점이 점 A에서 점 B로 이행한다. 그 결과 국민소득은 대폭 증가하고 이자율은 소폭 상승한다. 반대로 확대통화정책을 실행하면 LM곡선이 오른쪽으로 이동하여 균형점이 점 C에서 점 D로 이행한다. 그 결과 국민소득은 소폭 증가하고 이자율은 대폭 하락한다. 따라서 해당 곡선을 동일한 폭으로 이동시키는 조건하에 재정정책과 통화정책을 각각 실행할 경우, 확대재정정책이 국민소득을 증가시키는 정도가 확대통화정책보다 크다. 이런 의미에서 케인즈학파는 재정정책이 통화정책보다 상대적으로 우월하다

그림 5-4 케인즈학파의 IS-LM곡선

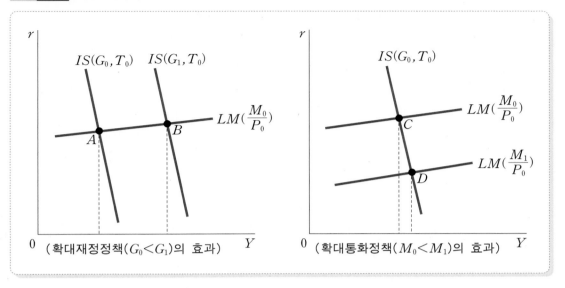

고 주장하였다.

　이를 종합하면 국민소득을 증가시키는 정책의 선택에서 고전학파의 전통을 이어 받은 통화주의자는 통화정책이 재정정책보다 상대적으로 우월하다고 주장한 반면, 케인즈학파는 재정정책이 통화정책보다 상대적으로 우월하다고 주장하였다.

| 재정정책과 통화정책의 상대적 유효성 |

1. 통화주의자 : 통화정책이 상대적으로 우월
2. 케인즈학파 : 재정정책이 상대적으로 우월

5.2 케인즈의 유동성함정

투자가 이자율에 비탄력적이고 화폐수요가 이자율에 탄력적이라는 케인즈학파의 경우를 극단적으로 가정하면 화폐수요가 이자율에 무한 탄력적인 경우가 되며, 이 때 LM곡선은 수평선의 형태가 된다. 이렇듯 LM곡선의 수평구간을 케인즈는 유동성함정(liquidity trap)이라 하였다. 이 경우 확대통화정책은 국민소득을 전혀 증가시키지 못하지만, 확대재정정책은 국민소득을 대폭적으로 증가시킨다. 따라서 경제가 유동성함정에 있을 경우 재정정책이 통화정책보다 상대적으로 우월하다는 주장이 극대화된다.

유동성함정의 특징을 살펴보면, 첫째 이자율이 0%에 근접한 임계이자율에서 발생한다. 둘째 화폐수요의 기회비용이 0%에 접근한다. 셋째 화폐수요가 무한히 증가할 가능성이 있다. 이런 의미에서 유동성함정을 마치 화폐수요가 함정을 파놓고 공급된 화폐를 모두 즉각적으로 흡수하는 것에 비유할 수 있다. 넷째 화폐수요의 이자율탄력성이 무한대이다. 다섯째 LM곡선의 수평구간에서 발생한다. 여섯째 경기침체 상태에서 발생한다. 일곱째 확대통화정책으로는 국민소득을 증가시킬 수 없기 때문에 유동성함정에서 벗어날 수 없다. 즉 통화정책의 무력성을 주장하였다. 여덟째 유동성함정에서 벗어나려면 확대재정정책을 실행

그림 5-5 유동성함정하의 확대통화정책($M_0 < M_1$)

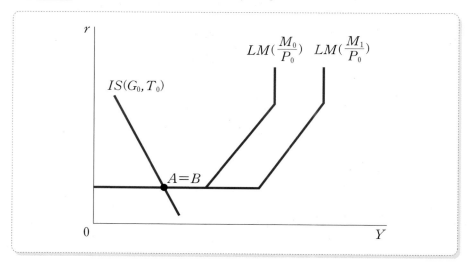

해야 한다.

유동성함정하에서 확대통화정책으로 국민소득을 증가시킬 수 없다는 통화정책의 무력성을 [그림 5-5]에서 살펴보자. 경제가 LM곡선의 수평구간인 유동성함정에서 균형점 A에 놓여 있어 경기침체를 경험하고 있다고 해보자. 이 때 유동성함정에서 벗어나고자 화폐량을 증가시키는 확대통화정책($M_0 < M_1$)을 실행할 경우 LM곡선이 오른쪽으로 이동한다. 그러나 새로운 균형점 B는 최초의 균형점 A와 같기 때문에 확대통화정책은 국민소득을 증가시키지 못한다. 이러한 의미에서 유동성함정하에서 통화정책은 무력하다.

통상적인 경제의 경우 확대통화정책을 실행하면 화폐시장이 초과공급 상태가 되며 이러한 초과공급 상태를 해소하는 과정에서 국민소득이 증가하게 되어 통화정책의 효과가 있게 된다. 즉 통화정책의 유효성은 초과공급 상태가 해소되는 기간이 충분히 주어져야 가능하다고 볼 수 있다. 그러나 유동성함정에 있는 경제의 경우 화폐수요의 기회비용이 0%에 가깝기 때문에 화폐시장의 초과공급 상태가 화폐수요의 증가로 즉각적으로 해소된다. 따라서 유동성함정하에서는 원천적으로 화폐의 초과공급 상태가 발생하지 않고 국민소득의 증가효과도 없기 때문에 통화정책은 무력하다.

케인즈는 유동성함정하에서 경기침체를 벗어나기 위한 정책대안으로 확대재정정책을 제안하였다. 정부지출을 증가($G_0 < G_1$)시키거나 조세를 감소

그림 5-6 유동성함정하의 확대재정정책($G_0 < G_1$)

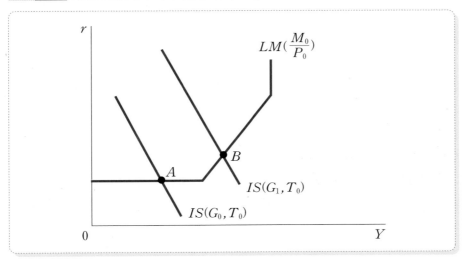

$(T_0 > T_1)$시키는 정책을 실행하면 [그림 5-6]과 같이 IS곡선이 오른쪽으로 이동하여 경제의 균형점이 A에서 B로 이행한다. 따라서 국민소득이 증가하여 유동성함정에서 벗어날 수 있다.

결론적으로 케인즈의 유동성함정은 경기침체 상태에서 발생하는데 유동성함정하에서 경기부양을 위한 통화정책은 국민소득의 증가효과가 없는 반면, 재정정책은 국민소득의 증가효과가 극대화된다.

| 유동성함정의 특징 |

1. 이자율이 0%에 근접한 임계이자율에서 발생한다.
2. 화폐수요의 기회비용이 0%에 접근한다.
3. 화폐수요가 무한히 증가할 가능성이 있다.
4. 화폐수요의 이자율탄력성이 무한대이다.
5. LM곡선의 수평구간에서 발생한다.
6. 경기침체 상태에서 발생한다.
7. 확대통화정책으로 국민소득을 증가시킬 수 없다(통화정책의 무력성).
8. 확대재정정책으로 국민소득을 증가사킬 수 있다(재정정책의 유효성).

5.3 고전학파의 반론 : 부의 효과

케인즈는 경제가 유동성함정에 있을 경우 통화정책은 효과가 없다고 주장하였다. 이에 대한 반론으로서 통화정책의 유효성을 주장하는 고전학파는 부의 효과(wealth effect)를 제시하였다. 고전학파는 경제가 유동성함정에 있을지라도 부의 효과가 존재한다면 확대통화정책으로 국민소득을 증가시킴으로써 경기침체에서 벗어날 수 있다고 하였다.

부의 효과란 소비가 소득뿐만 아니라 부 즉 재산의 증가에 의해서도 증가하는 것을 말한다. 소비자의 실질 부는 실질화폐량, 채권, 자본의 합계이다. 분석의 편의상 실질화폐량으로만 실질 부를 표시하면 소비함수는 다음과 같이 나타낼 수 있다. 대체로 소득으로 소비하는 소비자가 80% 이상이고, 재산을 현금화하여 소비하는 소비자는 20% 미만이다.

$$C = C(Y-T, \frac{M}{P})$$ (1)
$$\qquad\quad \oplus \qquad \oplus$$

이에 따라 재화시장의 균형식도 식 (2)와 같이 확장된다. 재화시장의 균형식은 $(Y, r, G, T, \frac{M}{P})$의 5개 변수간의 관계식으로 바뀐다. 이들 변수 중 국민소득(Y)과 이자율(r)은 IS곡선의 기울기를 결정하고, 나머지 정부지출(G), 조세(T), 실질화폐량$(\frac{M}{P})$은 이동변수가 된다. 부의 효과가 존재할 경우 IS곡선의 이동변수는 2개에서 3개로 증가한다. 따라서 화폐량의 증가는 IS곡선과 LM곡선을 동시에 오른쪽으로 이동시킨다.

$$Y = C(Y-T, \frac{M}{P})+I(r)+G$$ (2)

> | 부의 효과가 존재할 경우 IS곡선의 이동 |
>
> 1. $Y\uparrow \oplus G\uparrow$: G의 증가는 IS곡선의 오른쪽 이동, G의 감소는 IS곡선의 왼쪽 이동
> 2. $Y\downarrow \ominus T\uparrow$: T의 증가는 IS곡선의 왼쪽 이동, T의 감소는 IS곡선의 오른쪽 이동
> 3. $Y\uparrow \oplus \frac{M}{P}\uparrow$: $\frac{M}{P}$의 증가는 IS곡선의 오른쪽 이동, $\frac{M}{P}$의 감소는 IS곡선의 왼쪽 이동

경제가 유동성함정에 있을 때 부의 효과가 존재한다면 확대통화정책으로 국민소득을 증가시킬 수 있다는 것을 [그림 5-7]에서 살펴보자. 화폐량을 증가시키면 LM곡선이 오른쪽으로 이동할 뿐만 아니라 IS곡선도 오른쪽으로 이동함으로써 균형점이 A에서 B로 이행한다. 결국 부의 효과가 존재한다면 유동성함정하에서도 확대통화정책으로 국민소득을 증가시킴으로써 통화정책은 효과가 있다.

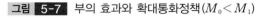

그림 **5-7** 부의 효과와 확대통화정책($M_0 < M_1$)

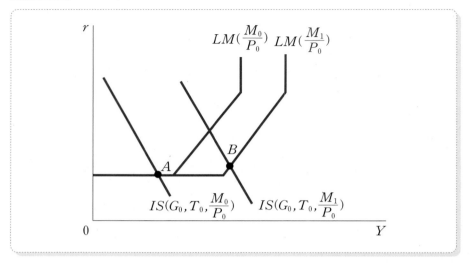

유동성함정하의 경기침체기에 부의 효과가 존재할 경우 실질화폐량($\frac{M}{P}$)의 증가는 IS곡선과 LM곡선을 동시에 오른쪽으로 이동시켜 유동성함정에서 벗어날 수 있는 가능성에 대해 살펴보았다. 실질화폐량의 증가는 명목화폐량(M)이 증가하거나 물가(P)가 하락하는 경우에 발생한다. 명목화폐량의 증가는 확대통화정책으로 실현되지만, 물가의 하락은 경기침체기에 인위적인 정책의 실행 없이 발생한다. 명목화폐량이 증가하여 부의 효과가 발생할 경우 실질잔액효과(real balance effect)라 하고, 물가가 하락하여 부의 효과가 발생할 경우 피구효과(Pigou effect)라 한다. 그러나 부의 효과와 실질잔액효과라는 용어를 혼용하기도 한다.

유동성함정 하에서 화폐가 공급되면 화폐수요의 기회비용이 거의 발생하지 않기 때문에 공급된 화폐는 유휴자금으로서 모두 화폐수요로 흡수된다. 소비자는 실질화폐량의 증가를 재산의 증가로 인식하여 소비지출을 늘릴 것이다. 이 경우 IS곡선과 LM곡선이 동시에 오른쪽으로 이동하여 국민소득이 증가하는데, 이를 실질잔액효과라 한다. 따라서 고전학파의 경우 실질잔액효과가 존재할 경우 유동성함정하에서도 통화정책은 효과가 있다.

한편 피구(Pigou)는 경기불황기에 물가는 상승 압력을 거의 받지 않고 오히려 하락 압력을 받기 때문에, 실질 부가 증가함으로써 소비가 늘어난다. 이 경우 IS곡선과 LM곡선이 오른쪽으로 이동하게 되어 국민소득이 증가하는데, 이를 피구효과라 한다. 따라서 피구효과가 존재할 경우 경기침체기의 유동성함정하에서 인위적인 정책을 사용하지 않더라도, 물가하락에 의해 실질화폐량이 증가함으로써 경제를 회복시키는 자동적인 경로가 존재한다. 이를 경제의 자동조절장치(built-in stabilizer)라 한다. 결국 실질잔액효과와 피구효과는 모두 부의 효과를 발생시키는 2가지 중요한 요소가 된다.

대부분의 실증분석결과에 의하면 소비는 주로 소득의 변동에 의해 영향을 받고, 부의 변동에 의해서는 적은 영향만 받는 것으로 나타난다. 따라서 부의 효과는 이론적인 가능성을 제시하는 데 그 의의를 찾을 수 있으나, 현실적으로는 그 크기가 무시할 정도로 작다고 할 수 있다. 결국 경제가 유동성함정에 놓이게 되면 좀처럼 벗어나기 어렵기 때문에 장기침체에 빠질 가능성이 매우 높다고 할 수 있다. 예를 들어 일본 경제는 1990년대 초부터 유동성함정에 놓이게 되었고 이자율이 0%에 접근해 있으며 최근까지도 장기침체에서 좀처럼 벗어나지 못하고 있다.

| 부의 효과 |

1. 실질잔액효과(통화정책의 유효성)

   $M \uparrow$, $\dfrac{M}{P} \uparrow$, $C \uparrow$, IS곡선과 LM곡선의 오른쪽 이동, $Y \uparrow$

2. 피구효과(자동조절장치)

   $P \downarrow$, $\dfrac{M}{P} \uparrow$, $C \uparrow$, IS곡선과 LM곡선의 오른쪽 이동, $Y \uparrow$

5.4 구축효과

일반적으로 확대재정정책을 실행하면 IS곡선이 오른쪽으로 이동하여 국민소득이 증가하는 반면 이자율이 상승하게 된다. 이자율의 상승은 투자의 감소를 가져와 국민소득을 감소시킨다. 정부지출의 증가라는 정부의 경제활동이 이자율의 상승으로 인해 민간의 경제활동인 투자의 감소를 초래하는 것을 구축효과라 한다. 정부의 경제활동이 민간의 경제활동을 밀어낸다(crowd out)는 의미에서 구축효과 또는 밀어내기 효과(crowding-out effect)라고 부른다.

구축효과는 확대재정정책의 결과로 발생하는 이자율의 상승 정도에 따라서 완전한 또는 완전 구축효과, 불완전한 또는 부분 구축효과, 무 구축효과로 나눌 수 있다. 구축효과를 물가불변하의 IS-LM모형과 물가변동하의 AD-AS모형을 통하여 살펴보자.

1. 물가불변하의 $IS-LM$모형에서의 구축효과

(1) 완전한 구축효과

정부지출의 증가나 조세의 감소로 인해 발생하는 국민소득의 증가가 이자율의 상승 및 투자의 감소로 인해 발생하는 국민소득의 감소로 완전히 상쇄되어 재정정책 이전의 국민소득 수준으로 복귀하는 현상을 완전한(complete) 또는 완전(full) 구축효과라 한다. 완전한 구축효과는 LM곡선이 수직일 때 발생한다.

[그림 5-8]과 같이 수직의 LM곡선의 경우 확대재정정책($G_0 < G_1$)을 실행하면 IS곡선의 오른쪽 이동으로 경제가 점 A에서 점 B로 이행함으로써, r_0하에서 국민소득이 Y_0에서 Y_1으로 증가한다. 그러나 균형을 회복하기 위해 경제는 균형점 C로 이행한다. 이 경우 이자율이 r_0에서 r_1으로 상승하고 투자가 감소한 결과 국민소득이 감소하여 Y_1에서 원래의 Y_0로 복귀한다. 따라서 물가불변

그림 5-8 완전한 구축효과 : 수직의 LM곡선

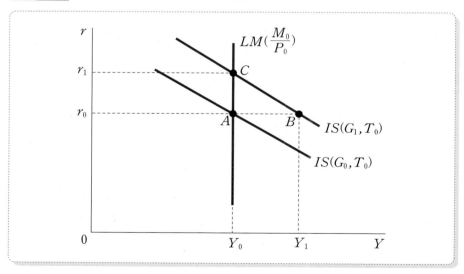

의 IS-LM모형에서 수직의 LM곡선의 경우 완전한 구축효과가 발생한다.

(2) 불완전한 구축효과

확대재정정책으로 인해 발생하는 국민소득의 증가가 이자율의 상승 및 투자의 감소로 인해 발생하는 국민소득의 감소로 완전히 상쇄되지 않아 국민소득이 일부 증가하는 현상을 불완전한(incomplete) 또는 부분(partial) 구축효과라 한다. 불완전한 구축효과는 통상적인 기울기의 IS-LM곡선에서 발생한다.

[그림 5-9]와 같이 통상적인 IS-LM곡선의 경우 확대재정정책($G_0 < G_1$)을 실행하면 IS곡선의 오른쪽 이동으로 경제가 점 A에서 점 B로 이행함으로써, r_0 하에서 국민소득이 Y_0에서 Y_1으로 증가한다. 그러나 균형을 회복하기 위해 경제는 균형점 C로 이행한다. 이 경우 이자율이 r_0에서 r_2로 상승하고 투자가 감소한 결과 국민소득이 Y_1에서 Y_2로 감소한다. 결국 물가불변하의 통상적인 IS-LM모형의 경우 확대재정정책은 국민소득을 Y_0에서 Y_2로 일부 증가시킴으로써 불완전한 구축효과가 발생하게 된다.

그림 **5-9** 불완전한 구축효과 : 통상의 IS-LM곡선

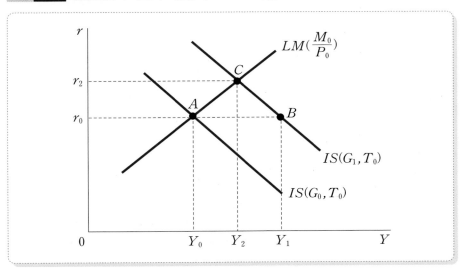

(3) 무 구축효과

확대재정정책으로 인해 발생하는 국민소득의 증가가 이자율의 상승을 초래하지 않아 투자 및 국민소득의 감소가 발생하지 않는 현상을 무(no) 구축효과라 한다. 무 구축효과는 수평의 LM곡선인 유동성함정에서 발생한다.

[그림 5-10]과 같이 수평의 LM곡선인 유동성함정의 경우 확대재정정책 ($G_0 < G_1$)을 실행하면 IS곡선의 오른쪽 이동으로 경제가 점 A에서 점 B로 이행함으로써, r_0하에서 국민소득이 Y_0에서 Y_1으로 증가한다. 균형점 B에서는 이자율의 상승 요인이 없기 때문에 투자와 국민소득이 감소하지 않는다. 따라서 수평의 LM곡선의 경우 확대재정정책은 국민소득을 Y_1으로 증가시키며 경제를 그곳에 머물게 하기 때문에 구축효과가 발생하지 않는다.

그림 5-10 무 구축효과 : 수평의 LM곡선

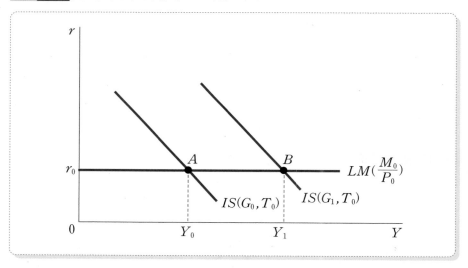

| 구축효과 : 물가불변하의 IS-LM모형 |

1. 완전한 구축효과 : 수직의 LM곡선에서 발생
2. 불완전한 구축효과 : 통상의 IS-LM곡선에서 발생
3. 무 구축효과 : 수평의 LM곡선인 유동성함정에서 발생

2. 물가변동하의 $AD-AS$모형에서의 구축효과

(1) 완전한 구축효과

제4장에서 살펴봤듯이 고전학파의 경우 확대재정정책($G_0 < G_1$)을 실행할 경우 완전한 구축효과가 발생한다. 이를 고전학파의 $AD-AS$모형인 [그림 5-11]을 통해 분석해 보자.

확대재정정책으로 G가 G_0에서 G_1으로 증가하면 1단계로 IS곡선과 AD곡선

그림 **5-11** 완전한 구축효과 : 고전학파의 $AD-AS$모형

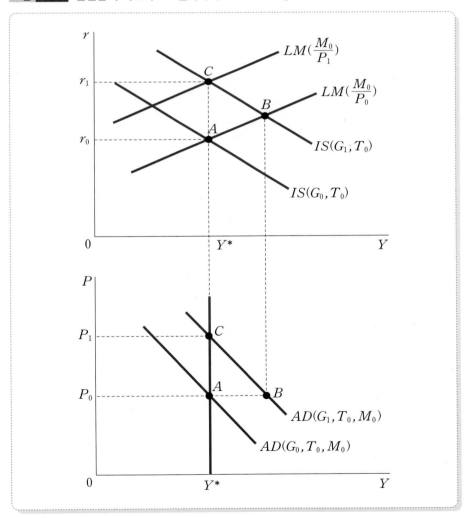

이 오른쪽으로 이동함에 따라 원래의 물가수준(P_0)하에서 초과수요가 발생한다 (점 A → 점 B). 2단계로 초과수요가 발생하여 물가가 P_0에서 P_1으로 상승하면 LM곡선이 왼쪽으로 초과수요가 사라질 때까지 이동한다(점 B → 점 C). 그 결과 국민소득은 Y에서 변동이 없고, 이자율은 r_0에서 r_1으로 상승하고, 물가는 P_0에서 P_1으로 상승한다. 따라서 물가변동하의 $AD-AS$모형에서 고전학파의 경우 완전한 구축효과가 발생한다.

그림 5-12 불완전한 구축효과 : 케인즈학파의 $AD-AS$모형

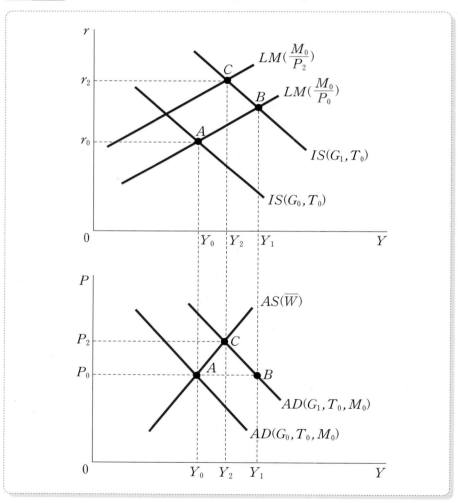

(2) 불완전한 구축효과

역시 제4장에서 살펴봤듯이 케인즈학파의 경우 확대재정정책($G_0 < G_1$)을 실행할 경우 불완전한 구축효과가 발생한다. 이를 케인즈학파의 $AD-AS$모형인 [그림 5-12]를 통해 분석해 보자.

확대재정정책으로 G가 G_0에서 G_1으로 증가하면 1단계로 IS곡선과 AD곡선이 오른쪽으로 이동함에 따라 원래의 물가수준(P_0)하에서 초과수요가 발생한다(점 A → 점 B). 2단계로 초과수요가 발생하여 물가가 P_0에서 P_2로 상승하면 LM곡선이 왼쪽으로 초과수요가 사라질 때까지 이동한다(점 B → 점 C). 그 결과 국민소득은 Y_0에서 Y_2로 증가하고, 이자율은 r_0에서 r_2으로 상승하고, 물가는 P_0에서 P_2로 상승한다. 따라서 물가변동하의 $AD-AS$모형에서 케인즈학파의 경우 불완전한 구축효과가 발생한다.

| 구축효과: 물가변동하의 $AD-AS$모형 |

1. 고전학파 모형 : 완전한 구축효과
2. 케인즈학파 모형 : 불완전한 구축효과

5.5 승수효과

승수효과(multiplier effect)에서 승수란 정부지출 또는 조세를 1단위 변동시켰을 때 국민소득이 몇 단위 변동하는가를 나타내는 지표이다. 정부지출 1단위 변동에 대한 국민소득의 변동 정도를 정부지출승수라 하고, 조세 1단위 변동에 대한 국민소득의 변동 정도를 조세승수라 한다.

정부지출승수를 그래프로 설명해 보자. [그림 5-13]은 확대재정정책($G_0 < G_1$)을 실행하여 IS곡선이 오른쪽으로 이동할 경우 각각 수평의 LM곡선, 우상향의 LM곡선, 수직의 LM곡선과 교차하는 균형점들을 나타내고 있다.

첫째 LM곡선이 수평($L_r = \infty$)인 LM_1의 유동성함정의 경우 정부지출을 G_0에서 G_1으로 증가시키면 IS곡선이 $IS(G_0, T_0)$에서 $IS(G_1, T_0)$로 오른쪽으

그림 5-13 승수효과 : 정부지출승수$(G_0 < G_1)$

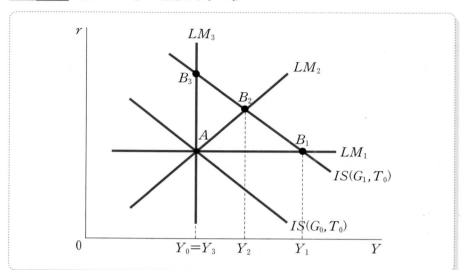

로 이동하여 균형점이 B_1이 되고 국민소득이 Y_1이 된다. 이 경우 정부지출승수 값이 가장 크다.

둘째 LM곡선이 우상향인 LM_2의 경우 정부지출을 G_0에서 G_1으로 증가시키면 IS곡선이 $IS(G_0, T_0)$에서 $IS(G_1, T_0)$로 오른쪽으로 이동하여 균형점이 B_2가 되고 국민소득이 Y_2가 된다. 이 경우 정부지출승수 값이 LM곡선이 수평인 경우보다 작다.

셋째 LM곡선이 수직$(L_r=0)$인 LM_3의 경우 정부지출을 G_0에서 G_1으로 증가시키면 IS곡선이 $IS(G_0, T_0)$에서 $IS(G_1, T_0)$로 오른쪽으로 이동하여 균형점이 B_3가 되고 국민소득이 Y_3가 된다. 이 때 $Y_0=Y_3$이므로 국민소득에는 변동이 없다. 이 경우 정부지출승수 값이 0이 되어 가장 작다.

$IS-LM$모형을 통해서 정부지출승수의 크기를 수학적으로 구해 보자.

$$IS곡선 : Y=C(Y-T)+I(r)+G,\ 0<C_{Y-T}<1,\ I_r<0 \tag{3}$$

$$LM곡선: \frac{M}{P}=L(r, Y),\ L_r<0,\ L_Y>0 \tag{4}$$

식 (3)과 식 (4)를 $dT=dM=dP=0$의 조건에서 전미분(total differentiation) 하자.

$$dY = C_{Y-T}dY + I_r dr + dG \qquad (5)$$

$$0 = L_r dr + L_Y dY \qquad (6)$$

식 (5)와 식(6)을 dG로 나누어 정리하면 다음과 같다.

$$(1-C_{Y-T})\frac{dY}{dG} - I_r\frac{dr}{dG} = 1 \qquad (7)$$

$$L_Y\frac{dY}{dG} + L_r\frac{dr}{dG} = 0 \qquad (8)$$

식 (7)×L_r+식 (8)×I_r을 계산하면 두 미지수 $\dfrac{dY}{dG}$와 $\dfrac{dr}{dG}$ 중 $\dfrac{dY}{dG}$를 구할 수 있다.

$$\frac{dY}{dG} = \frac{1}{1-C_{Y-T}+I_r\dfrac{L_Y}{L_r}} \qquad (9)$$

정부지출의 증가나 조세의 감소는 IS곡선을 오른쪽으로 이동시켜 국민소득을 증가시키는데, 이러한 국민소득의 증가 정도는 LM곡선의 기울기에 따라 달라진다.

첫째 LM곡선이 수평($L_r = \infty$)인 유동성함정의 경우 정부지출승수 값이 가장 크다. 이 경우는 제2장에서 다룬 물물교환경제의 가정하에서 재화시장만을 분석 대상으로 한 국민소득 결정모형의 결과와 일치한다. 즉 정부지출(G)의 1단위 증가가 국민소득(Y)을 ($\dfrac{1}{1-C_{Y-T}}$)배 증가시킨다.

둘째 LM곡선이 우상향인 경우 정부지출승수는 LM곡선이 수평인 경우보다 작다. 정부지출(G)의 1단위 증가가 국민소득(Y)을 ($\dfrac{1}{1-C_{Y-T}+I_r\dfrac{L_Y}{L_r}}$)배 증가시킨다.

셋째 LM곡선이 수직($L_r = 0$)인 경우 정부지출승수 값이 0이 되어 가장 작다. 이 경우 정부지출(G)의 1단위 증가가 국민소득(Y)을 증가시키지 못한다.

| 정부지출승수의 크기 (IS 우하향) : 1 > 2 > 3 |

1. LM곡선이 수평($L_r = \infty$) : $\dfrac{1}{1 - C_{Y-T} + I_r \dfrac{L_Y}{L_r}} \Big|_{L_r = \infty} = \dfrac{1}{1 - C_{Y-T}}$

2. LM곡선이 우상향 : $\dfrac{1}{1 - C_{Y-T} + I_r \dfrac{L_Y}{L_r}}$

3. LM곡선이 수직($L_r = 0$) : $\dfrac{1}{1 - C_{Y-T} + I_r \dfrac{L_Y}{L_r}} \Big|_{L_r = 0} = 0$

5.6 화폐의 중립성

명목변수인 화폐량의 증가가 실질변수인 국민소득에 영향을 미치지 못하면 화폐의 중립성(neutrality of money)이 성립한다고 하고 명목변수인 화폐량의 증가가 실질변수인 국민소득에 영향을 미치면 화폐의 중립성이 성립하지 않는다고 한다.

1. 고전학파의 $AD-AS$모형

고전학파의 모형에서 [그림 5-14]와 같이 화폐량이 M_0에서 M_1으로 증가하면 LM곡선과 AD곡선이 오른쪽으로 이동하여 원래의 물가수준(P_0)하에서 초과수요가 발생한다(점 A → 점 B). 초과수요로 물가가 P_0에서 P_1으로 상승하면 LM곡선이 왼쪽으로 초과수요가 사라질 때까지 이동한다(점 B → 점 C). 그 결과 국민소득은 불변이고 물가만 P_1으로 상승한다.

최초의 균형점 A와 새로운 균형점 C가 같기 때문에 $LM(\frac{M_0}{P_0}) = LM(\frac{M_1}{P_1})$의 관계가 성립된다. 즉 명목변수인 화폐량의 증가가 명목변수인 물가만 1:1의 비율로 증가시키고 실질변수인 국민소득에는 아무런 영향을 미치지 못하는 소위 화폐의 중립성(neutrality of money)이 성립된다.

그림 **5-14** 고전학파의 확대통화정책

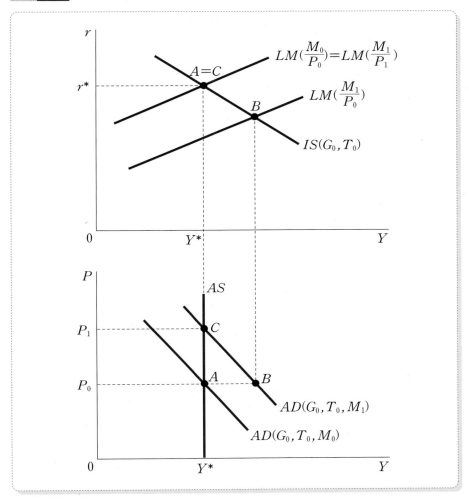

2. 케인즈학파의 $AD-AS$모형

케인즈학파의 모형에서 확대통화정책을 [그림 5-15]에서 살펴보자. 화폐량
이 M_0에서 M_1으로 증가하면 LM곡선과 AD곡선이 오른쪽으로 이동하여 원
래의 물가수준(P_0)하에서 초과수요가 발생한다(점 A → 점 B). 초과수요로 물가
가 P_0에서 P_1으로 상승하면 LM곡선이 왼쪽으로 초과수요가 사라질 때까지 이
동한다(점 B → 점 C). 그 결과 국민소득은 Y_0에서 Y_2로 증가하고 물가는 P_0에
서 P_2로 상승한다.

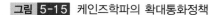

그림 5-15 케인즈학파의 확대통화정책

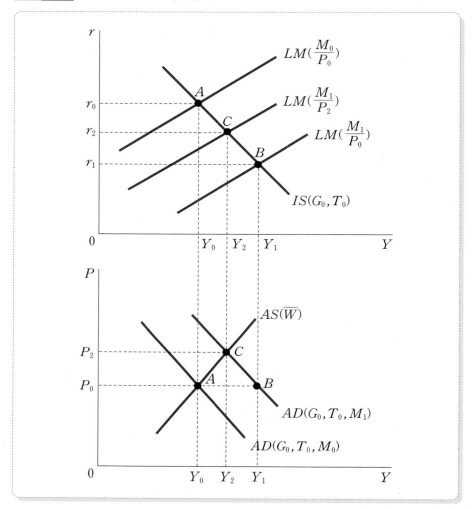

　　케인즈학파 모형에서 통화정책 시행시 최초의 LM곡선과 정책시행 후의 LM 곡선이 일치하지 않기 때문에 $LM(\frac{M_0}{P_0}) \neq LM(\frac{M_1}{P_2})$의 관계가 성립된다. 그 결과 화폐량의 증가는 일부 국민소득의 증가와 일부 물가의 상승으로 분산되어 나타난다. 결국 화폐량의 증가가 실질변수인 국민소득의 증가를 가져오기 때문에 화폐의 중립성이 성립하지 않는다. 극단적 케인즈학파의 확대통화정책의 경우에도 화폐의 중립성이 성립하지 않는다.

| 화폐의 중립성 |

1. 고전학파의 $AD-AS$모형 : 화폐의 중립성이 성립함
2. 케인즈학파의 $AD-AS$모형 : 화폐의 중립성이 성립하지 않음
3. 극단적 케인즈학파의 $IS-LM$모형 : 화폐의 중립성이 성립하지 않음

5.7 감세정책의 효과

정부가 감세정책을 시행할 경우 소비자의 가처분소득(disposable income) 또는 세후소득(after-tax income)이 증가한다. 이러한 소득의 증가로 소비가 증가하면 국민소득이 증가할 것이다. 여기서 감세로 인한 가처분소득의 증가를 소비자가 어떻게 평가하느냐에 따라서 감세정책의 국민소득 증가효과가 달라진다.

감세정책의 효과에 대한 이론에는 감세로 인한 소득의 증가를 절대적으로 보는 절대소득가설, 감세를 영구적일 때와 일시적일 때를 구분하여 감세정책의 효과를 파악하는 항상소득가설, 감세가 국민소득 증가와 무관하다는 합리적 기대가설 등이 있다.

1. 절대소득가설

케인즈의 절대소득가설(absolute income hypothesis)은 현재소비가 현재 가처분소득에 의해 결정된다고 설명한다. 이 가설은 소비자가 감세로 인한 소득의 증가를 절대적으로 파악하여, 감세가 영구적이든 일시적이든 소비를 증가시킴으로써 총수요와 국민소득이 증가한다고 보는 이론이다.

2. 항상소득가설

프리드만 등 통화주의자의 항상소득가설(permanent income hypothesis)은 현재소비가 항상소득에 의해 결정된다고 설명한다. 이 가설에 의하면 소비자는

감세를 영구적일 때와 일시적일 때를 구분하여, 감세가 영구적일 때만 항상소득이 증가한 것으로 인식한다. 따라서 감세가 영구적일 때만 소비가 증가하고 국민소득이 증가한다.

3. 합리적 기대학파의 가설

합리적 기대학파에 의하면 합리적인 소비자는 현재 감세가 실행되면 미래에 증세로 이어질 것으로 인식하기 때문에, 총 조세부담에는 변동이 없다고 판단할 것이다. 소비자가 현재 소비의 계획을 세울 때 현재소비만이 아니라 미래소비도 동시에 고려한다면, 현재의 감세에만 반응하지 않고 미래의 증세까지도 고려하기 때문에 총 조세부담에 변동이 없다고 인식할 것이다. 따라서 감세정책은 소비를 증가시키지 않음으로써 총수요와 국민소득에 아무런 영향도 미치지 못한다. 이와 같이 감세가 총수요와 국민소득에 아무런 영향도 미치지 못한다는 것을 리카르도 불변정리(Ricardian equivalence theorem)라 한다. 즉 정부지출의 재원을 조달하는 방식에는 조세로 조달하는 방법(tax financing), 국채로 조달하는 방법(debt financing), 화폐로 조달하는 방법(money financing)이 있는데, 합리적 기대학파의 리카르도 불변정리에 의하면 정부지출의 재원조달 방법을 변화시켜도 소비, 총수요, 국민소득 등에 영향을 미치지 못한다.

| 감세정책의 효과 |

1. 절대소득가설
   감세의 성격과 상관없이 소비를 증가시킴으로써 총수요와 국민소득이 증가
2. 항상소득가설
   감세가 영구적일 때만 소비를 증가시킴으로써 총수요와 국민소득이 증가
3. 합리적 기대학파의 가설
   감세가 소비를 증가시키지 않음으로써 총수요와 국민소득에 아무런 영향도 미치지 못함 (리카르도 불변정리)

Episode
에 · 피 · 소 · 드

경제기사로 보는 거시경제: 유동성 함정

본문에서 살펴보았듯이 유동성 함정은 정책이자율이 0%에 근접한 임계이자율에서 주로 발생하며, 유동성 함정이 있을 경우 확대통화정책을 통해 국민소득을 증가시키기 어렵다. 정책이자율이 0%에 근접한 경우는 2000년대 이후 일본과 2008년 글로벌 금융위기 이후 미국과 유로지역의 예를 들 수 있다. 아래 기사(이데일리, 2015.1.19)에서는 유로지역 중앙은행인 ECB가 0% 수준으로 금리를 인하한데 이어 양적완화(Quantitative Easing)을 발표할 것으로 알려지자, 그 동안 일본의 유동성 함정 논의를 인용하며, ECB의 정책이 효과가 없을 수 있음을 논하고 있다.

========================= 이하 기사 인용 =========================

원문: http://www.edaily.co.kr/news/NewsRead.edy?newsid=02279606609239360&SCD=
    JH21&DCD=A00802

ECB 전면 양적완화 기대? "일본식 유동성 함정 우려"

유럽중앙은행(ECB)이 이번 주 22일(현지시간) 통화정책회의에서 국채 매입 등 대규모 양적완화(QE) 프로그램을 발표할 것으로 전망되지만, 과거 일본의 사례를 참고한다면 투자자들이 기대를 낮추는 게 좋을 것이란 지적이 제기됐다.

18일(현지시간) 블룸버그통신이 이코노미스트를 대상으로 설문조사를 실시한 결과 ECB가 5,500억 유로(689조 2,000억 원)의 채권 매입 프로그램을 발표할 것으로 예측됐다. 지난 달 소비자물가 상승률이 전년동월비 0.2% 하락하면서 사실상 디플레이션(경기침체속 물가하락)이 현실화됐기 때문이다.

그러나 ECB가 찍어낸 돈은 투자보단 디플레이션 기대에 갇히게 할 것이라고 블룸버그는 분석했다. 일본의 경험이 존 메이너드 케인즈가 주창한 유동성 함정의 실제 사례이기 때문이다. 케인즈는 거의 모든 사람들이 부채와 현금을 갖고 있길 선호할 만큼 금리가 낮을 때 중앙은행은 금리 통제권을 상실한다고 주장했다. 블룸버그는 ECB 또한 일본식 경기부양책을 내놓으면서 일본과 같은 유동성 함정에 빠질 위험이 있다고 경고했다.

일본은 2001년 처음으로 국채를 매입하고 시중에 돈을 풀면서 양적완화(QE)를 시작했다. 지난 2012년 아베노믹스가 추진된 이후 구로다 하루히코 일본은행(BOJ) 총재는 지난해 10월 채권매입액을 매달 12조 엔(약 134조 원)으로 늘린다고 밝혔다.

이에 따른 경제적 성과는 상충돼 있다. 토픽스지수는 지난 3개월 동안 14%나 뛰었고, 엔화는 지난 1년간 달러화 대비 13% 하락했다. 엔화 약세로 일본 수출업체들은 해외에 더 싸게 수출할 수 있게 됐다.

그러나 신선식품과 지난해 4월 소비세 인상 효과를 제외한 소비자물가 상승률은 11월 0.7% 상승하는 데 그쳤다. BOJ의 물가목표치 2%의 절반도 못 미치는 것이다. 산업생산과 소매판매도 모두 하락했다. 11월 산업생산은 전월비 0.6% 감소했다. 소매판매도 전년동월비 0.4% 증가해 시장 예상치를 하회했다. 11월 은행 대출은 2.8% 증가해 2009년 이후 가장 빠른 속도를 나타냈다. 단, 2008년 4.1%로 최고점을 찍은 것에 비해선 아직도 낮은 속도다. 일본 국채는 지난 2년간 투자자에게 23%의 손실을 안겨 26개 채권시장에서 최악의 성과를 냈다고 블룸버그는 집계했다.

이러한 일본의 경제적 효과는 ECB에게 시사하는 바가 크다. 일단 마리오 드라기 ECB총재는 22일 구로다식 모델을 발표할 것으로 보인다.

도쿄 소재 미즈호자산운용의 수석 펀드매니저인 유스케 이토는 "투자자들이 (ECB에 대해) 너무 많은 기대를 하고 있지만, 시장에 더 많은 유동성이 공급되더라도 은행은 고객에게 유동성을 늘리지 않을 것"이라고 밝혔다. 이어 "우리는 유동성 함정에 빠졌다"며 "양적완화 효과에 대해 의심이 많다"고 덧붙였다.

나루키 나카무라 BNP파리바 투자파트너스 수석은 "구로다가 기대 인플레이션을 높이려고 하고 있지만, 그가 성공적이라고 말하긴 어렵다"며 "이것은 (양적완화) 마법이 아니다. 디스인플레이션의 끝이나 성장으로의 전환 등 전체 그림은 즉시 바뀌지 않는다"고 지적했다.

[이데일리 최정희 기자]

연 습 문 제

01 $IS-LM$곡선의 이자율탄력성에 대해 설명하시오.

02 고전학파 전통의 통화주의자는 재정정책과 통화정책의 상대적 유효성에 대해 어떤 주장을 하고 있는가?

03 케인즈학파는 재정정책과 통화정책의 상대적 유효성에 대해 어떤 주장을 하고 있는가?

04 케인즈의 유동성함정의 특징에 대해 설명하시오.

05 부의 효과가 존재할 경우 IS곡선의 이동변수에 대해 설명하시오.

06 부의 효과를 실질잔액효과와 피구효과로 구분하여 설명하시오.

07 물가불변하의 $IS-LM$모형에서 어떤 경우에 각각 완전한 구축효과, 불완전한 구축효과, 무 구축효과가 발생하는지를 설명하시오.

08 물가변동하의 $AD-AS$모형을 이용하여 완전한 구축효과가 발생하는 경우에 대해 설명하시오.

09 물가변동하의 $AD-AS$모형을 이용하여 불완전한 구축효과가 발생하는 경우에 대해 설명하시오.

10 수평의 LM곡선, 우상향의 LM곡선, 수직의 LM곡선에 대해 정부지출승수의 크기를 서로 비교하시오.

11 고전학파의 $AD-AS$모형, 케인즈학파의 $AD-AS$모형, 극단적 케인즈학파의 $IS-LM$모형에 대해 각각 화폐의 중립성의 성립여부를 판별하시오.

12 감세정책의 효과에 대해 절대소득가설, 항상소득가설, 합리적 기대학파의 가설은 각각 어떻게 설명하고 있는가?

06

소비이론

06 소비이론

지금까지 살펴본 경제모형에서는 분석의 단순화를 위해 소비가 가처분소득 또는 소득의 증가함수라고 규정하였다. 소비함수를 규정하는 방법에는 일정 시점에서 여러 소비자의 소비행태를 파악하는 횡단면 소비함수, 단기간의 시간의 흐름상에서 대표소비자의 소비행태를 파악하는 단기시계열 소비함수, 그리고 장기간의 시간의 흐름상에서 대표소비자의 소비행태를 파악하는 장기시계열 소비함수로 규정하는 방법이 있다. 대표소비자(representative consumer)란 경제 전체의 총소비를 인구수로 나눈 것으로서, 평균적인 소비자의 행태를 거시적으로 분석하기 위한 가상적인 개념이다.

이와 같은 3가지 소비함수를 규정하는 데 있어서 여러 소비이론들이 상이한 방식으로 소득변수를 규정하고 있다. 앞으로 살펴볼 전통적 소비이론에는 절대소득가설, 상대소득가설, 생애주기가설, 항상소득가설이 있다. 먼저 횡단면 소비함수에서 절대소득가설, 생애주기가설, 항상소득가설은 소득변수를 자기소득의 개념으로 규정한 반면, 상대소득가설은 소득변수를 자기소득과 타인소득의 개념으로 규정하고 있다. 다음으로 시계열 소비함수에서 절대소득가설은 소득변수를 현재소득의 개념으로 규정하고 있고, 상대소득가설은 소득변수를 현재소득과 과거소득의 개념으로 규정하고 있으며, 생애주기가설과 항상소득가설은 소득변수를 자산, 현재소득 및 미래소득의 개념으로 규정하고 있다.

소비에 대한 통계는 내구재(durable goods) 소비지출, 비내구재(nondurable goods) 소비지출, 서비스(services) 소비지출로 나누어진다. 내구재 소비지출은 여러 기간에 걸쳐서 소비되는 지출항목이고, 비내구재 소비지출과 서비스 소비지출은 한 기간에 소비되는 지출항목으로 정의된다.

[표 6-1] 우리나라의 소비지출   (단위: 10억 원)

	2000	2005	2010	2015	2020
명목GDP	651,634.4	957,447.8	1,322,611.2	1,658,020.4	1,933,152.4
소비지출	355,141.4	500,910.9	667,061.3	804,812.4	897,449.2
내구재	68,938.6	85,765.4	119,016.7	151,581.9	176,482.6
비내구재	90,598.1	111,599.9	143,322.2	167,150.4	198,484.5
서비스	186,349.1	281,302.0	375,738.0	445,567.6	480,658.7
실질GDP	903,550.9	1,155,129.7	1,426,618.0	1,658,020.4	1,836,881.1
소비지출	511,606.6	617,416.8	725,118.6	804,812.4	849,072.1
내구재	76,162.3	93,632.3	124,474.9	151,581.9	174,431.5
비내구재	151,514.4	149,615.0	160,624.4	167,150.4	189,771.9
서비스	279,352.8	349,944.2	411,153.0	445,567.6	446,427.5

출처: http://ecos.bok.or.kr
주: 1) 소비지출은 민간최종소비지출로서 $Y=C+I+G+NX$에서 C에 해당됨
    2) 내구재에는 준내구재가 포함되어 있음
    3) 상단의 통계는 명목 소비지출이고, 하단의 통계는 실질 소비지출(2015년 기준)임

[표 6-1]은 우리나라의 소비지출에 대한 통계를 2015년을 기준연도로 하여 요약해 놓은 것이다. 상단의 통계에서 명목 소비지출이 명목GDP에서 차지하는 비중은 2000년의 55%에서 2020년의 46%로 감소하였고, 하단의 통계에서 실질 소비지출이 실질GDP에서 차지하는 비중은 2000년의 57%에서 2020년의 46%로 감소하였다. 소비지출의 비중감소는 최근의 경기부진에 기인한 측면이 있다. [표 6-1]에서 소비지출(C)은 한국은행에서 편제하는 국민소득 통계에서 민간 최종소비지출을 가리킨다. 참고로 정부지출(G)은 국민소득 통계에서 정부 최종소비지출로 표기된다. 소비지출 중에서 서비스 소비지출의 비중이 가장 크며 최근 들어 50%를 상회하였다. 그 다음으로 비중이 큰 것이 비내구재 소비지출이고, 내구재 소비지출의 비중은 가장 작았다.

앞으로 다루는 소비이론의 대상이 되는 소비지출은 특별한 설명이 없는 한 비내구재 소비지출과 서비스 소비지출을 가리킨다. 이하에서는 전통적 소비이론을 분석해 본 다음, 최근의 소비이론에 대해서도 살펴보고자 한다.

6.1 절대소득가설

케인즈(Keynes)의 절대소득가설(absolute income hypothesis)은 횡단면 소

비함수에서 식 (1)과 같이 자기소비(C_i)가 자기소득(Y_i)에만 영향을 받는다고 규정한다.

$$C_i = C(Y_i) \ (=a+bY_i, \ a>0, \ 0<b<1) \tag{1}$$

소비함수의 일반형은 곡선의 형태를 띠나 분석의 편의상 직선의 형태를 가정하기도 한다. 절대소득가설의 횡단면 소비함수를 곡선 형태의 그래프로 나타내면 [그림 6-1]과 같다.

절대소득가설의 횡단면 소비함수는, 첫째 소득이 없어도 생존을 위해 지출해야 하는 최소한의 생존소비(a)가 존재하며, 둘째 소득이 증가함에 따라 소비함수의 양의 기울기가 점점 완만해진다는 특징이 있다. 이러한 특징을 평균소비성향과 한계소비성향의 개념을 이용해 파악해 보자. 평균소비성향(APC: average propensity to consume)은 총소득 중에서 총소비가 차지하는 비율($\frac{C}{Y}$)로서, 그래프에서는 원점과 소비함수의 한 점(A)을 연결하는 직선의 기울기를 의미한다. 그리고 한계소비성향(MPC: marginal propensity to consume)은 소득 1단위가 증가할 때 소비가 몇 단위 증가하는가($\frac{\Delta C}{\Delta Y}$)를 나타내는 것으로서, 그래프에서는 소비함수의 기울기, 즉 소비함수의 한 점(A)에 접하는 접선의 기울기를 의미한다.

그림 6-1 횡단면 소비함수 : 절대소득가설

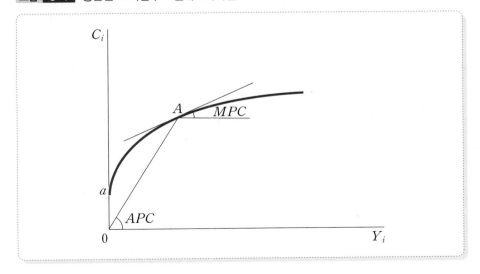

횡단면 소비함수의 특징을 APC와 MPC를 이용하여 설명하면 다음과 같다. 첫째 곡선 형태와 직선 형태의 횡단면 소비함수 모두 일반적으로 소득증가분의 대부분은 소비되지만 일부가 저축되기 때문에 한계소비성향은 0과 1 사이의 값을 갖는다($0<MPC<1$). 둘째 곡선 형태와 직선 형태의 횡단면 소비함수 모두 생존소비의 존재로 인해 평균소비성향이 한계소비성향보다 크다 ($APC>MPC$). 셋째 곡선 형태의 횡단면 소비함수의 경우 소득이 증가할 경우 한계소비성향은 감소하지만, 직선 형태의 횡단면 소비함수의 경우 소득이 증가할 경우 한계소비성향은 일정하다. 횡단면 소비함수의 특징을 종합해 보면 $0<MPC<1$의 전제하에서 소득이 증가할 경우 평균소비성향은 감소한다. 반대로 소득이 감소할 경우 평균소비성향은 증가한다.

케인즈의 절대소득가설은 단기시계열 소비함수에서 식 (2)와 같이 현재소비 (C_t)가 현재소득(Y_t)에만 영향을 받는다고 규정한다.

$$C_t = C(Y_t) \ (=a+bY_t, \quad a>0, \quad 0<b<1) \tag{2}$$

소비함수의 일반형은 곡선의 형태를 띠나 분석의 편의상 직선의 형태를 가정하기도 한다. 절대소득가설의 단기시계열 소비함수를 곡선 형태의 그래프로 나타내면 [그림 6-2]와 같다.

절대소득가설의 단기시계열 소비함수는 절대소득가설의 횡단면 소비함수와 동일한 특징을 갖는다. 즉 $0<MPC<1$이고 $APC>MPC$이다. 단기시계열 소비함수의 특징을 종합해 보면 $0<MPC<1$의 전제하에서 소득이 증가할경우 평균소비성향이 감소한다. 반대로 소득이 감소할 경우 평균소비성향은 증가한다.

| 케인즈의 절대소득가설 |

1. 횡단면 소비함수 : $APC>MPC, Y_i\uparrow \rightarrow APC\downarrow$ 또는 $Y_i\downarrow \rightarrow APC\uparrow$
2. 단기시계열 소비함수 :
   $APC>MPC, Y_t\uparrow \rightarrow APC\downarrow$ 또는 $Y_t\downarrow \rightarrow APC\uparrow$
3. 장기시계열 소비함수 : 설명하지 못함

케인즈의 절대소득가설은 이론적으로, 그리고 실증적으로 비판을 받아 왔다.

그림 **6-2** 단기시계열 소비함수 : 절대소득가설

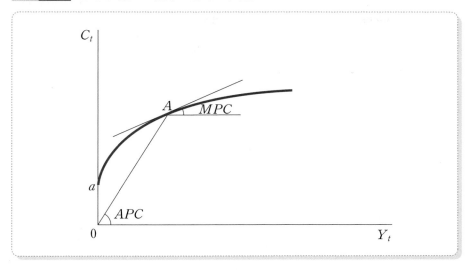

이론적으로 절대소득가설은 소비자가 현재소비를 결정하는 데 있어서 현재소득 뿐만 아니라 미래의 소득도 고려한다는 점을 반영하지 못했다. 소비행위를 효용 극대화의 원리에 의해 다기간 최적화 행위의 결과로 보는 최근의 소비이론에 비 추어 볼 때, 절대소득가설은 거시이론의 미시적 근거(microfoundations)가 약하 다는 비판을 받았다.

실증적으로는 쿠즈네츠(S. Kuznets)가 미국의 1869~1938년간의 장기시계 열 자료의 분석을 통하여 장기시계열 소비함수에서 소득이 증가할 경우 APC가 일정하다는 사실을 발견한 점에 비추어볼 때, 케인즈의 절대소득가설은 장기시 계열 소비함수를 설명하지 못했다. 즉 $APC > MPC$의 관계가 성립하는 단기시 계열 소비함수와는 달리, 장기에는 [그림 6-3]과 같이 $APC = MPC$의 관계가 성립하기 때문에 장기소비함수는 원점을 통과하는 직선이 된다. 이러한 논거로 쿠즈네츠는 케인즈의 소비함수에 의문을 제기하였다.

| 쿠즈네츠의 장기시계열 소비함수 |

1. 원점을 통과하는 직선
2. $APC = MPC$
3. $Y_t \uparrow \rightarrow APC$ 일정

그림 6-3 장기시계열 소비함수 : 쿠즈네츠

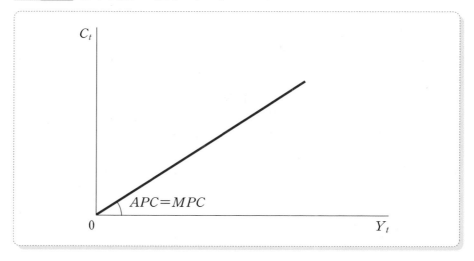

쿠즈네츠의 분석 이후 케인즈의 횡단면과 단기시계열 소비함수와 쿠즈네츠의 장기시계열 소비함수 사이의 차이를 일관된 이론으로 설명을 하려는 시도가 있어 왔다. 이러한 소비함수에 관한 전통적 이론들은 횡단면과 단기시계열 소비함수의 경우에는 $APC > MPC$의 관계, 즉 소득이 증가함에 따라 APC가 감소하는 것과, 장기시계열 소비함수의 경우에는 $APC = MPC$의 관계, 즉 소득이 증가함에 따라 APC가 일정하다는 것을 일관된 이론으로 설명하는 데 초점을 맞추고 있다.

이를 위해 절대소득가설의 횡단면 소비함수에서 소비가 자기소득에만 의존하는 것을 자기소득과 타인소득으로 확장한 상대소득가설이 제시되었다. 그리고 절대소득가설의 시계열 소비함수에서 소비가 현재소득에만 의존하는 것을 자산, 현재소득 및 미래소득으로 확장한 생애주기가설과 항상소득가설이 제시되었다.

| 장기시계열 소비함수의 설명 : 소득변수 개념의 확장 |

1. 상대소득가설 : 자기소득 → 자기소득과 타인소득
2. 생애주기가설 : 현재소득 → 자산, 현재소득 및 미래소득
3. 항상소득가설 : 현재소득 → 자산, 현재소득 및 미래소득

6.2 상대소득가설

　듀젠베리(Duesenberry)의 상대소득가설(relative income hypothesis)은 횡단면 소비함수에서 자기소비(C_i)가 자기소득(Y_i)과 타인소비(C_i, $i=1, 2, \cdots, n$)에 영향을 받는다고 규정한다. 타인의 소비행태를 고려하여 소위 "남이 구입하면 나도 구입한다"라는 과시욕구를 전시효과(demonstration effect) 또는 베블렌효과(Veblen effect)라 한다. 그리고 이를 소비의 횡단면적 상대성 또는 사회적 상대성이라 한다. 듀젠베리는 타인소비에 대한 대용변수로 타인소득(Y_i, $i=1, 2, \cdots, n$)을 사용하였으며, 타인소득에 대한 정보가 모두 포함되어 있는 하나의 단순지표로서 평균소득($\overline{Y}$)을 들었다. 따라서 횡단면 소비함수는 식 (3)과 같이 규정된다. 역시 분석의 단순화를 위해 소비함수를 선형으로 가정한다.

$$C_i = aY_i + b\overline{Y}, \quad 0<a<1, 0<b<1 \tag{3}$$

　상대소득가설이 횡단면 소비함수를 설명하려면 소득(Y_i)이 증가할 경우 APC가 감소함을 보이면 된다. 식 (3)으로부터 APC를 구하면 다음과 같다.

$$APC = \frac{C_i}{Y_i} = a + b\frac{\overline{Y}}{Y_i} \tag{4}$$

식 (4)에서 소득(Y_i)이 증가할 경우 APC가 감소함을 알 수 있다. 따라서 상대소득가설은 [그림 6-4]와 같이 $APC > MPC$의 관계를 갖는 횡단면 소비함수를 잘 설명한다.

　다음으로 시계열 소비함수에서 소득이 증가할 경우에는 소비는 현재소득(Y_t)에 영향을 받지만 소득이 감소할 경우에는 소비는 현재소득(Y_t)과 과거의 최고소득($Y_{\max}$)에 영향을 받는다. 이를 소비의 비가역성 또는 비대칭성이라 한다.

$$\begin{aligned} &\text{소득증가의 경우:}\ C_t = aY_t \\ &\text{소득감소의 경우:}\ C_t = aY_t + bY_{\max} \end{aligned} \tag{5}$$

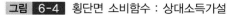

그림 6-4 횡단면 소비함수 : 상대소득가설

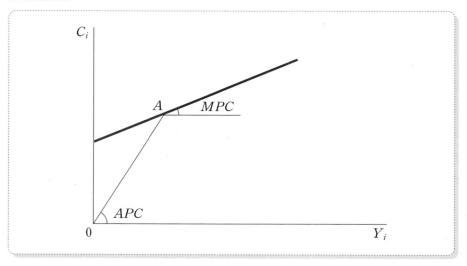

식 (5)로부터 APC를 구하면 다음과 같다.

$$\text{소득증가의 경우 : } APC = \frac{C_t}{Y_t} = a \qquad\qquad (6)$$

$$\text{소득감소의 경우 : } APC = \frac{C_t}{Y_t} = a + b\frac{Y_{\max}}{Y_t}$$

식 (6)에서 소득(Y_t)이 증가할 경우 APC는 일정한 값을 가지나, 소득이 감소할 경우 APC가 증가함을 알 수 있다. 따라서 상대소득가설은 소득이 감소할 경우 $APC > MPC$의 관계를 갖는 단기시계열 소비함수를 잘 설명한다.

시계열 소비함수에서 소득이 증가할 경우에는 소비가 장기시계열 소비함수를 따라 증가한다. 그러나 소득이 감소할 경우에는 장기시계열 소비함수를 따라 감소하지 않고 과거의 최고소득으로 누렸던 생활수준을 유지하려는 속성이 있기 때문에 소비의 감소폭이 상대적으로 작아진다. 이와 같은 소비의 비가역성 또는 비대칭성을 톱니효과(ratchet effect)이라 한다. 그리고 이를 소비의 시계열적 상대성 또는 시간적 상대성이라 한다. 비가역성 또는 비대칭성이란 소득이 증가할 때 소비가 증가하는 폭이 소득이 감소할 때 소비가 감소하는 폭보다 크다는 것을 의미한다. 단기시계열 소비함수의 기울기가 장기시계열 소비함수보다 완만하다는 것과 소비의 비가역성을 그래프로 나타내면 [그림 6-5]와 같다.

그림 6-5 단기 및 장기시계열 소비함수 : 상대소득가설

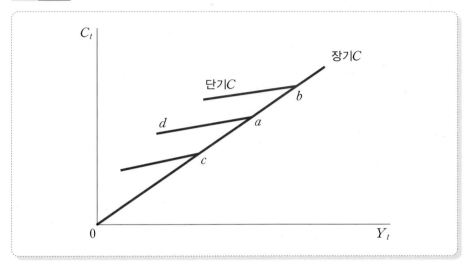

　단기적으로 점 a에서 소득이 증가하면 소비는 점 b로 증가한다. 그러나 점 a에서 소득이 감소하면 소비는 점 c로 급격히 감소하지 않고 과거의 최고소득에서 누렸던 소비행태를 유지하려는 관성 때문에 점 d로만 소비를 감소시키게 된다. 그러나 장기적으로는 소비가 원점과 점 c, 점 a, 점 b를 잇는 장기시계열 소비함수가 된다. 따라서 단기시계열 소비함수는 장기시계열 소비함수보다 완만한 기울기를 갖는다. 그리고 단기시계열 소비함수는 $APC > MPC$의 관계가 성립하고, 장기시계열 소비함수는 $APC = MPC$의 관계가 성립한다.

　| 두젠베리의 상대소득가설 |

1. 횡단면 소비함수 : 전시효과, 베블렌효과, 횡단면적 상대성
   $APC > MPC$, $Y_i \uparrow \rightarrow APC \downarrow$ 또는 $Y_i \downarrow \rightarrow APC \uparrow$
2. 단기시계열 소비함수 : 톱니효과, 소비의 비가역성, 시계열적 상대성
   $APC > MPC$, $Y_t \downarrow \rightarrow APC \uparrow$
3. 장기시계열 소비함수 : $APC = MPC$, $Y_t \uparrow \rightarrow APC$ 일정
   원점과 점 c, 점 a, 점 b를 잇는 직선으로 잘 설명

6.3 생애주기가설

안도-모딜리아니(Ando-Modigliani)의 생애주기가설(life cycle hypothesis) 또는 평생소득가설은 소비자가 소비를 선택함에 있어서 현재소득뿐만 아니라 자산과 미래소득도 고려한다고 한다. 자산, 현재소득 및 미래소득의 합을 총자원(total resource)이라 하면 소비는 총자원의 일정한 부분으로 결정된다. 이러한 의미에서 생애주기가설은 기본적으로 시계열 소비함수를 설명하기 위해 제안된 이론이다.

생애주기가설도 [그림 6-6]과 같이 횡단면 소비함수에서 소득이 낮을 경우 평균소비성향이 높고 소득이 높을 경우 평균소비성향이 낮다고 하여 $APC > MPC$의 관계를 받아들인다.

다음으로 생애주기가설이 장단기시계열 소비함수를 어떻게 설명하는지를 살펴보자. 일생 동안 소득의 수준은 청년기와 노년기에 낮고 중년기에 가장 높게 된다. 이렇듯 변동성이 큰 소득에 비해 소비는 별 변동 없이 완만하게 움직이려는 속성을 지닌다. 이를 소비의 완만성(consumption smoothing)이라 한다. 그 이유는 소비가 현재소득에만 의존하지 않고 일생 동안의 총자원에 의존하기 때문이다. 따라서 단기적으로 소득의 변동이 크더라도 소비의 변동은 상대적으로

그림 6-6 횡단면 소비함수 : 생애주기가설

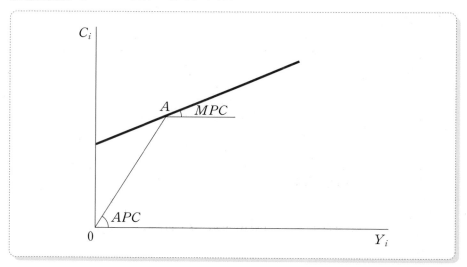

그림 6-7 일생 동안의 소득과 소비의 경로

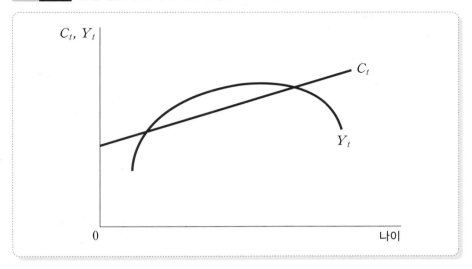

작게 나타난다. 일생 동안의 소득과 소비 경로를 나이에 따라 그래프로 나타내면 [그림 6-7]과 같다.

시계열 소비함수에서 현재소비는 다음과 같이 총자원의 함수로 규정된다. 총 자원은 자산(A_t)과 현재 및 미래의 총노동소득(YL_t)의 합이다.

$$C_t = a(A_t + YL_t), \quad 0 < a < 1 \tag{7}$$

식 (7)로부터 APC를 구하면 다음과 같다.

$$APC = \frac{C_t}{Y_t} = a\left(\frac{A_t}{Y_t} + \frac{YL_t}{Y_t}\right) \tag{8}$$

식 (8)에서 소득(Y_t)이 증가할 경우 APC가 감소함을 알 수 있다. 따라서 생애주기가설은 [그림 6-8]과 같이 $APC > MPC$의 관계를 갖는 단기시계열 소비함수를 잘 설명한다. 그러나 장기적으로는 자산-소득비율($\frac{A_t}{Y_t}$)과 총노동 소득-소득비율($\frac{YL_t}{Y_t}$)이 일정한 값에 수렴하기 때문에, 소득(Y_t)이 증가할 경 우 APC가 일정하고 $APC = MPC$의 관계가 성립한다. 따라서 장기시계열 소 비함수는 원점을 통과하는 직선의 형태를 갖는다.

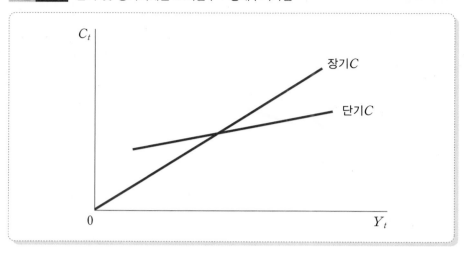

그림 **6-8** 단기 및 장기시계열 소비함수 : 생애주기가설

| 안도-모딜리아니의 생애주기가설 |

1. 횡단면 소비함수 : $APC > MPC$, $Y_i\uparrow \rightarrow APC\downarrow$ 또는
   $$Y_i\downarrow \rightarrow APC\uparrow$$
2. 단기시계열 소비함수 : $APC > MPC$, $Y_t\uparrow \rightarrow APC\downarrow$ 또는
   $$Y_t\downarrow \rightarrow APC\uparrow$$
3. 장기시계열 소비함수 : $APC = MPC$, $Y_t\uparrow \rightarrow APC$ 일정
   자산–소득비율($\dfrac{A_t}{Y_t}$)과 총노동소득–소득비율($\dfrac{YL_t}{Y_t}$)이 일정
   원점을 통과하는 직선으로 잘 설명

6.4 항상소득가설

　프리드만(M. Friedman)의 항상소득가설(permanent income hypothesis)
또는 영구소득가설은 소비가 현재소득이 아니라 항상소득에 의해 결정된다는 이
론이다. 항상소득(permanent income) 또는 영구소득이란 장기적인 평균소득을
의미하며 생애주기가설에서 설명한 생애의 총자원의 평균값이라 할 수 있다. 총

자원은 자산(A_t), 현재소득(Y_t) 및 미래소득(Y_{t+i}, $i=1$, ⋯, $n-1$)의 현재가치의 합이다. 미래소득은 이자율(r)로 할인하여 현재가치로 환산한다. 소비자가 앞으로 n기 동안 소득의 발생을 예상한다면 장기적인 평균소득인 항상소득(Y^P)은 다음과 같이 식 (9)로 나타낼 수 있다.

$$Y^P = \frac{1}{n}\left[A_t + \sum_{i=1}^{n} \left(\frac{1}{1+r}\right)^{i-1} Y_{t+i-1} \right] \tag{9}$$

프리드만은 실증분석에서 적응적 기대를 가정하여 항상소득을 현재 및 과거 소득의 가중평균치로 측정할 수 있다고 설명하였다. 적응적 기대(adaptive expectation)란 미래값을 과거값의 가중평균으로 설정하는 기대방식이다.

항상소득가설에서 실제의 측정소비(C : measured consumption)는 항상소비(C^P: permanent consumption)와 일시소비(C^T: temporary consumption)의 합이고, 실제의 측정소득(Y : measured income)은 항상소득(Y^P: permanent income)과 일시소득(Y^T: temporary income)의 합으로 설정된다.

$$C = C^P + C^T$$
$$Y = Y^P + Y^T$$

그리고 항상소비와 일시소비, 항상소득과 일시소득, 일시소비와 일시소득 간에는 상관관계가 없고, 일시소비와 일시소득의 평균은 0이라고 가정하였다. 이를 공분산(covariance)과 기대값(expectation)으로 나타내면 다음과 같다.

$$\text{Cov}(C^P, C^T) = \text{Cov}(Y^P, Y^T) = \text{Cov}(C^T, Y^T) = 0$$
$$\text{E}(C^T) = \text{E}(Y^T) = 0$$

항상소득가설은 식 (10)과 같이 항상소비가 항상소득에 의해서 결정된다고 한다.

$$C^P = b\,Y^P \tag{10}$$

횡단면 소비함수에서 소비자들의 일시소득의 평균은 0이라 할 수 있기 때문에 소비자들의 측정소득의 평균과 항상소득의 평균은 같다. 소비자의 소득분포가 좌우대칭인 정규분포라면 소득분포의 중앙값에서 측정소득과 항상소득이 일치한다. 이 점을 Y_0라 하자.

$$\mathrm{E}(Y) \,=\, \mathrm{E}(Y^P) \,=\, Y_0$$

[그림 6-9]와 같이 측정소득이 Y_0에서 Y_1으로 증가한 고소득 소비자의 경우 상대적으로 평균소비성향이 낮다. 따라서 측정소득 증가(Y_1-Y_0)의 일부가 일시소득일 가능성이 크므로 항상소득의 증가는 측정소득의 증가보다 작은 $(Y_1^P-Y_0)$가 된다. 이에 따라 Y_1에서 항상소비는 C_1^P가 된다. 반대로 측정소득이 Y_0에서 Y_2로 감소한 저소득 소비자의 경우 상대적으로 평균소비성향이 높다. 따라서 측정소득 감소(Y_0-Y_2)의 일부가 일시소득일 가능성이 크므로 항상소득의 감소는 측정소득의 감소보다 작은 $(Y_0-Y_2^P)$가 된다. 이에 따라 Y_2에서 항상소비는 C_2^P가 된다. 그러므로 항상소득가설은 $APC>MPC$의 관계를 갖는 횡단면 소비함수를 잘 설명한다.

그림 6-9 횡단면 소비함수 : 항상소득가설

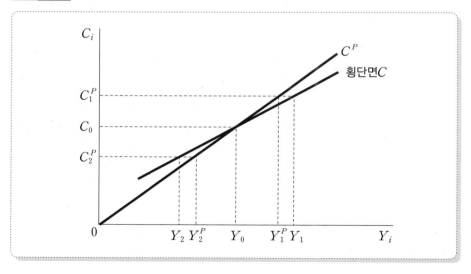

다음으로 [그림 6-10]에서 항상소득가설이 장단기시계열 소비함수를 어떻게 설명하는지를 살펴보자. t기의 장기시계열 소비함수는 식 (11)과 같이 생애의 총자원의 평균값인 항상소득에 의해서 결정된다. 따라서 장기시계열 소비함수는 원점을 통과하는 직선이 된다.

$$C_t^P \;=\; b\,Y_t^P \tag{11}$$

단기적으로 소득이 증가할 때 이는 일시소득 증가에 기인할 가능성이 높기 때문에 소득증가분의 일부만이 항상소득에 반영된다. 그리고 소득이 감소할 때 이는 일시소득 감소에 기인할 가능성이 높기 때문에 소득감소분의 일부만이 항상소득에 반영된다. 따라서 단기시계열 소비함수는 장기시계열 소비함수보다 기울기가 완만해진다.

생애주기가설과 항상소득가설은 모두 소비가 인적 자산(노동소득)과 비인적 자산(자산)의 합인 생애의 총자원에 의해 결정된다는 점에서 유사한 이론이라 할 수 있다. 그리고 생애주기가설과 항상소득가설의 의의는 케인즈의 절대소득가설과 듀젠베리의 상대소득가설과는 달리 민간의 소비행위를 미래지향적으로 보는 데 있다.

그림 6-10 단기 및 장기시계열 소비함수 : 항상소득가설

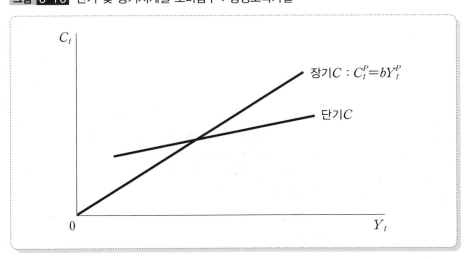

| 프리드만의 항상소득가설 |

1. 횡단면 소비함수 : $APC > MPC$, $Y_i \uparrow \rightarrow APC \downarrow$ 또는
   $Y_i \downarrow \rightarrow APC \uparrow$
2. 단기시계열 소비함수 : $APC > MPC$, $Y_t \uparrow \rightarrow APC \downarrow$ 또는
   $Y_t \downarrow \rightarrow APC \uparrow$
3. 장기시계열 소비함수 : $APC = MPC$, $Y_t \uparrow \rightarrow APC$ 일정
   $$C_t^P = b Y_t^P$$
   원점을 통과하는 직선으로 잘 설명

6.5 랜덤워크 가설 : 최근이론 Ⅰ

홀(Hall)과 플래빈(Flavin)은 합리적 기대와 효용극대화에 의한 대표소비자의 최적화행위에 바탕을 두고 전통적 이론인 기존의 생애주기-항상소득가설(LC-PIH: life cycle-permanent income hypothesis)을 재해석하였다. 이에 따르면 예산제약(budget constraint)하에서 매기의 소비(C_t)는 자산(A_t) 및 현재소득(Y_t)과 미래소득의 예상 하에 소비를 통하여 얻을 수 있는 평생의 총기대효용을 극대화시키는 수준에서 결정된다고 한다. 이를 수식으로 나타내면 다음과 같다.

$$\text{Max } E_t \sum_{i=0}^{n} \beta^i U(C_{t+i}) \tag{12}$$
$$\text{s.t. } A_{t+1} = (1+r)(A_t + Y_t - C_t)$$

여기서 $E_t(\cdot)$는 t기까지의 정보집합(information set)을 조건으로 하는 조건부 기대치(conditional expectation)를 가리키는 기대연산자(expectation operator)이다. $\beta = \dfrac{1}{1+\delta}$ ($0 < \beta < 1$)는 할인인자(discount factor)이고 $\delta(>0)$는 할인율(discount rate)이다. 예산제약식은 자산(A_t)과 소득(Y_t)의 합인 현재의 가용자원에서 소비(C_t)를 차감한 자금을 이자율 r로 운영하면 다음 기의 자산(A_{t+1})이 된다는 것을 의미한다.

다기간 최적화모형인 식 (12)를 풀면 금기의 소비와 다음기의 소비간의 관계식인 최적조건(1계 조건 : first-order condition)이 식 (13)과 같이 도출된다.

$$E_t[\beta \frac{U'(C_{t+1})}{U'(C_t)}(1+r)] \ = \ 1 \qquad (13)$$

여기서 $U'(\cdot)$은 한계효용으로서 효용함수를 소비로 미분한 값이다. 효용극대화의 최적화조건인 식 (13)을 오일러방정식(Euler equation)이라 한다.

2차 식의 효용함수(quadratic utility function)와 같은 단순화된 효용함수를 가정하고 할인율이 이자율과 같다($\delta = r$)고 놓으면, 식 (13)은 다음의 식 (14)와 같이 간단히 표시된다.

$$E_t(C_{t+1}) \ = \ C_t \qquad (14)$$

식 (14)는 다음기의 소비의 기대치가 금기의 소비라는 것을 의미하는데 이를 마팅게일 과정(Martingale process)라 한다. 이 식에서 기대연산자를 풀어서 정리하면 다음 식과 같은 소비의 랜덤워크(random walk) 가설이 성립된다. 이 가설을 임의보행 가설 또는 횡보 가설이라고도 한다.

$$
\begin{aligned}
C_{t+1} \ &= \ C_t + \varepsilon_{t+1}, & E_t(\varepsilon_{t+1}) = 0 \qquad (15)\\
C_t \ &= \ C_{t-1} + \varepsilon_t, & E_t(\varepsilon_t) = 0
\end{aligned}
$$

식 (15)의 의미는 미래의 소비(C_{t+1})가 현재의 소비(C_t)에 확률적 오차항(ε_{t+1})을 더한 값으로 나타난다는 것이다. 또는 금기의 소비(C_t)는 전기의 소비(C_{t-1})에 확률적 오차항(ε_t)을 더한 값으로 나타난다. 오차항의 값은 확률적으로 양수 또는 음수로 결정되기 때문에 다음기의 소비는 금기의 소비에 양수의 오차항을 더해서 결정되기도 하고, 음수의 오차항을 더해서 결정되기도 한다. 이러한 의미에서 소비의 경로(consumption path)는 마치 지그재그 하듯이 임의보행의 행태를 보인다.

랜덤워크 가설에 따른 정책적 시사점으로는 항상소득을 변화시키는 정책만이 소비에 영향을 미칠 수 있다는 것이다. 예를 들어 현재의 감세정책이 일시적이라면 항상소득이 증가하지 않아 소비에 영향을 미치는 못하나, 영구적이라면 항상소득을 증가시켜 소비를 증가시키게 된다. 그리고 미래의 감세정책이 공표되면 절대소득가설에서는 현재소득에 변동이 없기 때문에 현재소비가 증가하지 않는다. 그러나 랜덤워크 가설에서는 미래의 감세로 인해 항상소득이 증가하기 때문에 현재소비가 증가하게 된다.

이러한 랜덤워크 가설을 실증적으로 분석해 보면 금기의 소비는 전기의 소비뿐만 아니라 전기의 소득 등에도 영향을 받는 것으로 나타난다. 이를 소비의 예상소득에 대한 과대반응퍼즐(excess sensitivity of consumption to anticipated income puzzle)이라 한다. 랜덤워크 가설이 실증적으로 기각되는 이유로는 자금의 차입이 자유롭지 못한 불완전한 자본시장의 존재, 미래소득의 불확실성 등을 들 수 있다. 자금의 차입이 자유롭지 못한 불완전한 자본시장의 존재를 다루는 이론을 유동성제약 모형이라 하고, 미래소득의 불확실성을 다루는 이론을 예비적 저축 모형이라 한다.

| 랜덤워크 가설 |

$$C_{t+1} = C_t + \varepsilon_{t+1}$$

소비의 경로는 마치 지그재그 하듯이 임의보행의 행태를 보임

항상소득을 변화시키는 정책만이 소비에 영향을 미침

6.6 유동성제약 모형 : 최근이론 Ⅱ

소비자가 랜덤워크 가설에 의해 평생의 총효용을 극대화시키는 수준에서 합리적인 소비를 하려면 현재소득에 구애받지 않고 미래의 소득을 담보로 자금을 차입할 수 있어야 한다. 고소득층은 미래의 소득을 담보로 자금을 차입하는 데 제약이 별로 없으나, 저소득층은 미래의 소득을 담보로 자금을 차입하는 데 제약이 많다. 이와 같이 소비자가 합리적 소비를 위해 원하는 만큼의 자금을 차입할 수 없는 경우를 유동성제약(liquidity constraint) 또는 차입제약(borrowing constraint)이라 한다. 유동성제약이 존재하는 이유로는 자본시장의 불완전성,

채무불이행 위험, 미래소득에 대한 불확실성 등을 들 수 있다.

유동성제약이 존재하면 현재소비가 현재소득에 의존할 수밖에 없기 때문에 케인즈의 절대소득가설과 유사한 소비함수의 형태를 띤다. 생애주기로 보면 청년기와 노년기에는 소득수준과 신용도가 낮기 때문에 유동성제약을 받을 가능성이 높으나, 중년기에는 소득수준이 높고 신용도도 양호하기 때문에 랜덤워크 가설에 의한 합리적인 소비가 가능하다. 그리고 저소득층은 유동성제약을 받을 가능성이 높고 고소득층은 유동성제약을 받지 않을 것이다.

유동성제약의 존재를 실증적으로 분석하기 위해 랜덤워크 가설의 식 (15)에 소득변수를 추가한 형태로 추정방정식 (16)을 설정한다.

$$\Delta C_t \ = \ \alpha + \beta Y_{t-1} + \varepsilon_t \tag{16}$$

소득변수의 계수 β가 통계적으로 유의한(statistically significant) 것으로 추정되면 유동성제약이 존재한다고 판단한다. 많은 실증분석에서 저소득층을 중심으로 유동성제약이 존재하는 것으로 나타났으며, 전체 소비자의 약 30% 내외가 유동성제약을 받는 것으로 실증분석되고 있다.

6.7 예비적 저축 모형 : 최근이론 Ⅲ

미래소득에 대한 불확실성(uncertainty)이 존재한다면 현재 예상했던 소득수준보다 낮게 미래소득이 실현될 가능성이 있다. 이럴 경우 계획된 소비 경로가 실현되지 않을 가능성이 있기 때문에 소비자는 미래소비에 충당하기 위해 현재 예비적으로 저축을 하게 된다. 이를 예비적 저축효과(precautionary saving effect)라 한다. 따라서 예비적 저축효과가 존재한다면 계획된 소비 경로에 비해 현재소비는 줄게 되고 미래소비는 늘게 된다. 즉 소비 경로의 기울기가 더 가파르게 된다.

식 (13)에서 효용함수를 $U(C) = C^{1-\alpha}(\alpha > 0)$로 놓고, $\delta = r$을 가정하면 오일러방정식은 다음과 같다.

$$E_t\left[\left(\frac{C_{t+1}}{C_t}\right)^{-\alpha}\right] = 1 \tag{17}$$

미래의 불확실성을 도입하기 위해 $\left(\frac{C_{t+1}}{C_t}\right)^{-\alpha}$가 대수정규분포(lognormality)를 갖는다고 가정하면 식 (17)은 다음과 같이 표시된다.

$$E_t\left[\left(\frac{C_{t+1}}{C_t}\right)^{-\alpha}\right] = e^{\mu_{t+1}+\frac{1}{2}\sigma_{t+1}^2} \tag{18}$$

여기서 $\mu_{t+1}=E_t\left[\log\left(\frac{C_{t+1}}{C_t}\right)^{-\alpha}\right]$, $\log\left(\frac{C_{t+1}}{C_t}\right)^{-\alpha}=\mu_{t+1}+\varepsilon_{t+1}$, $\varepsilon_{t+1}\sim N(0,\ \sigma_{t+1}^2)$ 이다.

식 (18)을 정리하면 다음과 같다.

$$\log\left(\frac{C_{t+1}}{C_t}\right) = \frac{1}{2\alpha}\sigma_{t+1}^2 - \frac{1}{\alpha}\varepsilon_{t+1} \tag{19}$$

따라서 미래의 불확실성을 나타내는 분산(σ_{t+1}^2)항이 소비증가율에 양($\oplus$)의 영향을 미친다. 즉 미래의 불확실성이 존재한다면 현재소비(C_t)를 줄이고 미래소비(C_{t+1})를 늘림으로써 예비적 저축이 발생하고, [그림 6-11]과 같이 예비적 저축의 소비경로가 최적소비경로보다 가파르게 된다.

그림 6-11 소비의 경로

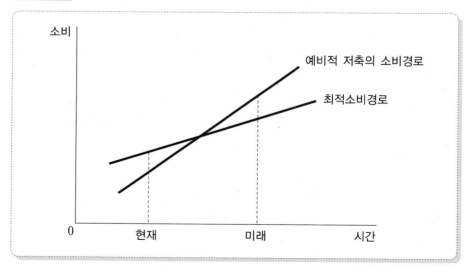

Episode
에·피·소·드

경제기사로 보는 거시경제: 세월호 사고와 소비침체

1장의 부록에서 살펴본 바와 같이 소비는 우리나라 GDP의 50% 수준에 달할 정도로 우리나라 경제에서 중요한 요소이며, 내수의 대부분을 차지하고 있다고 해도 과언이 아니다. 따라서 소비의 성장이 침체되면 우리나라 경제성장 자체가 타격을 받을 수 있다. 아래 2014년 4월의 기사(한국일보, 2014.4.27.)에서는 당시 우리나라의 소비 위축의 원인을 인구구조, 조세, 부동산 경기 등으로 다각도로 논하고 있다. 특히 당시 발생하였던 세월호 사고 여파로, 소비심리가 위축되어 소비 둔화가 우려된다는 분석이 주목된다.

======================= 이하 기사 인용 =======================

원문: http://www.hankookilbo.com/v/2097931312084f7c90dd4157d61c5be7

내수 침체가 성장률을 갉아먹고 있다. 2008년 금융위기 이후 민간소비는 얼어붙었고 기업투자도 급감해 우리나라 잠재성장률이 0.4%포인트나 낮아졌다는 분석이 나왔다. 세월호 침몰 사고에 민간소비는 더 위축될 것으로 우려된다.

27일 현대경제연구원이 발표한 '내수 침체에 따른 경제적 기회 손실 추정' 보고서에 따르면 금융위기 이후 2009~2013년 민간소비(부가가치 기준)와 기업투자는 장기균형(적정규모)보다 각각 연평균 8조 400억 원, 8조 680억 원씩 부족했던 것으로 나타났다. 만약 장기균형 수준만큼 내수가 이뤄졌으면 우리나라 잠재성장률은 0.4%포인트 상승한 3.9%를 달성했을 것으로 추정됐다.

연구원에 따르면 우리나라 내수비중은 1996년 99.7%로 최대치를 기록한 이후 지속적으로 하락해 지난해 74.3%로 최저치를 기록했다. 미국(87.1%)과 일본(79.4%)보다 더 빠르게 내수 위축이 이뤄진 것으로 파악됐다. 민간소비가 국내총생산(GDP)에서 차지하는 비중은 2000년 55.7%에서 2013년 50.6%로 하락했고, 기업투자도 같은 기간 30.8%에서 24.6%로 하락했다. 김민정 현대경제연구원 연구위원은 "금융위기 이후 경기 불확실성이 커진 탓에 기업들의 투자가 급감한 영향도 있지만 무엇보다 민간소비가 좀처럼 나아지고 있지 않다"고 분석했다.

원인은 다양하다. 우선 소비여력이 약화됐다. 세금은 늘고 부동산 시장은 지지부

진하고 전셋값은 급등하면서 소비 주체인 중산층이 무너져 내렸다. 연구원에 따르면 가처분소득 증가율은 2003년 이후 연평균 1%의 매우 낮은 수준을 기록하고 있다. 국민들이 1년간 낸 세금과 사회보장기여금의 GDP 비중(국민부담률)도 지난해 27%를 기록해 사상 최고치를 기록했다.

게다가 베이비붐 세대(1955~63년생)들이 은퇴하면서 노후준비에 대한 불안감이 고조돼 소비가 이뤄지지 않고 있다. 김 연구위원은 "기대수명은 빠르게 증가하고 있지만 은퇴연령은 낮아지면서 평생 벌어들일 수 있는 기대소득은 낮아져 노후에 대한 경제적 부담이 커지니깐 고령층일수록 소비가 크게 감소하는 추세"라고 설명했다.

이달 들어 세월호 침몰 사고에 소비는 더 위축될 것으로 우려됐다. 항공업계와 여행·숙박업계는 예약취소가 잇따르고 있다. 백화점과 대형할인점 등도 매출이 줄고 있다. 하나투어의 4~6월 예약률은 전년 대비 절반으로 뚝 떨어졌다. 주요 카드사의 개인 신용카드 이용액도 16~22일 사고 이후 하루 평균 4%가량 감소했다.

다만 세월호 침몰 사고에 따른 소비위축은 우려할 만한 수준은 아니라는 분석도 있다. 이날 기획재정부 관계자는 "세월호 사고 이후 소비심리가 둔화하는 징후가 나타나고는 있지만 소비 위축이 언제까지 갈지, 얼마나 영향을 미칠지는 현재로서는 예측하기 어렵다"고 말했다. 이준협 현대경제연구원 연구위원은 "세월호 침몰 사고 여파로 오락문화 분야에서의 소비지출이 줄었을 텐데 이 업종은 전체 민간소비 중 극히 일부에 불과하다"며 "소비가 위축되더라도 당장 경제성장률에 영향을 주지는 않을 것으로 보인다"고 분석했다.

[강지원 기자 stylo@hk.co.kr]

연 습 문 제

01 케인즈의 절대소득가설에서 횡단면 소비함수와 단기시계열 소비함수를 APC와 MPC의 비교를 통하여 설명하시오.

02 케인즈의 절대소득가설에 대한 쿠즈네츠의 비판의 내용을 설명하시오.

03 상대소득가설에서 전시효과와 톱니효과에 대해 설명하시오.

04 생애주기가설에서 단기시계열 소비함수와 장기시계열 소비함수를 소득(Y_t)의 변동에 따른 APC의 반응을 통하여 설명하시오.

05 항상소득가설에서 항상소득을 수식으로 정의하시오.

06 항상소득가설은 장기시계열 소비함수를 어떻게 설명하고 있는가?

07 랜덤워크 가설에서 금기의 소비는 어떻게 결정되는가?

08 랜덤워크 가설에 따른 정책적 시사점에 대해 설명하시오.

09 유동성제약과 유동성제약하의 소비행태에 대해 설명하시오.

10 예비적 저축효과가 존재할 경우의 소비경로와 최적소비경로를 비교하시오.

투자이론

S L I M
M A C R O
E C O N O M I C S

07 투자이론

본장에서는 투자가 어떤 경제변수에 의해 영향을 받는지 분석해 본다. 투자에 영향을 미치는 변수로는 이자율, 소득, 미래에 대한 불확실성, 토빈의 q, 자본량조정비용 등을 들 수 있다. 전통적인 투자이론으로서는 고전학파의 현재가치이론, 케인즈의 투자의 한계효율이론, 가속도원리, 신고전학파 이론 등이 있다. 다음으로 최근의 투자이론으로는 토빈의 q이론, 비가역적 투자이론, 재고투자이론 등이 있다. 이하에서는 각각에 이론에 대해 살펴보도록 한다.

7.1 고전학파의 현재가치이론

기업은 투자(investment)에 대한 의사결정에 있어서 수익이 비용보다 크다면 투자를 실행할 것이고, 수익이 비용보다 작으면 투자를 실행하지 않을 것이다. 투자수익(revenue)에서 투자비용(cost)을 차감한 것이 이윤(profit)이기 때문에 투자결정의 기준은 이윤이 된다. 고전학파의 현재가치이론은 투자수익에서 투자비용을 차감한 이윤을 현재가치(PV: present value)로 정의하였다.

$$PV = 이윤 = 투자수익 - 투자비용$$

투자수익은 장기간에 걸쳐서 미래에 발생하는 반면, 투자비용은 현재 t기에 모두 발생한다고 가정한다. 현재 시점에서 투자결정을 하기 위해서는 미래의 투자수익을 현재가치로 할인하여 현재의 투자비용과 비교할 필요가 있다. 미래에 대한 불확실성이 없다는 가정하에 이자율을 r이라 할 때 미래의 투자수익(R_{t+i}, $i = 1, 2, \cdots, n$)을 $(1+r)^i$로 나누어 현재가치로 할인한다. 그리고 현재 t기의 투자비용을 C_t라고 하면 PV_t 식은 다음과 같이 규정된다.

$$PV_t = \frac{R_{t+1}}{(1+r)} + \frac{R_{t+2}}{(1+r)^2} + \cdots + \frac{R_{t+n}}{(1+r)^n} - C_t \tag{1}$$

따라서 투자결정에 있어서 $PV > 0$이면 투자를 실행하고, $PV < 0$이면 투자를 실행하지 않는다.

이윤(현재가치)이 높은 사업부터 낮은 사업까지 점차 투자(I)가 실행되다가 $PV = 0$이 되면 투자는 더 이상 증가하지 않는다. 왜냐하면 투자가 더 이상 증가하면 이윤이 음($-$)의 값을 가져 투자로부터 손실이 발생하기 때문이다. 현재가치를 (I, PV)—좌표에서 그래프로 표시하면, 다음과 같이 자본의 한계생산이 체감하기 때문에 현재가치곡선은 원점에 대하여 오목한 형태를 갖는다. 여기서 수평축의 I는 개별 투자들의 누적을 측정하고, 수직축의 PV는 마지막으로 추가된 투자에서 얻는 이윤을 측정한다. [그림 7-1]에서 I_0까지 투자를 실행할 때

그림 **7-1** 투자의 현재가치 곡선

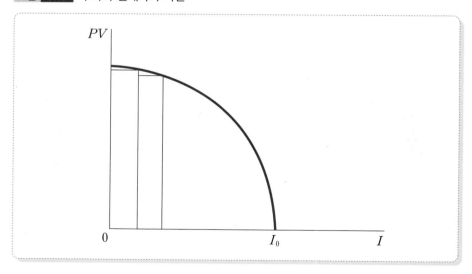

이윤이 발생한다.

투자와 이자율과의 관계를 분석하기 위해 먼저 식 (1)로부터 이자율과 현재가치의 관계를 살펴보자. 식 (1)에서 이자율(r)이 상승하면 PV의 값은 감소한다. 이자율의 상승은 (I, PV)-좌표에서 PV곡선의 이동으로 나타난다. 즉 이자율의 상승으로 인한 PV의 감소는 [그림 7-2]에서 PV곡선의 아래쪽 또는 왼쪽 이동으로 나타난다. 그 결과 이윤이 발생하는 투자의 규모가 I_0에서 I_1으로 감소하게 된다.

이를 종합하면 이자율의 상승은 PV의 감소를 초래하고, PV의 감소는 투자의 감소를 가져온다. 따라서 고전학파의 현재가치이론은 PV를 매개로 하여 투자가 이자율과 반대 방향으로 움직이는 것을 설명하고 있다.

$$I = I(r) \tag{2}$$
$$\ominus$$

그림 7-2 이자율 상승에 대한 투자의 반응

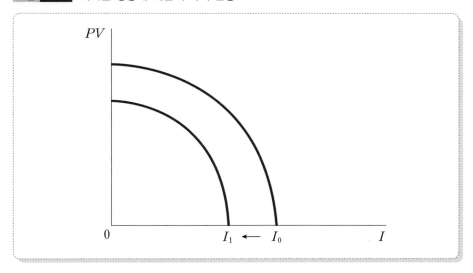

| 고전학파의 현재가치이론 |

1. 미래에 대한 불확실성이 없음
2. PV = 이윤 = 투자수익 − 투자비용
3. 투자실행조건

   $PV > 0$이면 투자를 실행, $PV < 0$이면 투자를 실행하지 않음

   $$PV_t = \frac{R_{t+1}}{(1+r)} + \frac{R_{t+2}}{(1+r)^2} + \cdots + \frac{R_{t+n}}{(1+r)^n} - C_t$$
4. 투자와 이자율의 관계

   r의 상승 → PV의 감소 → I의 감소

   (PV 곡선의 왼쪽 이동)

   $$I = \underset{\ominus}{I(r)}$$

7.2 케인즈의 한계효율이론

케인즈의 한계효율이론도 고전학파의 현재가치이론과 동일하게 기업은 투자결정에 있어서 수익이 비용보다 크다면 투자를 실행하고, 수익이 비용보다 작다면 투자를 실행하지 않는다고 하였다. 그러나 고전학파의 현재가치이론이 이윤이라는 금액을 기준으로 투자결정을 설명하는 반면, 케인즈의 한계효율이론은 투자의 한계효율과 시장이자율이라는 비율을 기준으로 투자결정을 설명한다.

식 (1)에서 이자율(r)이 상승할수록 PV는 감소한다. 이와 같은 역의 관계를 (r, PV)−좌표에서 그래프로 표시하면 [그림 7-3]과 같다. 이자율의 상승은 (r, PV)−좌표에서 곡선상의 움직임으로 나타난다.

이윤=0, 즉 $PV = 0$일 때의 이자율을 투자의 한계효율(MEI: marginal efficiency of investment)이라 한다. 즉 투자의 한계효율이란 투자수익의 현재가치가 투자비용의 현재가치와 동일하게 되는 할인율을 말한다. [그림 7-3]에서 투자의 한계효율이 ρ로 표시되어 있다. ρ의 왼쪽은 $PV > 0$의 구간이며 동시에 $\rho > r$의 구간이다. 그리고 ρ의 오른쪽은 $PV < 0$의 구간이며 동시에 $\rho < r$의 구간이다. 따라서 투자실행의 조건인 $PV > 0$을 만족한다는 것은 바로 $\rho > r$를 만

그림 7-3 이자율과 현재가치의 관계

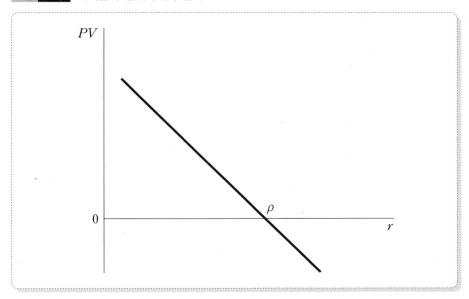

족하는 것과 같다. 투자결정의 기준이 되는 투자의 한계효율(ρ)을 내부수익률 (internal rate of return)이라고도 하며 이는 투자수익률의 개념이다. 그리고 시장이자율(r)은 기업이 차입금에 대하여 지불해야 하는 이자비용의 개념이다. 결국 $\rho > r$의 조건은 수익 > 비용을 의미한다.

이를 종합하면 케인즈의 한계효율이론에서 $\rho > r$이면 투자를 실행하고 $\rho < r$이면 투자를 실행하지 않는다. 여기서 $\rho > r$는 $PV > 0$과 1 : 1로 대응되며 이윤 > 0을 의미하고, $\rho < r$는 $PV < 0$과 1 : 1로 대응되며 이윤 < 0을 의미한다. 따라서 케인즈의 한계효율이론과 고전학파의 현재가치이론은 본질적으로 투자결정에 있어서 동일한 결론을 내리고 있다. 그러나 앞에서 언급한 바와 같이 고전학파의 현재가치이론에서 기업은 이윤 또는 현재가치라는 금액(amount)을 기준으로 투자결정을 하는 반면, 케인즈의 한계효율이론에서 기업은 투자의 한계효율과 시장이자율이라는 비율(rate)의 비교를 통하여 투자결정을 한다. 금액을 기준으로 투자결정을 하는 것보다는 비율의 비교를 통하여 투자결정을 하는 것이 더 용이한 방법이라고 할 수 있다.

이제 투자와 이자율과의 관계를 분석해 보자. 내부수익률인 투자의 한계효율(ρ)이 높은 사업부터 시작하여 낮은 사업까지 점차 투자(I)가 증가하게 된다. 투자의 한계효율 곡선을 (I, ρ)−좌표에서 그래프로 표시하면 [그림 7-4]와 같

그림 7-4 투자의 한계효율 곡선

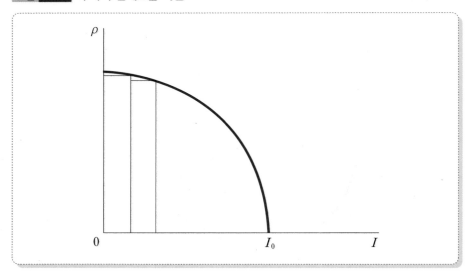

이 자본의 한계생산이 체감하기 때문에 원점에 대하여 오목한 형태를 갖는다. 여기서 수평축의 I는 개별투자들의 누적을 측정하고, 수직축의 ρ는 마지막으로 추가된 투자에서 얻는 투자의 한계효율을 측정한다.

이자율의 상승은 [그림 7-5]의 (I, ρ)-좌표에서 이자율곡선의 위쪽 이동으로 나타난다. 이자율이 r_0일 때 이윤이 발생하는 조건($\rho > r$)을 만족하는 투자의 규모는 I_0이다. 이자율이 r_0에서 r_1으로 상승하면 이윤이 발생하는 투자의 규모가 I_0에서 I_1으로 감소하게 된다.

이를 종합하면 이자율의 상승은 이윤이 발생하는 조건($\rho > r$)을 만족하는 투자의 규모를 감소시킨다. 따라서 케인즈의 한계효율이론은 ρ와 r의 비교를 매개로 하여 투자가 이자율과 반대 방향으로 움직이는 것을 설명하고 있다.

$$I \;=\; I(r) \tag{3}$$
$$\underset{\ominus}{}$$

그림 7-5 이자율 상승에 대한 투자의 반응

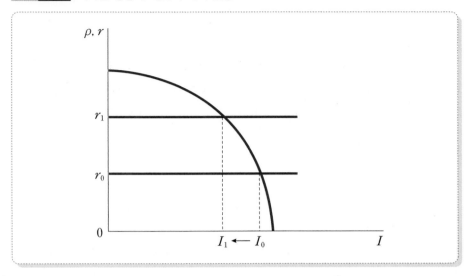

| 케인즈의 한계효율이론 |

1. 미래에 대한 불확실성이 없음
2. 투자의 한계효율(ρ): 이윤$=0$ 즉 $PV=0$일 때의 이자율, 내부수익률
3. 투자실행조건

   $\rho>r$이면 투자를 실행하고, $\rho<r$이면 투자를 실행하지 않음

   이윤$>0 \iff \rho>r \iff PV>0$

   이윤$<0 \iff \rho<r \iff PV<0$
4. 투자와 이자율의 관계

   r의 상승 $\rightarrow \rho>r$을 만족하는 투자규모의 감소 $\rightarrow I$의 감소

               (이자율곡선의 위쪽 이동)

   $I \;=\; I(\underset{\ominus}{r})$

7.3 가속도원리

가속도원리(accelerator principle)는 투자결정의 주요 요인을 산출량의 변화로 보는 이론이다. 이에 비해 앞에서 살펴봤던 고전학파의 현재가치이론과 케인즈의 한계효율이론은 투자결정의 주요 요인을 이자율로 보는 이론이었다.

가속도이론에서는 균형자본량(K^*)과 산출량인 GDP(Y)간에 비례관계가 있다고 가정한다.

$$K_t^* = vY_t \qquad (4)$$

여기서 v는 자본의 산출량에 대한 비율인 자본계수(capital coefficient)를 나타낸다. 자본계수는 산출량 1단위를 생산하는 데 필요한 자본의 양을 의미한다.

가속도원리는 금기의 균형자본량과 전기의 균형자본량 사이에 괴리가 발생할 경우 이 차이를 좁히는 행위를 투자로 보았다. 균형자본량과 실제 자본량이 같다고 가정하면 투자는 다음과 같이 규정된다.

$$I_t = K_t - K_{t-1} = K_t^* - K_{t-1}^* = vY_t - vY_{t-1} = v\varDelta Y_t \qquad (5)$$

여기서 자본계수인 v를 가속도계수(accelerator coefficient)라 한다. 가속도원리에 의하면 GDP의 변화가 있으면 그것의 v배 만큼 투자가 이루어진다. 따라서 투자는 GDP에 비례한다.

$$I = I(Y) \qquad (6)$$
$$\underset{\oplus}{}$$

가속도이론에서 $\varDelta Y_t > 0$이면 전기에 비해 금기에 투자를 늘려야 하고, $\varDelta Y_t < 0$이면 전기에 비해 금기에 투자를 줄여야 한다. 그러나 이후에 살펴볼 투자의 비가역성(irreversibility)으로 인해 $\varDelta Y_t > 0$인 경우 전기의 균형자본량으로부터 금기의 균형자본량으로 늘리기는 쉽지만, $\varDelta Y_t < 0$인 경우 전기의 균형자본량으로부터 금기의 균형자본량으로 줄이기는 어렵다.

| 가속도원리 |

1. 균형자본량(K^*)과 산출량인 GDP(Y)는 비례관계에 있음

   $K_t^* = vY_t$

2. 가속도원리 : 투자는 GDP 변화의 v배 만큼 증가

   $I_t = K_t - K_{t-1} = K_t^* - K_{t-1}^* = vY_t - vY_{t-1} = v\Delta Y_t$

3. 투자와 국민소득의 관계 : 투자는 GDP에 비례

   $I = I(Y)$
   $\quad\ \ \oplus$

7.4 신고전학파의 이론

신고전학파의 이론에 따르면 적정투자의 규모는 기업의 이윤극대화 원리에 따라 결정된다고 한다. 생산함수를 노동(L)과 자본(K)의 함수로 표시 ($Y=f(L, K)$)하면 기업의 이윤(π: profit)은 식 (7)과 같이 총수입($Pf(L, K)$)에서 노동비용(wL)과 자본비용(rK) 등 총비용을 차감한 것이다.

$$\pi = Pf(L, K) - wL - rK \tag{7}$$

여기서 w는 임금을 가리키고 r은 이자율을 나타낸다. 생산함수에서 자본(K)이 증가하면 산출량(Y)도 증가하지만 산출량의 증가분은 점점 감소한다. 이를 한계생산 체감의 법칙이라 한다.

식 (7)을 K에 대해 미분한 식을 0으로 놓으면 이윤극대화의 조건을 만족하는 자본량(K)을 구할 수 있다.

$$\frac{\partial \pi}{\partial K} = P\frac{\partial f(L, K)}{\partial K} - r = 0 \tag{8}$$

여기서 $\dfrac{\partial f(L, K)}{\partial K}$는 자본이 1단위 증가할 때 생산이 몇 단위 증가하는가를 나타

내는 자본의 한계생산(MP_K)이다. 이윤극대화의 조건이 만족된다면 식 (8)로부터 자본의 한계생산물가치($VMP_K = P \cdot MP_K$)는 이자율(r)과 같게 된다. 즉 투자의 단위이득(VMP_K)이 투자의 단위비용(r)과 같을 때 적정투자의 규모가 결정된다.

$$VMP_K(L, K) = r \qquad (9)$$

식 (9)로부터 투자와 이자율과의 관계를 분석해보자. 이자율이 상승하면 MP_K도 증가해야 이윤극대화의 조건이 만족된다. MP_K를 증가시키려면 한계생산 체감의 법칙에 따라 K를 감소시켜야 한다. 자본량(K)이 감소된다는 것은 투자(I)가 감소된다는 의미이다. 따라서 이윤극대화의 조건을 만족하는 투자함수는 이자율과 반대 방향으로 움직인다.

$$I = I(\underset{\ominus}{r}) \qquad (10)$$

| 신고전학파의 이론 |

1. 적정투자의 규모는 기업의 이윤극대화 원리에 따라 결정

$$\underset{K}{\text{Max}}\, \pi = Pf(L, K) - wL - rK$$

2. 이윤극대화의 조건 : 자본의 한계생산물가치가 이자율과 같게 됨

$$VMP_K(L, K) = r$$

3. 투자와 이자율의 관계 : 투자는 이자율에 반비례

$$I = I(\underset{\ominus}{r})$$

7.5 토빈의 q 이론

　지금까지 투자에 영향을 미치는 주요변수로서 이자율과 소득에 대해 살펴보았다. 이에 대해 토빈(J. Tobin)은 새로운 관점에서 투자이론을 제시하였다. 토빈의 투자이론은 기업이 투자수익과 투자비용을 비교하여 투자결정을 한다는 점에서는 기존의 투자이론과 동일하다. 그러나 토빈의 투자이론은 투자수익과 투자비용을 새롭게 정의하였다는 점에서 기존 이론과 구별된다.

　토빈은 투자수익을 주식시장에서 평가한 기업의 시장가치로 간주하였다. 주식시장에서 평가한 기업의 시장가치는 주가에 발행주식의 수를 곱한 시가총액의 개념인데, 이는 기업의 미래수익에 대한 주식투자자들의 평가를 반영한다. 그리고 투자비용을 기업 실물자본의 대체비용이라고 정의하였다. 기업의 실물자본의 대체비용이란 기업의 공장시설이나 기계설비 등 제반 실물자본을 구입하여 설치하는 데 들어가는 비용이다.

　토빈은 주식시장에서 평가한 기업의 시장가치와 실물자본 구입의 대체비용을 비교하기 위해, 주식시장에서 평가한 기업의 시장가치를 실물자본 구입의 대체비용으로 나눈 값을 토빈의 q로 정의하였다. 이를 평균적 q(average q)라 한다.

$$q \;=\; 평균적\ q \;=\; \frac{주식시장에서\ 평가된\ 기업의\ 시장가치}{기업\ 실물자본\ 구입의\ 대체비용} \qquad (11)$$

토빈의 q이론에 의하면 기업은 $q>1$이면 순투자를 하여 자본량을 증가시키고, $q=1$이면 대체투자만 하게 되어 자본량의 변동은 없게 된다. 그리고 $q<1$이면 투자를 실행하지 않는다.

　투자결정 등 모든 의사결정에 있어서 중요한 것은 평균개념이 아닌 한계개념이라는 것에 착안하여 토빈의 평균적 q의 개념은 한계적 q의 개념으로 발전하게 된다. 한계적 q(marginal q)란 자본 1단위를 추가할 경우 발생하는 기업의 시장가치의 증가분을 자본 1단위를 구입할 경우 발생하는 추가비용으로 나눈 값이다.

$$한계적\ q \;=\; \frac{증가된\ 실물자본\ 1단위의\ 시장가치}{증가된\ 실물자본\ 1단위의\ 구입비용} \qquad (12)$$

토빈의 q이론을 엄밀하게 해석하면 기업은 한계적 $q>1$이면 순투자를 하여 자본량을 증가시키고, 한계적 $q=1$이면 대체투자만 하게 되어 자본량의 변동은 없게 된다. 그리고 한계적 $q<1$이면 투자를 실행하지 않는다. 그러나 한계적 q는 통계적으로 측정이 되지 않기 때문에 평균적 q를 대용변수(proxy variable)로 사용할 수밖에 없다.

토빈의 q이론은 이자율에 관한 정보 이외에 주식시장을 통해 획득한 포괄적인 정보를 투자결정에 활용한다는 점에서 장점이 있다. 그러나 주가가 기업의 시장가치를 얼마나 정확히 반영하는가의 문제도 발생할 수 있으며, 장기에 걸쳐 이루어지는 투자의 결정을 단기적으로 변동이 심한 주가에 의존하는 데 따른 시차의 문제도 발생할 수 있다. 따라서 토빈의 q이론은 주식시장이 잘 발달된 선진국에는 어느 정도 잘 적용이 되는 이론이지만, 주식시장의 발달정도가 낮고 주가가 기업의 시장가치를 잘 반영하지 못하는 후진국에는 적용하기 어려운 이론이다.

| 토빈의 q이론 |

1. q = 평균적 q = $\dfrac{\text{주식시장에서 평가된 기업의 시장가치}}{\text{기업의 실물자본의 대체비용}}$

2. 한계적 q = $\dfrac{\text{증가된 실물자본 1단위의 시장가치}}{\text{증가된 실물자본 1단위의 구입비용}}$

3. 투자실행조건

   (한계적) $q>1$ 순투자, (한계적) $q=1$ 대체투자, (한계적) $q<1$ 투자를 실행하지 않음

7.6 비가역적 투자이론

고전학파의 현재가치이론과 케인즈의 한계효율이론은 확실성(certainty)의 가정하에서 사전에 이윤이 발생할지의 여부를 미리 알고 투자의 의사결정을 하게 된다는 이론이다. 그러나 미래에 대한 불확실성(uncertainty)을 가정하면 사전에 이윤이 발생할지의 여부를 알 수 없고, 다만 앞으로 발생할 투자수익에 대한 예상만이 가능하다. 따라서 투자행위는 본질적으로 미래의 불확실성과 관련

이 깊다.

경기호전 등 미래에 대한 전망이 양호하여 현재 투자를 증가시켜 실물자본을 확충하였으나, 이후에 경기침체로 미래에 대한 전망이 악화되어 과잉상태에 있는 유휴 실물자본을 감축해야 할 경우가 발생할 수 있다. 이 경우 상당히 할인된 가격으로 실물자본을 처분할 수밖에 없기 때문에 기업은 투자감축시 많은 손실을 감수해야 한다. 왜냐하면 고유의 목적에 따라 설치되었던 자본재를 다른 용도로 사용하기 어렵기 때문이다. 이와 같이 투자감축(disinvestment)의 비용이 투자증가의 비용보다 훨씬 초과되는 비대칭성을 투자의 비가역성(irreversibility)이라 한다.

투자의 비가역성 때문에 투자결정시 불확실성의 역할이 매우 중요하다. 불확실성이 증대될수록 미래에 발생할지 모르는 투자감축의 비용도 증가되므로 기업은 현재 투자결정에 있어서 더욱 신중해질 수밖에 없다. 따라서 투자는 불확실성과 반대 방향으로 움직인다.

$$I = I(\underset{\ominus}{\sigma^2}) \tag{13}$$

불확실성의 대용변수로 경제변수들의 분산(σ^2: variance)이 사용된다. 불확실성의 대용변수로서 국민소득의 분산, 인플레이션의 분산, 주가의 분산 등이 이용되고 있으며 모두 투자의 감소함수인 것으로 분석되고 있다.

| 비가역적 투자이론 |

1. 투자의 비가역성 : 투자감축의 비용이 투자증가시보다 훨씬 비싸게 되는 비대칭성
2. 불확실성의 증대 : 투자감축의 비용이 증대되어 투자결정이 더욱 신중해짐, 투자의 감소
3. 투자와 불확실성의 관계 : 고정투자는 불확실성에 반비례

$$I = I(\underset{\ominus}{\sigma^2})$$

비가역적 투자이론에서 불확실성과 반대 방향으로 움직이는 투자의 개념은

건설투자, 설비투자, 무형고정투자 등 총고정자본형성으로도 불리는 고정투자이다. 그러나 다음에 살펴볼 재고투자는 불확실성과 같은 방향으로 움직인다. [표 7-1]은 우리나라의 투자지출에 대한 통계를 2015년을 기준연도로 하여 요약해 놓은 것이다.

명목 투자지출이 명목GDP에서 차지하는 비중은 2000년의 33%에서 2020년의 32%로 감소하였으며, 실질 투자지출이 실질GDP에서 차지하는 비중도 2000년의 34%에서 2020년의 29%로 감소하였다. 실질 투자지출의 비중감소는 최근의 경기부진에 기인한 측면이 있다. [표 7-1]에서 투자지출(I)은 한국은행에서 편제하는 국민소득 통계에서 총자본형성(gross capital formation)을 가리킨다. 투자지출은 총고정자본형성(gross fixed capital formation)과 재고증감(changes in inventories) 등으로 나누어진다. 그리고 총고정자본형성은 건설투자(construction investment), 설비투자(facilities investment) 등으로 분류된다.

비가역적 투자이론에서 불확실성과 반대 방향으로 움직이는 투자의 개념인 고정투자(총고정자본형성)가 투자지출에서 차지하는 비중은 2020년에 98% 정도이다. 한편 불확실성과 같은 방향으로 움직이는 재고투자(재고증감)가 투자지출에서 차지하는 비중은 2% 정도이다.

[표 7-1] 우리나라의 투자지출

(단위: 10억 원)

	2000	2005	2010	2015	2020
명목GDP	651,634.4	957,447.8	1,322,611.2	1,658,020.4	1,933,152.4
투자지출	214,346.2	311,248.9	430,537.9	489,601.5	615,921.9
고정투자	206,895.1	291,799.9	399,785.9	481,001.7	601,465.0
건설투자	98,542.5	159,489.8	201,422.0	239,801.2	293,074.6
설비투자	80,973.4	86,283.4	126,954.5	142,433.5	173,991.2
재고투자	7,451.1	19,449.1	30,751.9	8,599.8	14,456.9
실질GDP	903,550.9	1,155,129.7	1,322,611.2	1,658,020.4	1,933,152.4
투자지출	305,769.7	376,879.9	437,274.2	489,601.5	561,440.4
고정투자	306,030.1	369,229.0	425,635.1	481,001.1	552,729.9
건설투자	178,616.5	223,611.0	221,918.4	239,801.2	264,056.3
설비투자	86,585.0	93,062.1	125,912.0	142,433.5	166,301.5
재고투자	10,058.3	17,796.5	17,170.8	8,599.8	14,015.5

출처: http://ecos.bok.or.kr
주: 1) 투자지출은 총자본형성으로서 $Y=C+I+G+NX$에서 I에 해당됨
　　2) 투자지출(총자본형성)=고정투자(총고정자본형성)+재고투자(재고증감 및 귀중품 순취득)
　　3) 상단의 통계는 명목 투자지출이고, 하단의 통계는 실질 투자지출(2015년 기준)임

7.7 재고투자이론

앞에서 살펴본 바와 같이 재고투자는 투자지출에서 차지하는 비중은 매우 낮지만 변동성이 크기 때문에 경기변동에 영향을 미친다. 기업은 수요량의 변동에 대응하여 공급량을 결정하지만 수요에는 불확실성이 존재한다. 가령 수요가 많을 것으로 예상하여 공급을 증가시켰으나 예측과는 반대로 초과공급 현상이 발생하면, 예상치 못한 재고가 증가하여 재고보유에 따른 비용을 지불하게 된다. 반면에 수요가 적을 것으로 예상하여 공급을 감소시켰으나 예측과는 반대로 초과수요 현상이 발생하면, 재고를 다 소진하고도 초과수요를 충족하지 못하는 상황이 발생한다. 이 경우 기업은 충분한 판매이익을 누릴 수 없을 뿐만 아니라 시장점유율을 확대시킬 수 있는 기회를 놓치게 된다.

수요변동에 불확실성이 존재할 경우 재고소진을 우려하는 기업의 입장에서는 초과공급 상태에서 발생하는 재고보유에 따른 비용보다 초과수요 상태에서 발생하는 재고소진에 따른 비용을 더 크게 평가할 것이다. 이러한 기업의 행태를 설명하는 이론이 재고소진 기피모형이다. 재고소진 기피모형(stockout avoidance model)은 불확실성이 증가할수록 재고투자를 증가시키려는 인센티브가 존재한다고 설명한다. 따라서 재고투자는 불확실성(σ^2)과 같은 방향으로 움직인다.

$$I = I(\underset{\oplus}{\sigma^2}) \tag{14}$$

| 재고투자이론 : 재고소진 기피모형 |

1. 수요변동에 불확실성이 존재
2. 재고보유에 따른 비용 < 재고소진에 따른 비용
3. 투자와 불확실성의 관계 : 재고투자는 불확실성에 비례
   $$I = I(\underset{\oplus}{\sigma^2})$$

Episode
에 · 피 · 소 · 드

데이터로 보는 거시경제: 우리나라의 저축과 투자

대외부문을 제외한 폐쇄경제의 경우 한 국가의 투자는 균형에서 저축과 일치하는 수준에서 균형($S=I$)을 이루게 되어 있다. 아래 〈그림 A6〉은 우리나라의 GDP 대비 투자와 저축을 나타내고 있는데, 대체로 1990년대에는 투자가 저축을 상회하다가 아시아 1997년 아시아 외환위기를 기점으로 투자가 감소하여 저축이 투자를 상회하는 모습을 보이고 있다. 이를 개방경제의 맥락에서 해석하자면 1990년대에는 저축을 상회하는 투자는 해외로부터 투자가 유입되었다고 할 수 있고, 이는 경상수지 적자를 의미한다. 반면 2000년대에는 우리나라에서 필요한 투자 규모를 상회하는 저축을 우리나라는 해외에 투자하고 있다는 것을 뜻하며 이는 경상수지 흑자를 의미한다. 한편 저축과 투자 비중의 변화는 우리나라 인구구조의 변화로 해석할 수도 있다. 우리나라는 점차 고령화 사회로 진입하고 있는데, 인구가 고령화 될수록 노후 자금 마련 등의 목적으로 저축이 증가하는 경향이 있다.

A6 우리나라 GDP 대비 투자와 저축 추이

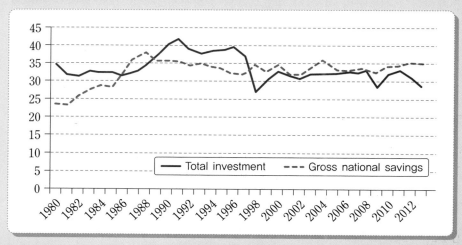

출처: IMF Economic Outlook Database (October 2014)

연습문제

01 고전학파의 현재가치이론에서 투자실행의 조건은 무엇인가?

02 고전학파의 현재가치이론에서 투자와 이자율의 관계를 도출하시오.

03 케인즈의 한계효율이론에서 투자의 한계효율을 정의하시오.

04 케인즈의 한계효율이론에서 투자실행의 조건은 무엇인가?

05 케인즈의 한계효율이론에서 투자와 이자율의 관계를 도출하시오.

06 가속도원리에서 투자와 국민소득의 관계를 설명하시오.

07 신고전학파의 이론에서 이윤극대화의 조건을 구하고 투자와 이자율의 관계를
도출하시오.

08 토빈의 q이론에서 평균적 q와 한계적 q를 각각 정의하시오.

09 토빈의 q이론에서 투자실행의 조건은 무엇인가?

10 비가역적 투자이론에서 투자의 비가역성을 정의하고, 고정투자와 불확실성의
관계에 대해 설명하시오.

11 재고소진 기피모형에서 재고보유에 따른 비용과 재고소진에 따른 비용을 비교하
고, 재고투자와 불확실성의 관계에 대해 설명하시오.

08

화폐공급

S L I M

M A C R O

E C O N O M I C S

08 화폐공급

지금까지 살펴본 경제모형에서는 분석의 단순화를 위해 중앙은행이 화폐공급(money supply)을 독자적으로 또는 외생적으로 결정한다고 가정하였다. 그러나 현실경제에서는 중앙은행, 은행금융기관, 비은행금융기관 등이 화폐공급의 크기를 결정하는 데 관련되어 있다. 이런 의미에서 화폐공급은 내생적으로 결정된다고 할 수 있다. 따라서 어떤 경제변수들이 화폐공급의 내생성에 영향을 미치는지를 살펴볼 필요가 있다.

본장에서는 먼저 화폐라는 용어의 의미를 살펴본 후 화폐의 기능을 설명하고자 한다. 다음으로 화폐공급의 크기는 다양한 통화지표로 표시되는데, 이러한 통화지표의 포괄범위를 결정짓는 개념이 유동성과 금융기관의 분류이다. 따라서 유동성의 정도와 금융기관의 분류가 어떻게 개별 통화지표와 연결되는지를 설명할 것이다. 그리고 화폐공급과 관련된 신용창조의 과정을 살펴보고 통화승수에 대해서도 언급할 것이다. 마지막으로 통화정책의 최종목표인 물가안정과 경제성장을 달성하기 위해 행하는 화폐량 조절의 정책수단에는 어떤 것이 있는지를 살펴보도록 한다.

8.1 화폐의 개념

영어의 money는 우리말로 돈으로 번역된다. money나 돈은 3가지 뜻으로 쓰인다. 첫째 돈을 벌었다고 할 때의 돈은 소득(income)을 의미한다. 소득은 일정 기간 중(during the period)에 정의되는 유량(flow)변수이다. 둘째 돈이 많다고 할 때의 돈은 재산(wealth)을 의미한다. 재산은 일정 시점(at a point in time)에 정의되는 저량(stock)변수이다. 셋째 돈을 빌려 달라고 할 때의 돈은 화폐(currency) 또는 현금(cash)을 의미한다. 화폐도 일정 시점에 정의되는 저량변수이다. 화폐는 상품과 서비스에 대한 지불이나 채무의 상환에서 일반적으로 받아들여지는 특성을 갖는다. 따라서 화폐(현금)는 돈의 3가지 정의 중에서 세 번째 정의를 의미한다.

화폐는 재산의 한 형태이다. 재산 또는 자산(asset)의 구성항목에는 화폐, 요구불예금, 저축성예금, 채권, 주식, 부동산, 귀금속 등이 있다. 금융자산에는 화폐, 요구불예금(당좌예금, 보통예금 등), 저축성예금(정기예금, 정기적금, 저축예금, 상호부금 등), 양도성예금증서(CD), 환매조건부채권(RP), 표지어음, 금전신탁, 수익증권, 금융채, CMA 등이 있다. 그리고 실물자산에는 건물, 토지, 귀금속, 내구재 등이 있다. 화폐 자산의 특징은 보유시 이자가 붙지 않는다는 것이다. 이런 의미에서 화폐를 무수익자산이라 한다. 그 밖에 예금, 채권, 주식, 부동산, 귀금속 등은 수익이 발생하는 수익자산이다.

좁은 의미의 화폐공급에는 기본적으로 무수익자산인 현금(화폐)과 이자율이 거의 0%에 가까운 요구불예금이 포함된다. 그러나 넓은 의미의 화폐공급에는 이자가 발생하지만 유동성이 높은 금융자산도 포함된다. 유동성(liquidity)이란 현금화의 정도인 환금성을 나타내는데, 유동성이 높은 금융자산의 순서는 해당 금융자산을 현금으로 교환할 경우 명목가액에 대한 금전적인 손실이 적은 순서를 의미한다. 따라서 금융자산을 유동성이 높은 순서대로 나열해 보면 현금, 당좌예금, 보통예금, 정기예금, 정기적금 등이다.

| 화폐, 돈(money)의 개념 |

1. 돈을 벌다 : 소득(income)
2. 돈이 많다 : 재산(wealth)
3. 돈을 빌리다 : 화폐(currency) 또는 현금(cash)

8.2 화폐의 기능

화폐는 지불수단, 가치저장수단, 계산단위로서의 기능이 있다. 각각에 대해 살펴보도록 하자.

1. 지불수단

지불수단(means of payment)은 교환의 매개수단(medium of exchange)을 포괄한다. 신용카드나 외상장부와 같이 빚을 내서 상품을 구입할 경우 신용카드나 외상장부는 교환의 매개수단은 되지만 지불수단은 되지 못한다. 화폐, 수표, 계좌이체, 직불카드 등은 교환의 매개수단이자 지불수단이 된다. 지불수단만이 거래를 최종적으로 종결시킬 수 있다.

화폐는 상품과 서비스에 대한 지불을 위해 사용된다. 화폐가 출현하게 된 이유는 물물교환 경제에서 교환에 따르는 거래비용을 줄이기 위해서다. n개의 상품을 물물교환으로 거래하려면 각각의 쌍에 대해 교환비율인 가격이 결정되어야 하므로 $_nC_2 = \dfrac{n(n-1)}{2}$개의 가격이 필요하나, 화폐가 도입되면 n개의 가격만이 필요하다. 예를 들어 5개의 상품이 존재할 경우 물물교환 경제에서는 10쌍에 대해 10개의 가격이 필요하지만, 화폐경제에서는 5개의 가격만이 필요하다.

또한 물물교환 경제에서는 서로가 원하는 상품을 가진 상대방을 찾아야 하는 욕구의 이중적 일치(double coincidence of wants)가 충족되어야 하는 번거로움이 있어 거래비용이 많이 드는 반면, 화폐경제에서는 서로가 원하는 상품을 가진 상대방을 찾을 필요 없이 원하는 상품을 화폐로 구입하면 되기 때문에 거래비용이 적게 든다.

화폐의 요건으로서 운반의 편리성, 소액분리 가능성, 위조곤란성, 내구성, 형태의 통일성 등이 요구된다. 지불수단의 기능으로 볼 때 통화지표는 일반적으로 지불수단으로 통용되는 현금과 요구불예금의 합인 $M1$으로 정의된다. 일반적으로 통용된다는 의미의 일반적 수용성(general acceptability)은 일반적으로 사회 전반에 걸쳐 누구든지 거래에 화폐를 사용할 때 상대방이 거절하지 않고 받는 것을 의미한다.

지불수단 또는 교환의 매개수단인 현금과 요구불예금은 유동성이 높은 금융자산이기 때문에 거래적 목적으로 현금과 요구불예금을 보유하게 된다. 그러나 현금과 요구불예금과 같은 무수익자산을 보유할 경우 이자가 발생하지 않기 때문에 재산 축적의 목적으로는 다른 금융자산이 더 유리하다.

2. 가치의 저장수단

가치의 저장수단(store of value)의 기능은 소득의 발생시점부터 소득의 지출시점까지 구매력을 저장하는 기능이다. 이는 가치를 저장하는 데에 비용을 절감시키는 기능인데, 인플레이션이 발생하면 가치저장의 기능이 약화된다. 교환거래에 있어서 판매와 구매가 시간적으로 분리되기 위해서는 교환가치가 보존되어야 한다. 즉 화폐를 구매력의 일시적 은신처(temporary abode of purchasing power)로 정의하는 것이 가치의 저장수단의 기능이다.

가치를 저장하는 데 있어서 이자가 붙는 수익자산이 이자가 붙지 않는 무수익자산보다 유리하다. 이러한 의미에서 가치의 저장수단으로서 화폐(현금)와 요구불예금뿐만 아니라 저축성예금, 양도성예금증서(CD), 환매조건부채권(RP), 표지어음, 금전신탁, 수익증권, 금융채, CMA 등도 재산을 축적하는 데 사용할 수 있다.

화폐의 기능을 가치저장의 수단으로 볼 때 현금, 요구불예금, 저축성예금의 합인 $M2$가 정의된다. 이 정의는 프리드만을 위시한 시카고학파(Chicago school)의 견해로 널리 받아들여지고 있다. 더 나아가서 현금, 요구불예금, 저축성예금 이외에 유동성이 높은 비은행금융기관의 금융자산까지 포함하는 $M3$가 정의된다. 걸리(Gurly)와 쇼오(Shaw)가 주장하는 바와 같이 은행금융기관이 발행하는 유동성부채와 비은행금융기관이 발행하는 유동성부채는 본질적으로 동일한 상호 대체관계를 가지기 때문에, $M3$와 같은 넓은 의미의 통화지표가 필요하다.

3. 계산단위

금융자산은 물론 실물자산의 가치를 화폐단위로 표시할 경우 이를 계산단위(unit of account)의 기능이라 한다. 상품과 서비스의 거래를 합산할 경우 단위가 서로 다르기 때문에 합산이 가능하려면 단위를 통일시킬 필요가 있다. 예를 들어 생수 2병의 가치와 종이컵 2개의 가치를 합산할 경우 그대로 더할 수 없지만, 생수 2병을 2,000원의 화폐단위로 계산하고 종이컵 2개를 100원의 화폐단위로 계산하면 2,100원의 합계 금액이 된다.

이렇듯 모든 가치 있는 금융자산과 실물자산을 화폐단위를 이용하여 금액으로 표시하면 단위가 통일되기 때문에 회계처리가 간편해진다.

> | 화폐의 기능 |
>
> 1. 지불수단 또는 교환의 매개수단 : 일반적 수용성(general acceptability)
> 2. 가치의 저장수단 : 구매력의 일시적 은신처(temporary abode of purchasing power)
> 3. 계산단위 : 모든 자산의 가치를 화폐단위인 금액으로 표시, 단위의 통일

8.3 통화지표 : 화폐의 정의

화폐의 정의를 통하여 통화지표를 만드는 데 있어서 기준이 되는 것이 유동성과 금융기관의 분류이다. 자산을 금융자산과 실물자산으로 구분할 때 유동성이 높은 금융자산을 화폐로 정의한다. 화폐는 통화라고도 하는데, 통화는 유통되는 화폐(money in circulation)의 의미이다. 앞에서 살펴봤듯이 유동성(liquidity)이란 현금화의 정도인 환금성을 나타내는데 유동성이 높은 금융자산의 순서는 해당 금융자산을 현금으로 교환할 경우 명목가액에 대한 금전적인 손실이 적은 순서를 의미한다. 따라서 금융자산을 유동성 높은 순서대로 나열해 보면 화폐, 당좌예금, 보통예금, 정기예금, 정기적금 등이다.

화폐는 보유자인 민간의 입장에서 보면 유동성자산이지만, 금융상품의 발행자의 입장에서 보면 유동성부채가 된다. 즉 대차대조표의 대차평균의 원리에 의하여 화폐의 정의를 자산 측면에서 파악하는 것이나 부채 측면에서 파악하는 것이나 양자의 크기는 당연히 일치한다. 그러나 민간의 유동성자산을 합계하는 것보다 금융기관의 유동성부채를 합계하는 것이 더 용이하기 때문에, 화폐의 정의를 금융기관의 유동성부채(liquidity liabilities of financial institutions)로 하게

된다.

> | 화폐의 정의 |
>
> 1. 기준 : 유동성의 정도와 금융기관의 분류
> 2. 금융기관의 유동성부채 = 민간의 유동성자산

　　현행 우리나라의 화폐의 정의는 금융기관별로 유동성의 정도에 따라 분류된다. 화폐의 정의와 관련된 금융기관의 분류는 [표 8-1]과 같다. 2002년 11월까지의 종전 분류를 보면 금융기관을 크게 통화금융기관과 비통화금융기관으로 나누었다. 중앙은행(central bank)인 한국은행(The Bank of Korea)과 예금은행(deposit money bank)을 합쳐서 통화금융기관(monetary institution)이라 하였다. 예금은행에는 일반은행(commercial bank)과 특수은행(specialized bank)이 있다. 그리고 비통화금융기관(OFI: other financial institution)에는 한국산업은행과 한국수출입은행 등 개발기관(development institution), 종합금융회사, 투자신탁운용회사 등 투자기관(investment institution), 상호저축은행, 상호금융

[표 8-1] 금융기관의 분류

이전의 분류(2002년 11월)			현행의 분류	
통화금융기관	한국은행	예금취급기관	중앙은행	한국은행
	예금은행		기타 예금취급기관	일반은행
	일반은행			특수은행
	특수은행			한국수출입은행
비통화 금융기관	개발기관			종합금융회사
	한국산업은행			자산운용회사
	한국수출입은행			투자신탁계정
				신탁
	투자기관			상호저축은행
	종합금융회사			상호금융
	투자신탁운용회사			신용협동조합
	저축기관			새마을금고
	상호저축은행			우체국예금
	상호금융		기타금융기관	생명보험회사
	보험기관			우체국보험
	생명보험회사			한국증권금융

등 저축기관(savings institution), 생명보험회사 등 보험기관(insurance institution)이 있었다. 비통화금융기관을 OFI 또는 제2금융권이라 하였다.

현행 분류로 보면 금융기관은 크게 예금취급기관과 기타금융기관으로 나누어진다. 그리고 예금취급기관은 중앙은행과 기타예금취급기관으로 분류된다. 우리나라의 중앙은행은 한국은행이다. 기타예금취급기관(other depository corporation)에는 일반은행, 특수은행, 한국수출입은행, 종합금융회사, 자산운용회사, 투자신탁계정, 신탁, 상호저축은행, 상호금융, 신용협동조합, 새마을금고, 우체국예금이 있다. 그리고 기타금융기관(other financial corporation)에는 생명보험회사, 우체국보험, 한국증권금융이 있다. 일반은행과 특수은행을 은행금융기관이라 하고, 그 밖의 모든 금융기관을 비은행금융기관 또는 제2금융권이라 한다.

1. 본원통화

2002년 3월 이전 우리나라의 통화지표는 기본적으로 본원통화, $M1$, $M2$, $M3$로 나누어지며, 그 밖의 보조통화지표가 편제되었다. 금융기관의 유동성부채로 정의되는 통화지표 중에서 본원통화는 금융기관의 범위를 중앙은행으로 한정하여, 중앙은행인 한국은행의 유동성부채로 정의된다. 본원통화(H)는 reserve money, reserve base, high-powered money 등으로 불린다. 한국은행은 은행, 제2금융권(비은행금융기관), 가계와 기업 등 순수민간에 대하여 유동성부채를 발생시킨다.

중앙은행의 유동성부채를 업무상으로 보면 화폐발행업무와 예금업무로 나누어진다. 따라서 한국은행의 대차대조표에서 부채항목 중 유동성부채인 화폐발행액과 지급준비예금의 합이 본원통화로 정의된다. 중앙은행은 법률에 의해 부여된 독점적인 발권력에 의한 화폐를 발행한다. 발행된 화폐는 은행이 보유하거나 민간(비은행, 가계, 기업)이 보유하게 된다. 정부는 세금을 걷으면 이를 화폐로 보유하지 않고 정부예금으로 보유하기 때문에 정부화폐보유액은 없다. 민간이 보유한 화폐를 민간화폐보유액 또는 현금통화라 하고, 은행이 보유한 화폐를 시재금 또는 은행화폐보유액이라 한다. 화폐발행액(bank notes & coins issued)은 민간화폐보유액(C: currency in circulation)과 시재금(vault cash)의 합이다. 2020년 말의 통계는 다음과 같다.

$$화폐발행액 = 민간화폐보유액(현금통화) + 시재금(은행화폐보유액) \quad (1)$$

(147.6조)   (136.2조)   (11.4조)

다음으로 중앙은행은 은행으로부터 예금을 받는다. 은행은 고객의 인출요구에 대비하기 위해서 고객으로부터 받은 예금의 일정부분을 지급준비의 목적으로 보유해야 한다. 은행은 이러한 지급준비금(reserve)을 자기 은행의 금고에 일부 보관하고 대부분은 한국은행에 예금하여 한국은행 금고에 보관시킨다. 은행은 지급준비의 목적으로 한국은행에 예금하기 때문에 이러한 예금을 지급준비예금 또는 지급준비예치금이라 한다. 이를 줄여서 지준예금 또는 지준예치금이라고도 한다. 따라서 본원통화를 업무에 따라 정의하면 화폐발행액과 지급준비예금(reserve deposit)의 합이 된다.

$$업무에 \ 따른 \ 정의 : 본원통화 = 화폐발행액 + 지급준비예금 \quad (2)$$

(221.5조)   (147.6조)   (73.9조)

화폐발행액은 민간화폐보유액과 시재금의 합이므로 식 (1)을 식 (2)에 대입하면 본원통화의 두 번째 정의가 성립한다.

$$본원통화 = 민간화폐보유액 + 시재금 + 지급준비예금 \quad (3)$$

(221.5조)   (136.2조)   (11.4조)   (73.9조)

다음으로 식 (3)에서 시재금과 지급준비예금은 모두 은행의 지급준비금(R: reserve)으로 쓸 수 있다. 따라서 본원통화의 세 번째 정의는 다음과 같다.

$$본원통화 = 민간화폐보유액 + 지급준비금 \quad (4)$$

(221.5조)   (136.2조)   (85.3조)

> 본원통화(H) = 화폐발행액 + 지급준비예금
>   = 민간화폐보유액 + 시재금 + 지급준비예금
>   = 민간화폐보유액(C) + 지급준비금(R)

2. $M1$, $M2$ 및 $M3$: 종래의 통화지표

금융기관의 범위를 중앙은행과 은행으로 확대하면 한국은행과 은행의 유동성부채인 $M1$과 $M2$가 정의된다. 이 경우 본원통화의 항목 중에서 한국은행과 은행 사이의 거래인 상호거래(inter-transaction) 또는 내부거래는 $M1$과 $M2$의 통화지표에서 제외된다. 중앙은행의 유동성부채인 본원통화 중에서 시재금과 지급준비예금은 한국은행과 은행 사이의 상호거래이다. 시재금과 지급준비예금은 한국은행의 부채이며 은행의 자산이기 때문에, 한국은행과 은행의 통합대차대조표에서 서로 상쇄된다.

이러한 상호거래를 제외하고 한국은행과 은행이 민간에게 진 유동성부채를 기반으로 해서 $M1$과 $M2$가 정의된다. 한국은행과 은행의 통합대차대조표 상의 부채항목 중 유동성부채로는 민간화폐보유액, 민간요구불예금, 민간저축성예금을 들 수 있다. 여기서 민간은 제2금융권, 가계, 기업을 가리킨다. 민간화폐보유액은 한국은행이 민간에게 진 유동성부채이고, 민간요구불예금(D: demand deposit)과 민간저축성예금은 은행이 민간에게 진 유동성부채이다.

$M1$은 민간화폐보유액과 민간요구불예금의 합으로 정의되고, $M2$는 민간화폐보유액, 민간요구불예금, 민간저축성예금의 합으로 정의된다.

$$\text{통화}(M1) \; = \; \underset{\text{(현금통화)}}{\text{민간화폐보유액}} \; + \; \underset{\text{(예금통화)}}{\text{민간요구불예금}} \qquad (5)$$

$$\text{총통화}(M2) \; = \; \underset{\text{(현금통화)}}{\text{민간화폐보유액}} \; + \; \underset{\text{(예금통화)}}{\text{민간요구불예금}} \; + \; \text{민간저축성예금} \quad (6)$$

$$= \; \text{통화}(M1) \; + \; \underset{\text{(준통화)}}{\text{민간저축성예금}}$$

금융기관의 범위를 중앙은행, 은행, 제2금융권(OFI) 등 전체 금융기관으로 확대하면 전체 금융기관의 유동성부채인 $M3$가 정의된다. 이 경우 본원통화의 항목 중에서 시재금과 지급준비예금은 한국은행과 은행 사이의 상호거래이며, 민간화폐보유액 중에서 제2금융권이 보유한 부분도 한국은행과 제2금융권 사이의 상호거래이다. 그리고 은행의 민간요구불예금과 민간저축성예금 중에서 제2금융권이 예금한 부분은 은행과 제2금융권 사이의 상호거래이다. 이러한 상호거래를 제외하고 전체 금융기관이 가계와 기업인 순수민간에 진 유동성부채를 $M3$로 정의한다.

전체 금융기관의 통합대차대조표 상의 부채항목 중 $M3$로 정의되는 유동성부채로는 순수민간화폐보유액, 순수민간요구불예금, 순수민간저축성예금, 비통화금융기관의 유동성부채를 들 수 있다. 비통화금융기관의 유동성부채로는 비통화금융기관예수금, 금융채, 상업어음매출, 환매조건부채권매도, 표지어음 등을 들 수 있다. $M3$의 정의는 다음과 같다.

$$
\begin{aligned}
M3 = \ & 순수민간화폐보유액 + 순수민간요구불예금 \qquad (7) \\
& + \ 순수민간저축성예금 + 비통화금융기관예수금 \\
& + \ 금융채 + 상업어음매출 + 양도성예금증서(CD) \\
& + \ 환매조건부채권매도 + 표지어음 \\
= \ & M2 + OFI의 \ 유동성부채 - 중앙은행, \\
& \quad 예금은행, 제2금융권 \ 간의 \ 상호거래
\end{aligned}
$$

| 종래의 통화지표 |

통화($M1$) = 민간화폐보유액(C: 현금통화) + 민간요구불예금(D: 예금통화)
총통화($M2$) = 민간화폐보유액 + 민간요구불예금 + 민간저축성예금
　　　　 = 통화($M1$) + 민간저축성예금(준통화)
$M3$ = 순수민간화폐보유액 + 순수민간요구불예금
　　　 + 순수민간저축성예금 + 비통화금융기관예수금 + 금융채
　　　 + 상업어음매출 + 양도성예금증서(CD)
　　　 + 환매조건부채권매도 + 표지어음
　　 = $M2$ + OFI의 유동성부채 - 중앙은행,
　　　　　　 예금은행, 제2금융권 간의 상호거래

---

3. 협의통화($M1$), 광의통화($M2$), 금융기관유동성(Lf) 및 광의유동성(L) : 현행 통화지표

우리나라는 중심통화지표로서 1957~69년에는 $M1$, 1969~70년에는 H,

1970~78년에는 국내신용(DC: domestic credit), 1979~97년에는 $M2$, 1998년 이후 $M3$를 사용하였다. 그 후 2002년 이후 물가안정목표제를 시행하면서 콜금리나 RP금리를 기준금리로 하는 금리중시 통화정책으로 변경함으로써, 더 이상 중심통화지표를 공표하지 않고 있다. 이와 같이 통화정책의 수행시기에 따라 다양한 화폐의 정의가 사용되고 있다.

최근에 한국은행은 기존의 통화지표가 금융기관 중심으로 정의되어 유동성이 낮은 은행의 부채가 통화지표에 포함되거나 유동성이 높은 제2금융권의 부채가 통화지표에 포함되지 않는 문제점을 인식하고, 이를 바로 잡기 위해 유동성을 중심으로 하는 새 통화지표를 공표하였다. 새 통화지표인 협의통화($M1$)와 광의통화($M2$)에는 유동성이 낮은 은행의 부채는 제외하였고, 유동성이 높은 제2금융권의 부채는 포함되었다.

2002년 3월에 공표된 새 통화지표는 통화($M1$)를 개편한 협의통화($M1$), 총통화($M2$)를 개편한 광의통화($M2$), $M3$를 개편한 총유동성($M3$)이다.

$$\text{협의통화}(M1) = \text{현금통화} + \text{요구불예금} \qquad (8)$$
$$+ \text{수시입출식저축성예금(MMF 포함)}$$

$$\text{광의통화}(M2) = \text{협의통화}(M1) + \text{기간물 예 · 적금 및 부금} \qquad (9)$$
$$+ \text{시장형금융상품(양도성 예금증서, 환매조건부채권 매도,}$$
$$\text{표지어음 등}) + \text{실적배당형상품(금전신탁, 수익증권, CMA}$$
$$\text{등}) + \text{금융채} + \text{기타(투신증권저축, 종합금융회사 발행어}$$
$$\text{음 등}) \text{ 단, 만기 2년 이상 장기 금융상품 제외}$$

$$\text{총유동성}(M3) = \text{현금통화} + \text{은행 및 비은행금융기관 예수금} \qquad (10)$$
$$+ \text{금융채} + \text{상업어음매출} + \text{양도성예금증서}$$
$$+ \text{환매조건부채권매도} + \text{표지어음}$$

여기서 수시입출식저축성예금에는 투신사 MMF가 포함되며, 시장형금융상품에는 양도성예금증서(CD: certificate of deposit), 환매조건부채권매도(RP: repurchase agreement), 표지어음 등이 포함된다. 실적배당형상품에는 금전신탁, 수익증권 등이 포함되며, 기타에는 투신증권저축, 종합금융회사 발행어음 등이 포함된다.

2006년 6월에는 총유동성($M3$)의 명칭을 금융기관유동성(Lf)으로 변경하고, 광의유동성(L)을 추가로 편제하여 공표하였다.

$$금융기관유동성(Lf) = 광의통화(M2) \tag{11}$$
$$+ \text{예금취급기관의 2년 이상 유동성상품}$$
$$+ \text{증권금융예수금}$$
$$+ \text{생명보험회사 보험계약 준비금 등}$$
$$= 총유동성(M3)$$

$$광의유동성(L) = Lf + \text{정부 및 기업 등이 발행한 유동성상품 등} \tag{12}$$

| 현행 통화지표의 포괄범위 |

협의통화($M1$) = 현금통화 + 요구불예금 + 수시입출식저축성예금

광의통화($M2$) = 협의통화($M1$) + 기간물 예·적금 및 부금
  + 시장형금융상품 + 실적배당형상품
  + 금융채 + 기타
  단, 만기 2년 이상 장기 금융상품 제외

금융기관유동성(Lf) = 광의통화($M2$)
  + 예금취급기관의 2년 이상 유동성상품
  + 증권금융예수금 등
  + 생명보험회사 보험계약 준비금 등
  = 총유동성($M3$)

광의유동성(L) = Lf + 정부 및 기업 등이 발행한 유동성상품 등

[표 8-2]는 우리나라 통화지표에 대한 통계를 요약해 놓은 것이다. 2018년에 말잔 기준으로 본원통화는 172조 3,533억 원, $M1$(협의통화)은 865조 8,518억 원, $M2$(광의통화)는 2,700조 3,624억 원, Lf는 3,824조 2,677억 원, L은 4,849조 9,853억 원이었다. 그리고 2018년에 평잔 기준으로 본원통화는 164조 9,632억 원, $M1$(협의통화)은 841조 144억 원, $M2$(광의통화)는 2,626조 9,020억 원, Lf는 3,686조 3,922억 원이었다.

[표 8-2] 우리나라의 통화지표

(단위: 10억 원)

	2000	2005	2010	2015	2020
본원통화	28,238.1	43,249.0	74,545.7	131,438.8	221,503.7
$M1$(협의통화)	196,714.5	332,344.9	427,791.6	708,452.9	1,197,828.9
$M2$(광의통화)	707,698.9	1,021,448.7	1,660,530.0	2,247,375.0	3,199,835.7
Lf	911,641.8	1,391,559.6	2,137,197.9	3,098,949.4	4,477,538.8
L	1,038,962.0	1,654,005.2	2,665,003.8	3,947,914.3	5,678,723.7
본원통화	26,357.0	38,785.2	67,585.1	120,691.4	205,784.7
$M1$(협의통화)	183,349.9	332,902.1	399,412.3	636,639.0	1,058,993.1
$M2$(광의통화)	691,393.5	993,960.1	1,639,675.1	2,182,911.9	3,070,830.4
Lf	882,764.3	1,348,818.8	2,096,530.1	2,986,699.4	4,311,128.2

출처: 한국은행, http://ecos.bok.or.kr
주: 상단의 통계는 말잔(연말의 잔액)이고 하단의 통계는 평잔(연평균 잔액)임

$M1$(협의통화), $M2$(광의통화), Lf, L 등 통화지표를 본원통화로 나눈 값을 통화승수(money multiplier)라 한다. 2020년에 $M1$(협의통화)의 통화승수는 말잔의 경우 5.4이고 평잔의 경우 5.1이었으며, $M2$(광의통화)의 통화승수는 말잔의 경우 14.4이고 평잔의 경우 14.9였다. 그리고 2020년에 Lf의 통화승수는 말잔의 경우 20.2이고 평잔의 경우 21.0이었으며, L의 통화승수는 말잔의 경우 25.6이었다.

블록체인과 암호화폐

블록체인(blockchain)은 사물인터넷, 5세대 통신, 빅데이터, 인공지능과 더불어 4차 산업혁명의 5대 요소이다. 4차 산업혁명은 초연결성, 초지능화, 대융합, 초강화된 보완의 특징을 갖는다. 블록체인은 초강화된 보안을 위해 중앙 권위가 없는 분산방식, 흔적이 남고 거래변경이 불가, 디지털 원장 등의 특징을 갖는다.

중앙 권위가 없는 분산방식에는 아무나 가입할 수 있는 비허가형(per-missionless)과 믿을 수 있는 회원만 가입할 수 있는 허가형(permissioned)이 있다. 대표적인 암호화폐인 비트코인(bitcoin)은 비허가형이다. 비트코인의 획득은 채굴(mining)과 매매를 통해 이루어진다. 채굴에서 암호를 푸는 데 비용이 들기 때문에 네트워크 내 암호화폐(cryptocurrency)로 보상을 해줄 필요가 있다. 그리고 비트코인의 매매는 보통 거래소를 통해 이루어지는데 거래소는 보안이 불완전하다는 문제점이 있다. 이에 비해 허가형은 회원 간에 이익을

보기 때문에, 비허가형과 달리 보상에 필요한 암호화폐가 필요 없다.

블록체인은 흔적이 남고 거래변경이 불가능한 디지털 원장이다. 클라이언트 프로그램을 실행하는 개인들 PC에 원장이 공유되기 때문에 소수가 위변조해도 적발이 용이하다. 즉 무결성(integrity)이 보장된다.

블록체인 중의 하나인 암호화폐는 명칭이 암호화폐나 현행 화폐의 정의에는 포함되지 않기 때문에 암호자산(cryptoasset)으로 명칭을 변경하여 화폐라는 오해의 소지를 없애야 한다. 화폐는 일반적 수용성(general acceptability)이라는 특징으로 갖기 때문에 특정인의 거래 목적으로만 사용되는 암호화폐는 백화점 포인트와 같은 성격을 가질 뿐이다. 백화점 포인트는 특정인의 특정 거래에만 사용된다. 이와 관련하여 전자화폐로 불리는 선불카드(교통카드), 직불카드(체크카드), 후불카드(신용카드) 사용액도 현행 화폐의 정의에 포함되지 않기 때문에 전자화폐라는 용어도 혼란을 야기할 수 있다. 선불교통카드는 현금으로 구입하는 것이고, 체크카드 사용 시에는 즉시 구매자의 예금 잔액이 줄어들고 판매자의 예금 잔액이 증가하는 것이고, 신용카드 사용 시에는 지연하여 구매자의 예금 잔액이 줄어들고 판매자의 예금 잔액이 증가하는 것이다. 현행 화폐는 현금과 예금으로 정의하기 때문에 암호화폐나 전자화폐의 사용액은 화폐의 정의와 직접적인 연관성이 없다.

출처: Blockchain Technology Overview, Dylan J. Yaga, Peter M. Mell, Nik Roby Karen Scarfone, *National Institute of Standards and Technology(NIST)*, 2018. 10.

8.4 화폐공급과 신용창조

분석의 단순화를 위해 본원통화(H)와 통화($M1$)의 관계를 이용하여 한국은행이 은행시스템을 통해 어떻게 화폐를 공급하는지를 살펴보자.

$$M1 = C + D$$
$$H = C + R$$

여기서 C는 민간화폐보유액(현금통화), D는 민간요구불예금(예금통화), R은 지급

[표 8-3] 실제지급준비금의 경로(예시) (단위: 일, 억 원)

	1	2	3	4	5	6	7	8	9	10	11	12	13	14	15	평균
경로 1	10	10	10	10	10	10	10	10	10	10	10	10	10	10	10	10
경로 2	3	4	5	6	7	8	9	10	11	12	13	14	15	16	17	10

준비금이다. 그리고 현금예금비율(c_1)은 $c_1 = \dfrac{C}{D}$, 현금통화비율(c_2)은 $c_2 = \dfrac{C}{M1}$, 실제지급준비율(z)은 $z = \dfrac{R}{D}$이다. 예금의 일부를 지급준비금으로 보유하기 때문에 $0 < z < 1$이다. 은행은 법적인 강제사항으로 예금의 일정 비율을 지급준비금으로 보유해야 한다. 이를 법정지급준비율 또는 필요지급준비율(required reserve ratio)이라 한다. 필요지급준비금의 보유의무를 충족시키는 기준이 지준적립기간(15일)의 평균이기 때문에, 은행은 매일 매일의 실제지급준비금의 규모를 선택할 수 있다. 예를 들어 100억 원의 예금에 필요지급준비율이 10%라면 은행이 선택할 수 있는 15일 동안의 실제지급준비금의 경로는 여러 가지 경우가 가능하다. 매일 매일의 실제지급준비금을 10억 원씩 보유할 수도 있고, 지준적립기간 초반에는 10억 원 미만으로 보유하다가 후반에 10억 원 이상으로 보유할 수도 있다. 예를 들어 15일 동안 은행이 선택할 수 있는 매일 매일의 실제지급준비금의 잔액은 [표 8-3]과 같다.

중앙은행이 본원통화를 공급하면 은행은 예금 및 대출업무를 통해 파생통화를 공급하게 된다. 파생통화를 공급하는 과정을 신용창조라 한다. 본원통화의 공급으로 이루어지는 예금을 본원적 예금(primary deposit)이라 하고, 파생통화의 공급으로 이루어지는 예금을 파생적 예금(derived deposit)이라 한다.

1. 현금예금비율(c_1)과 실제지급준비율(z)을 이용한 신용창조과정

먼저 현금예금비율 $c_1 = \dfrac{C}{D}$과 실제지급준비율 $z = \dfrac{R}{D}$ 을 이용하여 $M1$과 H의 관계를 살펴보자.

$$M1 = C + D = c_1 D + D = (c_1 + 1)D \qquad (13)$$

$$H = C + R = c_1 D + z D = (c_1 + z)D \qquad (14)$$

식 (13)의 좌변과 우변을 각각 식 (14)의 좌변과 우변으로 나누면 다음과 같다.

$$\frac{M1}{H} = \frac{c_1 + 1}{c_1 + z}$$

따라서 $M1$과 H의 관계는 현금예금비율(c_1)과 실제지급준비율(z)로 연결되어 있다.

$$M1 = \left(\frac{c_1 + 1}{c_1 + z}\right) H = m_1 H, \quad m_1 > 1 \tag{15}$$

여기서 $M1$을 H로 나눈 값인 m_1을 통화승수(money multiplier) 또는 신용승수라 한다. 통화승수는 정의상 1 보다 큰 값을 갖는다. 통화승수가 1 보다 큰 이유는 은행시스템의 예금에는 신용창조의 기능이 있기 때문이다. 현금은 신용창조의 기능이 없으나 예금과 대출에는 신용창조의 기능이 있다. 신용창조의 과정은 추후에 자세히 설명하기로 한다.

현금예금비율(c_1)이 증가하면 신용창조의 기능이 없는 현금의 비중은 늘고 신용창조의 기능이 있는 예금의 비중은 줄기 때문에 통화$(M1)$가 감소한다. 그리고 실제지급준비율(z)이 증가하면 신용창조의 기능이 없는 지급준비금의 비중은 늘고 신용창조의 기능이 있는 대출의 비중은 줄기 때문에 통화$(M1)$가 감소한다.

$$M1 = f(\underset{\ominus}{c_1}, \ \underset{\ominus}{z}, \ \underset{\oplus}{H}) \tag{16}$$

현금선호도를 나타내는 c_1은 민간이 결정하고 z는 은행이 결정하고 H는 중앙은행이 결정하기 때문에, 화폐공급 과정에 참여하는 주체는 중앙은행뿐만 아니라 은행과 민간도 포함된다. 화폐공급을 결정하는 변수 중 c_1과 z를 단기적으로 일정하게 놓으면 화폐공급은 중앙은행이 외생적으로 결정한다고 하고, c_1과 z를 변동한다고 놓으면 화폐공급은 내생적으로 결정된다고 한다.

| 현금이 있는 경우의 신용창조과정 Ⅰ |

$$M1 = m_1 H = \left(\frac{c_1+1}{c_1+z}\right) H = f(\underset{\ominus}{c_1}, \underset{\ominus}{z}, \underset{\oplus}{H}), \quad m_1 > 1$$

1. c_1 : 민간이 결정, z : 은행이 결정, H : 중앙은행이 결정
2. m_1 일정 : 화폐공급의 외생성
   m_1 변동 : 화폐공급의 내생성

2. 현금통화비율(c_2)과 실제지급준비율(z)을 이용한 신용창조과정

다음으로 현금통화비율 $c_2 = \dfrac{C}{M1}$과 실제지급준비율 $z = \dfrac{R}{D}$을 이용하여 $M1$과 H와의 관계를 살펴보자. 통화승수 m_2를 c_2와 z로 표시하면 다음과 같다.

$$
\begin{aligned}
H &= C+R = c_2 M1 + zD \\
&= c_2 M1 + z(M1-C) = c_2 M1 + z(M1 - c_2 M1) \\
&= \{c_2 + z(1-c_2)\}M1
\end{aligned}
\tag{17}
$$

식 (17)로부터 $M1$과 H와의 관계는 현금통화비율(c_2)과 실제지급준비율(z)로 연결되어 있다.

$$M1 = \left(\frac{1}{c_2 + z(1-c_2)}\right) H = m_2 H, \quad m_2 > 1 \tag{18}$$

여기서 m_2을 통화승수(money multiplier) 또는 신용승수라 한다. 현금통화비율(c_2)이 증가하면 신용창조의 기능이 없는 현금의 비중은 늘고 신용창조의 기능이 있는 예금의 비중은 줄기 때문에 통화($M1$)가 감소한다. 그리고 실제지급준비율(z)이 증가하면 신용창조의 기능이 없는 지급준비금의 비중은 늘고 신용창조의 기능이 있는 대출의 비중은 줄기 때문에 통화($M1$)가 감소한다.

$$M1 = f(\underset{\ominus}{c_2}, \underset{\ominus}{z}, \underset{\oplus}{H}) \tag{19}$$

이를 종합하면 $M1$은 c_1과 z, 또는 c_2와 z의 감소함수이고 H의 증가함수이다.

| 현금이 있는 경우의 신용창조과정 Ⅱ |

$$M1 = m_2 H = \left(\frac{1}{c_2 + z(1-c_2)}\right) H = f(\underset{\ominus}{c_2},\ \underset{\ominus}{z},\ \underset{\oplus}{H}),\quad m_2 > 1$$

1. c_2 : 민간이 결정,　z : 은행이 결정,　H : 중앙은행이 결정
2. m_2 일정 : 화폐공급의 외생성
　　m_2 변동 : 화폐공급의 내생성

---

3. 현금이 없는 경우의 신용창조과정

신용창조의 과정을 자세히 설명하기 위해 현금이 없는 경우를 가정해 보자. 이 경우는 식 (15)에서 $c_1=0$에 해당하고 식 (18)에서 $c_2=0$에 해당하므로 $M1$과 H와의 관계는 실제지급준비율(z)로만 연결되어 있다. 그리고 $M1=D$이고 $H=R$이다. 이 경우 통화승수는 $m_3=\frac{1}{z}$이다.

$$M1 = \left(\frac{1}{z}\right) H = m_3 H,\quad m_3 > 1 \tag{20}$$

이와 같은 신용창조 과정을 은행의 대차대조표를 이용하여 확인해 보자. 한국은행이 본원통화(H)를 100억 원 공급하여 A은행에 본원적 예금($H=D_1=$ 100억 원)으로 입금되었다고 해보자. 필요지급준비율을 10%로 가정하자. A은행은 100억 원의 10%인 10억 원을 지급준비금(R: reserve)으로 보유하고, 90억 원을 대출(L: loan)로 운영하여 이자수입을 얻을 수 있다. 90억 원을 대출받은 개인은 현금이 없는 경우를 가정하였기 때문에 자신의 거래은행인 B은행에 전액 예금한다고 해보자. B은행은 90억 원의 10%인 9억 원을 지급준비금으로 보유하고 81억 원을 대출로 운영할 수 있다. 81억 원을 대출받은 개인은 자신의 거래은행인 C은행에 전액 예금한다고 해보자. 이러한 과정이 무한히 반복된다고 가정하면 각 은행의 대차대조표는 [표 8-4]와 같이 표시된다.

[표 8-4] 은행시스템의 신용창조 과정

A 은행		B 은행		C 은행	
자산	부채	자산	부채	자산	부채
R_1 10억	$H=D_1$ 100억	R_2 9억	D_2 90억	R_3 8.1억	D_3 81억
L_1 90억		L_2 81억		L_3 72.9억	

일정 시점에서 모든 은행의 예금(D_1, D_2, D_3, …)을 합하면 다음과 같이 1,000억 원의 $M1$이 된다.

$$
\begin{aligned}
M1 &= D_1 + D_2 + D_3 + \cdots \\
&= 100억 + 90억 + 81억 + \cdots \\
&= \frac{100억}{1-0.9} \\
&= 1000억
\end{aligned}
$$

이를 공식으로 표시하면 다음과 같다.

$$M1 = H + H(1-z) + H(1-z)^2 + H(1-z)^3 + \cdots = \frac{H}{1-(1-z)} = \left(\frac{1}{z}\right)H$$

그리고 일정 시점에서 모든 은행의 지급준비금(R_1, R_2, R_3, …)을 합하면 다음과 같이 최초에 본원적 예금으로 공급하였던 100억 원의 본원통화와 같게 된다.

$$
\begin{aligned}
H &= R_1 + R_2 + R_3 + \cdots \\
&= 10억 + 9억 + 8.1억 + \cdots \\
&= \frac{10억}{1-0.9} \\
&= 100억
\end{aligned}
$$

현금이 없는 경우에는 모든 통화($M1$)가 예금으로 신용창조과정에 들어가므로 현금이 없는 경우의 통화승수 m_3가 현금이 있는 경우의 통화승수인 m_1과 m_2보다 큰 값을 갖는다.

| 현금이 없는 경우의 신용창조과정 |

$$M1 = m_3 \, H = \left(\frac{1}{z}\right) H = f(\underset{\ominus}{z}, \underset{\oplus}{H}), \quad m_3 > 1$$

1. $\left(\dfrac{c_1+1}{c_1+z} = \right) m_1 < m_3 \left(= \dfrac{1}{z} \right)$

2. $\left(\dfrac{1}{c_2+z(1-c_2)} = \right) m_2 < m_3 \left(= \dfrac{1}{z} \right)$

8.5 화폐공급의 외생성과 내생성

1. 화폐공급의 외생성

식 (15)와 식 (18)에서와 같이 화폐공급의 주체는 H를 결정하는 중앙은행, c_1 또는 c_2를 결정하는 민간, z를 결정하는 은행이다. 화폐공급을 결정하는 변수 중 c_1 또는 c_2와 z는 단기적으로 거래관습상 별로 변동이 없기 때문에 일정한 상수로 놓을 수 있다. 이 경우 은행과 민간은 화폐공급의 변동에 영향을 미치지 않고 오직 중앙은행만이 화폐공급의 크기를 변동시킬 수 있다. 즉 화폐공급은 중앙은행이 독자적으로 외생적으로 결정한다고 할 수 있으며 이를 화폐공급의 외생성(exogeneity of money supply)이라 한다.

화폐공급이 외생적이라면 다음과 같이 일정한 값을 갖는다. 편의상 $c_1 = c$의 경우를 분석해 보자.

$$M1 = f(c, z, H) = f(H) = \overline{M}1 \tag{21}$$

식 (21)의 화폐공급(M^s)을 (화폐량(M), 이자율(r))-좌표에서 그래프로 나타내면 [그림 8-1]과 같다.

그림 8-1 외생적 화폐공급

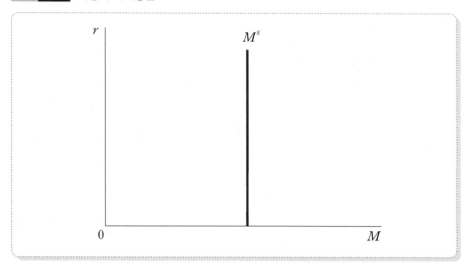

2. 화폐공급의 내생성

　화폐공급을 결정하는 변수 중 c_1 또는 c_2와 z가 변동하여 화폐공급에 영향을 미치는 경우를 화폐공급의 내생성이라 한다. 이 경우는 중앙은행, 은행, 민간이 모두 화폐공급의 크기를 변동시킬 수 있다.

　민간의 c_1 또는 c_2가 어떤 요인에 의해 변동하는지를 살펴보자. 편의상 $c_1 = c$의 경우를 분석해 보자. 민간은 현금과 예금의 보유비율을 정할 때 고려하는 요인이 예금이자율(r_d)이다. 예금이자율은 현금보유의 기회비용이 되기 때문에 r_d가 상승하면 현금보유를 줄일 것이다. 그리고 은행이 예금을 받아 조성한 자금의 사용처로서 실제지급준비금과 대출의 운용비율을 정할 때, 대출이자율(r_l)은 실제지급준비금 보유의 기회비용이 되기 때문에 r_l이 상승하면 실제지급준비금을 줄일 것이다. 그러므로 식 (22)의 화폐공급식에서 c는 r_d의 감소함수이고, z는 r_l의 감소함수이다. 그리고 화폐공급은 r_d와 r_l의 증가함수이다. 결국 화폐공급이 내생적일 경우 식 (22)에서 예금이자율과 대출이자율을 대표하는 이자율을 r로 놓으면 화폐공급은 이자율의 증가함수가 된다.

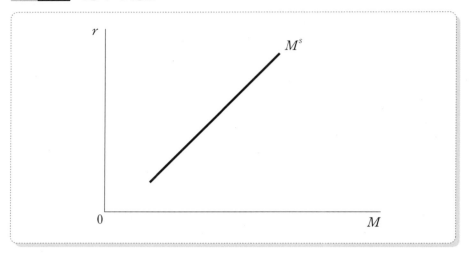

그림 8-2 내생적 화폐공급

$$M1 \; = \; f[\overset{\ominus}{\underset{\ominus}{c(r_d)}}, \, \overset{\ominus}{\underset{\ominus}{z(r_l)}}, \, \overset{\oplus}{H}] \; = \; f(\underset{\oplus}{r}, \, \underset{\oplus}{H}) \; = \; \underset{\oplus}{M(r)} \qquad (22)$$

화폐공급이 내생적일 경우 식 (22)의 화폐공급(M^s)을 $(M, \, r)$-좌표에서 그래프로 나타내면 [그림 8-2]와 같다.

이와 같이 화폐공급이 경제의 내생변수인 이자율에 영향을 받아 그 크기가 달라질 수 있는 것을 화폐공급의 내생성(endogeneity of money supply)이라 한다. 화폐공급의 내생성이 존재하면 LM곡선의 기울기가 완만해지기 때문에, 화폐공급을 변동시켜 국민소득에 영향을 미치고자 하는 통화정책의 효과가 화폐공급이 외생적일 경우보다 상대적으로 작아지게 된다.

| 화폐공급의 외생성과 내생성 |

1. 외생성 : $M1 \; = \; \overline{M}1$
2. 내생성 : $M1 \; = \; \underset{\oplus}{M(r)}$

8.6 화폐공급의 부문별 공급경로

본원통화(H), 협의통화($M1$), 광의통화($M2$), 금융기관유동성(Lf)이 공급될 경우 이것이 어떻게 운용될 것인가를 나타내는 부문별 공급경로는 한국은행의 대차대조표와 한국은행, 예금은행 및 비은행예금취급기관의 통합대차대조표인 예금취급기관개관표(depository corporations survey)를 통하여 살펴볼 수 있다.

예금취급기관개관표란 예금취급기관의 대차대조표로서 예금취급기관의 상호거래와 대조계정을 상계한 다음, 자산과 부채를 그 귀속주체 및 유동성의 정도에 따라 분류해 놓은 통합대차대조표이다. 예금취급기관개관표에는 종합표(depository corporations survey), 중앙은행(central bank), 은행예금취급기관(commercial & specialized banks), 비은행예금취급기관(non-bank depository corporations)의 4개의 개관표로 구성되어 있다.

종합표에는 한국은행, 예금은행, 비은행예금취급기관을 포괄하며, 은행예금취급기관에는 시중은행, 지방은행, 외국은행 국내지점, 특수은행이 포함된다. 그리고 비은행예금취급기관에는 수출입은행, 종합금융사, 은행신탁, 상호금융, 우체국예금, 신용협동조합이 포함된다.

본원통화의 부문별 공급은 중앙정부부문, 기타금융기관부문, 국외자산의 경로를 통하여 이루어지며, 협의통화($M1$), 광의통화($M2$), 금융기관유동성(Lf)의 부문별 공급은 중앙정부부문, 지방정부부문, 기업부문, 가계부문, 민간부문, 기타금융기관부문, 국외자산의 경로를 통하여 이루어진다.

8.7 화폐량 조절정책

중앙은행이 화폐량을 조절할 수 있는 방법을 살펴보기 위해 화폐공급식을 다시 표시해 보자.

$$M1 = f(\underset{\ominus}{c}, \underset{\ominus}{z}, \underset{\oplus}{H}) \tag{23}$$

중앙은행이 화폐량을 조절할 수 있는 방법에는 식 (23)에서와 같이 본원통화의 변동과 필요지급준비율의 조정이 있다. 그 밖에 중앙은행의 대출이자율인 재할인율의 변화와 공개시장조작이 있다.

중앙은행이 화폐량을 증가시킬 수 있는 방법은 첫째 본원통화(H)를 늘리는 방법인데, 앞서 설명한 바와 같이 이 경우 화폐량은 본원통화와 통화승수의 곱만큼 늘어나게 된다.

둘째 법정지급준비율을 인하하는 방법인데, 통화당국이 필요지급준비율을 인하하면 실제지급준비율(z)도 낮아져 통화승수가 커지게 된다. 따라서 통화($M1$)가 증가한다.

셋째 재할인율을 인하하는 방법이 있다. 재할인율(rediscount rate)이란 은행이 기업의 채권 어음 등을 할인하여 매입한 후, 이를 중앙은행에 다시 한번 할인한 금액으로 담보로 맡기고 대출을 받는 경우에 적용되는 중앙은행의 대출이자율이다. 재할인율이 낮아질수록 은행은 채권을 더 비싼 값으로 중앙은행에 팔 수 있으므로 민간이 보유하는 화폐량은 늘어나게 된다.

그리고 중앙은행은 공개시장조작(OMO: open market operation)을 통하여 화폐량을 조절하고 있다. 공개시장조작이란 중앙은행이 화폐량을 직접적으로 조절하지 않고 금융시장을 통하여 간접적으로 조절하는 방법이다. 이것은 중앙은행이 국채를 금융시장에서 사들이거나 팔아서 화폐량을 조절하는 방법인데, 국채를 사들이는 공개시장 매입(OMP: open market purchase)의 경우 매입대금이 한국은행으로부터 시중으로 나가기 때문에 민간이 보유하는 화폐량은 증가하게 된다. 반대로 중앙은행이 국채를 금융시장에서 파는 공개시장 매각(OMS: open market sale)의 경우 매각대금이 한국은행으로 환수되기 때문에 민간이 보유하는 화폐량은 감소하게 된다. 즉 한국은행이 보유한 국채와 민간이 보유한 화폐를 서로 맞바꾸는 방법으로 화폐량을 조절하는 것이다.

| 화폐량 증가의 방법 |

1. 본원통화(H)의 증가
2. 필요지급준비율의 인하를 통한 실제지급준비율(z)의 하락
3. 재할인율의 인하
4. 공개시장조작을 통한 공개시장 매입

Episode
에 · 피 · 소 · 드

데이터로 보는 거시경제: 통화량과 신용창조

　본문에서 살펴본 바와 같이 한국은행에서 통화를 공급하면 금융시장에서 신용창출을 통해 파생통화를 공급하게 된다. 아래 〈그림 A8〉은 우리나라 각 통화 지표의 GDP에 대한 비율을 나타내고 있는데, 두 가지 점을 확인할 수 있다. 첫째, 금융시장이 발달할수록 신용창출이 활발하게 이루어져서 GDP 대비 통화량이 커진다. 예를 들어 M2의 경우 1960년도에 GDP의 10% 수준이었으나, 2013년에는 GDP의 134.5%에 이를 정도로 증가하였다. 둘째, 통화량 지표의 범위가 커질수록 통화량이 증가한다. 2013년 기준으로 본원통화는 GDP 대비 7.2% 수준에 불과하지만, M1은 36.1%, M2는 134.5%, Lf는 178.3%, 그리고 L은 226.6%에 이른다. 이 모두가 금융시장의 신용창출의 결과이다.

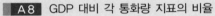 A8　GDP 대비 각 통화량 지표의 비율　　　　　　　(단위: 비율)

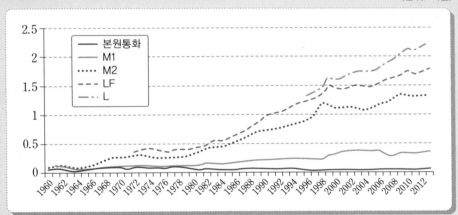

출처: 한국은행 경제통계시스템

연 습 문 제

01 돈(money)의 3가지 개념에 대해 설명하시오.

02 화폐의 3가지 기능에 대해 설명하시오.

03 본원통화를 정의하는 3가지 식에 대해 설명하시오.

04 $M1(=C+D)$에 대해 현금예금비율(c_1)과 실제지급준비율(z)을 이용하여 통화승수를 구하시오.

05 $M1(=C+D)$에 대해 현금통화비율(c_2)과 실제지급준비율(z)을 이용하여 통화승수를 구하시오.

06 현행 통화지표인 협의통화($M1$), 광의통화($M2$), 금융기관유동성(Lf), 광의유동성(L)의 포괄범위에 대해 설명하시오.

07 화폐공급이 외생적일 때 화폐공급곡선을 도출하시오.

08 화폐공급이 내생적일 때 화폐공급곡선을 도출하시오.

09 화폐공급이 외생적일 경우와 내생적인 경우 중 어느 쪽이 통화정책의 효과가 더 큰가?

10 중앙은행이 화폐량을 증가시키는 방법에 대해 설명하시오.

09

화폐수요

09 화폐수요

　화폐수요(demand for money 또는 money demand)에서 화폐란 제8장에서 설명한 바와 같이 돈(money)의 3가지 개념인 소득(income), 재산(wealth), 현금(cash) 중에서 현금을 의미한다. 이자가 붙지 않는 화폐, 즉 현금에 대한 수요가 어떤 요인에 의해 결정되는가를 설명하는 이론이 화폐수요이론이다.

　본장에서는 화폐수요의 크기를 결정하는 주요 변수에 대해 살펴보고 각각의 화폐수요이론에 대해 분석해 보기로 한다. 여기에는 거래적 화폐수요를 설명하는 고전학파의 화폐수량설과 현금잔액설, 케인즈의 투기적 화폐수요이론, 보몰-토빈의 거래적 화폐수요이론, 토빈의 투기적 화폐수요이론, 프리드만의 현대적 화폐수량설 등이 있다.

9.1 화폐수요의 결정요인

　돈(money)의 3가지 개념인 소득, 재산, 화폐 간의 관계는 다음과 같다. 재산은 소득이 추가될 때 증가한다. 재산, 즉 자산(asset)은 금융자산과 실물자산으로 나누어진다. 금융자산에는 화폐, 요구불예금, 저축성예금, 양도성예금증서(CD), 환매조건부채권(RP), 표지어음, 금전신탁, 수익증권, 금융채, CMA 등이 있으며, 실물자산에는 건물, 토지, 귀금속, 내구재 등이 있다. 화폐, 즉 현금은 재산의 한 구성항목으로서 유동성 자체를 의미하며 보유시 이자가 붙지 않는다. 이런 의미에서 화폐를 무수익자산이라 한다. 그 밖에 예금, 채권, 주식, 부동산, 귀금속 등은 수익이 발생하는 수익자산이다.

무수익자산인 화폐와 수익자산인 채권으로 분석을 단순화하면, 화폐수요 (money demand)란 재산 중에서 무수익자산인 화폐의 보유비율을 의미한다. 즉 소득이 발생하여 확보한 자금을 무수익자산인 현금의 형태로 몇 %를 보유하고, 수익자산인 채권의 형태로 몇 %를 보유할 것인가를 결정하는 과정에서 화폐수요가 결정된다.

무수익자산인 화폐를 수요(보유)하면 채권보유로부터 발생하는 이자를 포기하는 것이 되기 때문에, 채권이자율이 화폐수요의 기회비용(opportunity cost)이 된다. 구체적으로 화폐수요의 기회비용이란 채권보유의 수익률에서 화폐보유의 수익률을 차감한 것이다. 물가가 불변인 경우는 인플레이션이 0이기 때문에 채권보유의 수익률은 채권의 명목이자율(r)이고 화폐보유의 수익률은 화폐의 명목수익률(0)이다. 따라서 화폐수요의 기회비용은 다음과 같다.

$$화폐수요의\ 기회비용\ =\ r\ -\ 0\ =\ r$$

다음으로 물가가 변동하는 경우 인플레이션율을 π로 놓으면 채권보유의 실질수익률은 채권의 명목이자율(r)에서 인플레이션율(π)을 뺀 것이고, 화폐보유의 실질수익률은 화폐의 명목수익률(0)에서 인플레이션율(π)을 뺀 것이다. 따라서 화폐수요의 기회비용은 다음과 같다.

$$화폐수요의\ 기회비용\ =\ (r-\pi)\ -\ (0-\pi)\ =\ r$$

그러므로 인플레이션의 존재와 상관없이 화폐수요의 기회비용은 채권의 실질수익률과 화폐의 실질수익률 간의 차이로 해석할 수 있다. 이런 의미에서 화폐수요의 의사결정은 실질변수를 바탕으로 이루어진다. 단지 채권의 실질수익률과 화폐의 실질수익률간의 차이가 채권의 명목이자율일 뿐이다.

채권의 명목이자율이 상승하여 화폐수요의 기회비용이 커지면 재산의 구성 중에서 화폐의 보유비율을 줄이고 채권의 보유비율을 늘릴 것이기 때문에, 화폐수요는 기회비용(r)의 감소함수이다. 예를 들어 100만원의 추가소득이 발생한 경우, 화폐로 30만원을 보유하고 채권으로 70만원을 보유한 소비자가 있다고 해보자. 이 때 화폐수요의 기회비용인 채권의 명목이자율(r)이 상승한다면, 이 소비자는 화폐보유를 20만원으로 줄이고 채권보유를 80만원으로 늘려 더 많은 이자소득을 올리려고 할 것이다. 따라서 r이 상승하면 화폐수요는 감소하게 된다.

다음으로 추가소득의 규모가 예를 들어 100만원에서 1,000만원으로 증가한 다면, 모든 재산구성의 보유금액이 증가하므로 화폐보유도 증가할 것이다. 이런 의미에서 소득(Y)을 규모변수(scale variable)라 한다. 그러나 소득이 증가하는 규모에 비례하여 화폐보유를 증가시킬 필요가 없고, 소득의 증가규모보다 적게 화폐보유를 늘려도 충분하다. 이렇듯 소득이라는 규모변수가 증가할 때 화폐수요는 비례 이하로 보유해도 충분하다는 의미에서, 화폐수요에는 규모의 경제(economy of scale)가 존재한다고 한다. 화폐수요는 규모변수(Y)의 증가함수이다.

이를 종합하면 화폐수요함수는 식 (1)과 같이 이자율(r)의 감소함수이고 소득(Y)의 증가함수로 설정할 수 있다.

$$\frac{M^d}{P} = L(\underset{\ominus}{r}, \underset{\oplus}{Y}) \tag{1}$$

케인즈는 화폐수요가 소득의 증가함수인 것을 화폐수요의 거래적 동기(transactions motive)라 하였고, 이자율의 감소함수인 것을 화폐수요의 투기적 동기(speculative motive)라 하였다. 케인즈는 그 밖에 사건, 사고 등에 대한 예상치 못한 지출에 대비하기 위한 예비적 동기(precautionary motive)의 화폐수요도 소득의 증가함수로 설정하였다.

이와 같은 관계에 대한 이론적 근거를 제시하여 주는 것이 화폐수요이론이다. 여기에는 거래적 화폐수요를 설명하는 고전학파의 화폐수량설과 현금잔액설, 케인즈의 투기적 화폐수요이론, 보몰-토빈의 거래적 화폐수요이론, 토빈의 투기적 화폐수요이론, 프리드만의 현대적 화폐수량설 등이 있다.

| 화폐수요함수의 결정요인 |

$$\frac{M^d}{P} = L(\underset{\ominus}{r}, \underset{\oplus}{Y})$$

1. 기회비용(이자율)의 감소함수
2. 규모변수(소득)의 증가함수

9.2 고전학파의 거래적 화폐수요이론

고전학파의 이론은 화폐수요가 소득의 증가함수라는 것을 이론적으로 밝히는 데 초점을 맞추고 있다. 즉 고전학파는 화폐수요의 거래적 동기를 중요시한다. 고전학파의 이론은 크게 피셔의 화폐수량설과 케임브리지학파의 현금잔액설로 나누어진다. 피셔의 화폐수량설은 교환방정식(화폐수량방정식)에 근거하기 때문에 먼저 교환방정식을 살펴보고 화폐수량설과 현금잔액설을 설명하고자 한다.

1. 교환방정식

재화시장의 상품과 서비스는 화폐시장의 화폐와 교환됨으로써 거래가 성립된다. 이러한 거래가 성립되는 조건을 거래성립조건 또는 교환조건이라 한다. 이러한 교환조건을 방정식의 형태로 규정한 것을 교환방정식 또는 화폐수량방정식이라 한다.

교환방정식을 예를 들어 설명해 보자. 재화시장에서 1,780조 원의 상품과 서비스의 실물거래를 1년 동안 성립시키기 위해서는 1년 동안 1,780조 원의 화폐의 흐름이 필요하다. 상품과 서비스의 거래로부터 국민소득 거래가 도출된다. 만약 화폐가 1년 동안 평균 10번 쓰인다면 중앙은행은 178조 원의 화폐만 공급(M^s)하면 된다. 화폐의 평균 거래횟수를 유통속도(V: Velocity)라 한다. 이러한 교환조건 또는 거래성립조건은 다음과 같다.

1,780조 원의 화폐의 흐름 = 1,780조 원의 실물의 흐름

이와 같은 관계를 수식으로 표시한 식 (2)를 교환방정식(equation of exchange) 또는 화폐수량방정식(quantity equation of money)이라 한다.

$$M^s V = P y \qquad\qquad (2)$$
$$178조\ 원 \times 10회 = 1.1125 \times 1,600조\ 원$$

우리나라의 경우 2018년도에 화폐의 평균 거래횟수(유통속도)가 10회이고 명목

GDP가 약 1,780조 원이며 기준년도에 비해 물가(P)가 11.25% 상승하여 실질 GDP(y)가 1,600조 원이라면 중앙은행은 178조 원의 화폐공급을 해야 한다. 이 런 의미에서 교환방정식은 일종의 항등식(identity)이다.

교환방정식은 여러 가지 이론에 활용되고 있다. 첫째 식 (2)를 물가에 대해 정리하면 다음과 같다.

$$P = \left(\frac{V}{y}\right) M^s = \left(\frac{\overline{V}}{y_f}\right) M^s \tag{3}$$

유통속도가 거래관습상 일정하고 실질GDP가 완전고용(full employment) 수준 에 있다면, 식 (3)으로부터 물가는 화폐공급에 비례한다는 물가이론이 도출된 다. 교환방정식은 원래 물가를 설명하기 위해 도입된 개념이었다.

둘째 화폐시장의 균형조건인 $M^s = M^d$와 거래관습에 의해 일정한 유통속도 ($\overline{V}$)하에서 식 (2)를 화폐수요에 대해 정리하면 다음과 같다.

$$M^d = \left(\frac{1}{V}\right) P y = \left(\frac{1}{V}\right) Y \tag{4}$$

식 (4)는 화폐수요가 소득에 비례한다는 거래적 화폐수요이론이 된다.

셋째 식 (2)를 증가율 형태로 변형하면 다음과 같다.

$$\widehat{M^s} + \hat{V} = \hat{P} + \hat{y} \tag{5}$$

여기서 $\widehat{M^s} \left(= \frac{\varDelta M^s}{M^s} = \frac{\dot{M^s}}{M^s} \right)$은 화폐공급증가율, $\hat{V}$은 유통속도의 변동율, $\hat{P}$ 은 물가상승률인 인플레이션율, $\hat{y}$은 실질GDP의 증가율인 경제성장률이다. 식 (5)를 화폐공급증가율에 대해 정리하면 다음과 같다.

$$\widehat{M^s} = \hat{P} + \hat{y} - \hat{V} \tag{6}$$

중앙은행이 목표로 하는 연간 화폐공급증가율을 정할 때 식 (6)의 우변에 있는 세 변수를 고려하여 정할 수 있다. 즉 유통속도가 일정($\hat{V}=0$)하다면 연간 화폐 공급증가율은 인플레이션율과 경제성장률의 합으로 결정된다. 그리고 유통속도가 변동한다면 연간 화폐공급증가율은 인플레이션율과 경제성장률의 합에서 유통속도의 변동률을 차감하여 결정된다. 화폐공급증가율의 목표치를 식 (6)에 근거하여 정하는 방식을 EC방식이라 한다.

예를 들어 인플레이션율($\hat{P}$)이 3%, 경제성장률($\hat{y}$)이 5%, 유통속도의 변동율($\hat{V}$)이 −2%라면 화폐공급증가율은 10%로 결정된다. $\hat{V}$이 −2%라는 의미는 예를 들어 작년에 평균적으로 100회 쓰이던 화폐가 올해는 98회 쓰인다는 것이다. 화폐의 평균 거래횟수인 유통속도가 감소함에 따라 중앙은행은 $\widehat{M^s}$을 $\hat{P} + \hat{y}$의 8%에다가 2%를 추가한 10%로 설정해야 적정한 화폐공급증가율이 된다.

| 교환방정식의 3가지 활용 |

1. 물가이론 : 물가는 화폐공급에 비례

$$P = \left(\frac{V}{y}\right) M^s = \left(\frac{\overline{V}}{y_f}\right) M^s$$

2. 거래적 화폐수요이론 : 화폐수요가 소득에 비례

$$M^d = \left(\frac{1}{\overline{V}}\right) Py = \left(\frac{1}{\overline{V}}\right) Y$$

3. 화폐공급증가율의 목표치 설정 : EC방식

$$\widehat{M^s} = \hat{P} + \hat{y} - \hat{V}$$

---

2. 화폐수량설 : 거래잔액설

화폐공급(M^s)에 대한 항등식인 교환방정식을 화폐수요(M^d)의 함수로 해석하기 위해서는 화폐시장의 균형조건인 $M^s = M^d$가 필요하다. 균형하에서 교환방정식은 다음과 같이 변형된다.

$$M^d V = Py \tag{7}$$

이를 소득형태의 수량방정식(income form of quantity equation)이라 하는데, 이 식을 화폐수요함수로 해석할 수 있다. 따라서 유통속도가 거래관습에 의해 일정($\overline{V}$)하다면 화폐수요는 명목GDP(Y)에 비례하여 결정된다. 이를 피셔

(Fisher)의 화폐수량설(quantity theory of money)이라 한다. 피셔의 화폐수량설은 화폐수요가 경제의 거래규모에 의해 결정된다고 보기 때문에 이를 거래잔액설(transactions balance theory)이라고도 한다. 식 (8)에서 거래적 화폐수요가 소득에 비례한다는 고전학파의 화폐수요이론이 도출된다.

$$M^d = \left(\frac{1}{V}\right)Py = \underset{\oplus}{\left(\frac{1}{V}\right)Y} \tag{8}$$

국민소득 거래 대신에 총거래를 이용하여 화폐수량설을 나타내면 다음과 같다.

$$M^d V_T = PT \tag{9}$$

식 (9)를 거래형태의 수량방정식(transactions form of quantity equation)이라 한다. 식 (7)의 교환방정식과 식 (9)의 교환방정식을 구별하기 위해 식 (7)의 V를 화폐의 소득유통속도(income velocity of money)라 하고, 식 (9)의 V_T를 화폐의 거래유통속도(transactions velocity of money)라 한다. 총거래에 대한 통계는 수집하여 작성하기 어렵기 때문에, 통계가 공표되며 통상적으로 총거래와 비례관계에 있다고 가정할 수 있는 국민소득 거래를 통하여 화폐수량설을 규정하고 있다. 이런 관점에서 일반적으로 유통속도라 부를 때는 화폐의 소득유통속도를 의미한다.

3. 현금잔액설

피셔의 화폐수량설(거래잔액설)은 경제 전체의 거래를 성립시키기 위해 중앙은행이 공급해야 하는 화폐공급의 양을 규정한 교환방정식을 토대로 하여, 얼마만큼의 화폐수요를 보유해야만 하는가(have to hold)를 규정한 화폐수요이론이다. 이런 의미에서 화폐수량설은 화폐수요를 거시적 관점에서 접근한 이론이다.

이에 비해 케임브리지 학파의 현금잔액설(cash balance theory)은 개인의 선택행위로부터 화폐수요를 도출한 이론이다. 즉 현금잔액설은 개인 i가 효용극대화를 만족시키기 위해 자기 소득의 몇 %를 화폐로 보유하길 원하느냐(want to hold)의 문제로 접근한 화폐수요이론이다. 이런 의미에서 현금잔액설은 화폐수요를 미시적 관점에서 접근하였다.

효용극대화를 만족시키는 개인 i의 화폐수요함수는 다음과 같다.

$$M_i^d = k_i Y_i \tag{10}$$

자기 소득의 몇 %를 화폐로 보유하길 원하느냐의 척도를 통상적으로 k로 표시하는데, 이를 마샬의 k(Marshallian k)라 한다. 마샬의 k는 개인의 현금선호도를 나타낸다는 의미에서 화폐수요와 관련된 개념이지, 화폐공급과 관련된 개념은 아니다.

식 (10)을 모든 개인에 대하여 합하면 경제 전체에 대한 화폐수요함수가 된다.

$$M^d = k \underset{\oplus}{Y} \tag{11}$$

식 (11)을 케임브리지 방정식(Cambridge equation) 또는 현금잔액설의 수량방정식이라 한다. 현금잔액설의 화폐수량방정식인 식 (11)과 거래잔액설의 화폐수량방정식인 식 (8)을 비교해 보면, 마샬의 k는 유통속도의 역수가 된다는 것을 알 수 있다.

$$M^d = k Y = \left(\frac{1}{V}\right)Y, \quad k = \frac{1}{V} \tag{12}$$

피셔의 화폐수량설은 화폐의 기능 중 교환의 매개수단을 강조한 반면, 케임브리지학파의 현금잔액설은 가치의 저장수단을 강조한 화폐수요이론이다.

| 고전학파의 화폐수요이론 : 거래적 화폐수요가 소득의 증가함수 |

1. 화폐수량설 : 피셔의 거래잔액설

   거시적 관점, have to hold, 교환의 매개수단을 강조

$$M^d = \left(\frac{1}{V}\right) P\, y = \left(\frac{1}{V}\right) Y$$

$\underset{\oplus}{}$

2. 현금잔액설 : 케임브리지 학파의 이론

   미시적 관점, want to hold, 가치의 저장수단을 강조

$$M^d = kY$$

$\underset{\oplus}{}$

3. 마샬의 k는 유통속도의 역수

$$k = \frac{1}{V}$$

9.3 케인즈의 투기적 화폐수요이론

고전학파의 거래적 화폐수요이론이 화폐수요가 소득의 증가함수라는 것에 초점을 맞춘 데 비해서, 케인즈의 투기적 화폐수요이론은 화폐수요가 이자율의 감소함수라는 것에 초점을 맞추고 있다. 케인즈는 화폐수요의 동기를 거래적 동기(transactions motive), 예비적 동기(precautionary motive), 투기적 동기(speculative motive)로 나누었다.

거래의 대가로 지불하기 위해 보유하는 거래적 화폐수요와 사건, 사고 등에 대한 예상치 못한 지출에 대비하기 위한 예비적 화폐수요는 소득의 증가함수이며, 이는 고전학파의 이론과 유사하다. 이런 관점에서 케인즈가 화폐수요이론에 기여한 부분은 투기적 화폐수요이다. 개인이 화폐를 보유하는 목적 중에서 투기적 화폐수요는 생활비 지출 등 거래적 목적 이외에 재산을 증식시킬 목적으로 보유한 화폐를 가리킨다.

| 화폐수요의 3가지 동기 |

1. 거래적 동기 : 거래의 대가로 지불하기 위해 보유
2. 예비적 동기 : 사건, 사고 등에 대한 예상치 못한 지출에 대비하기 위해 보유
3. 투기적 동기 : 재산을 증식시킬 목적으로 보유

1. 개인의 투기적 화폐수요

개인은 소득으로 마련한 자금을 생활비의 지출 등 거래적 목적의 화폐수요와 사건, 사고 등에 대비한 예비적 목적의 화폐수요 이외에, 재산 증식 목적의 투기적 화폐수요로 보유할 수 있다. 이를 위해 개인은 여유자금을 무수익자산인 화폐로 보유할 것인가, 아니면 수익자산인 채권에 투자할 것인가를 결정해야 한다. 이와 같은 의사결정을 위해 화폐보유의 총수익률과 채권보유의 총수익률을 비교해 볼 필요가 있다.

무수익자산인 화폐의 총수익률은 0%이다. 채권의 총수익률은 이자율과 매매차익으로부터 도출된다. 매매차익은 미래이자율에 의해 결정되기 때문에 미래이자율에 대한 가정이 필요하다. 케인즈는 개인들이 미래이자율에 대해 각자의 값을 확실히 알고 있으나, 각자의 값이 서로 다르다고 가정하였다. 따라서 케인즈는 개인의 입장에서 보면 미래이자율에 대한 불확실성이 없다고 가정하였다. 그러나 케인즈가 가정한 불확실성의 개념은 "미래의 값은 현재 아무도 모른다"라고 하는 본래 의미의 불확실성의 개념에 비추어 볼 때, 불확실성에 대한 불완전한 가정이라 할 수 있다.

케인즈는 개인의 입장에서 미래이자율에 대한 불확실성이 없다는 다소 불합리한 가정을 합리화하기 위해 정상이자율의 개념을 도입하였다. 정상이자율(r_n: normal interest rate)이란 개인들이 미래이자율에 대해 예상한 각자의 확실한 값을 의미한다. 현재의 이자율(r)이 미래의 정상이자율(r_n)보다 낮다면 r이 상승할 것으로 예상하고, 현재의 이자율이 미래의 정상이자율보다 높으면 r이 하락할 것으로 예상한다.

채권의 총수익률은 이자율(r)과 매매차익에서 발생하는 자본이득률(g)의 합이다. 매매차익은 양의 값을 가질 수도 있고 음의 값을 가질 수도 있다. 자본

이득률은 미래에 실현되는 채권의 매도가에서 현재의 매입가를 뺀 매매차익을 매입가로 나누어 구한다. 채권시장의 균형 하에서 채권의 가격(P)은 매기간 R 만큼의 이자가 지급되고 만기에 원금(F)이 상환되는 n년 만기 채권의 현재가치(PV: present value)와 같게 된다.

$$P = \frac{R}{1+r} + \frac{R}{(1+r)^2} + \cdots + \frac{R}{(1+r)^n} + \frac{F}{(1+r)^n} \tag{13}$$

식 (13)으로부터 채권가격(P)과 이자율(r)은 반비례한다는 것을 알 수 있다. 채권을 영구채(consol 또는 perpetuity)로 가정하고 매기간 지급되는 이자(R)가 1원이라면 채권가격은 다음과 같이 간단히 표시된다.

$$P = \frac{R}{1+r} + \frac{R}{(1+r)^2} + \cdots = \frac{R}{r} = \frac{1}{r}$$

따라서 개인의 입장에서 채권의 현재가격은 $\frac{1}{r}$이고 미래가격은 $\frac{1}{r_n}$이다. 이자율이 높을수록 채권가격은 하락한다.

자본이득률(g)을 구하면 다음과 같다.

$$g = \frac{\dfrac{1}{r_n} - \dfrac{1}{r}}{\dfrac{1}{r}}$$

이를 종합하면 채권의 총수익률($r+g$)은 다음과 같이 구할 수 있다.

$$r + g = r + \frac{\dfrac{1}{r_n} - \dfrac{1}{r}}{\dfrac{1}{r}}$$

개인의 입장에서는 미래이자율에 대한 불확실성이 없기 때문에 채권의 총수익률($r+g$)이 화폐의 총수익률(0)보다 크다면 개인은 보유한 자금의 전액을 채권으로 보유하고, 채권의 총수익률이 화폐의 총수익률보다 작다면 개인은 보유한 자금의 전액을 화폐로 수요하게 된다.

$$(r+g=)\ r + \frac{\frac{1}{r_n} - \frac{1}{r}}{\frac{1}{r}} > 0 \qquad \text{전액 채권보유} \qquad (14)$$

$$(r+g=)\ r + \frac{\frac{1}{r_n} - \frac{1}{r}}{\frac{1}{r}} < 0 \qquad \text{전액 화폐수요} \qquad (15)$$

식 (14)의 좌변의 분수식에서 분모와 분자에 r을 곱하면 다음과 같이 정리된다.

$$r + \frac{r}{r_n} > 1 \qquad (16)$$

식 (16)의 양변에 r_n을 곱하여 정리하면 전액 채권보유의 조건을 구할 수 있다.

$$r > \frac{r_n}{1+r_n}\ (=r_c) \qquad \text{전액 채권보유} \qquad (17)$$

식 (17)의 의미는 현재이자율이 높을수록 채권투자가 유리해진다는 것이다.

마찬가지 방법으로 식 (15)를 정리하면 전액 화폐보유의 조건을 구할 수 있다.

$$r < \frac{r_n}{1+r_n}\ (=r_c) \qquad \text{전액 화폐보유} \qquad (18)$$

식 (18)의 의미는 현재이자율이 낮을수록 채권투자가 불리해져서 개인들은 화폐를 수요하게 된다는 것이다. 식 (17)과 식 (18)에서 채권이나 화폐보유의 기준이 되는 $\frac{r_n}{1+r_n}$을 기준이자율(r_c: critical interest rate)이라 한다.

[그림 9-1]에서 이자율이 r_c보다 높으면 자금이 전액 채권에 투자되어 화폐수요는 영(0)이 되며, 이자율이 r_c보다 낮을 때는 자금이 전액 화폐로 수요하게 된다. 개인의 투기적 화폐수요로는 화폐수요가 이자율의 감소함수라는 것을 밝히기에는 불충분하다. 따라서 경제전체의 투기적 화폐수요를 도출할 필요가 있다.

그림 9-1 개인(i)의 투기적 화폐수요

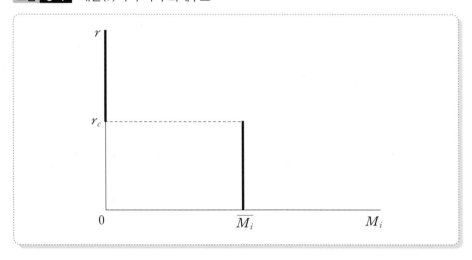

2. 경제전체의 투기적 화폐수요

개인의 투기적 화폐수요를 모두 합계하면 [그림 9-2]와 같이 경제전체의 투기적 화폐수요가 도출된다. 개인($i=1, 2, \cdots, n$)마다 r_c의 값이 다르기 때문에 이를 크기 순서대로 $r_c^1 > r_c^2 > \cdots > r_c^n$ 으로 표시할 수 있다. 이자율(r)이 r_c^1보다 높을 때는 경제전체적으로 자금이 전액 채권에 투자되어 화폐수요가 영(0)이 되며, 이자율이 r_c^n보다 낮을 때는 자금을 전액 화폐로 수요하게 된다.

$$r > r_c^1 \qquad \text{전액 채권보유} \tag{19}$$

$$r < r_c^n \qquad \text{전액 화폐보유} \tag{20}$$

그러나 r_c^1과 r_c^n 사이의 구간에는 각자의 기준이자율에 따라 전액 화폐를 수요하는 개인과 전액 채권을 수요하는 개인이 혼재되어 있다. 예를 들어 이자율(r)이 $r_c^2 < r < r_c^1$의 구간에 존재한다면, 개인 1은 현재이자율을 자기의 기준이자율보다 낮게 평가($r < r_c^1$)하므로 전액 화폐를 수요하게 된다. 그리고 나머지 개인 2부터 개인 n은 현재이자율을 자기들의 기준이자율보다 높게 평가($r > r_c^i$ ($i=2, 3, \cdots, n$))하므로 채권을 보유하게 된다. [그림 9-2]에서 개인 1의 화폐

그림 9-2 경제전체의 투기적 화폐수요

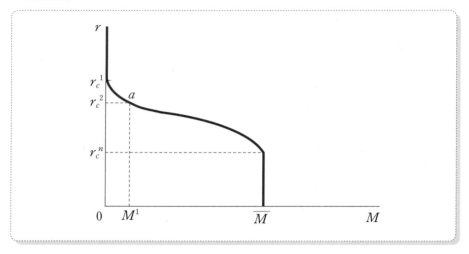

수요가 M^1으로 표시되어 있다.

　　이자율이 낮아질수록 채권투자의 매력이 감소하기 때문에 개인들의 화폐수요는 점점 증가한다. 그 결과 경제전체적으로 보면 r이 r_c^1에서 r_c^n까지 하락한다면 화폐수요는 0에서 $\overline{M}$까지 증가하게 된다. 따라서 r_c^1에서 r_c^n 사이의 구간에는 화폐수요와 채권수요가 동시에 발생한다.

　　개인들은 미래이자율에 대해 서로 다른 확실한 값을 예상하기 때문에 개인의 입장에서는 불확실성이 없지만 경제전체적으로 보면 불확실성이 존재하게 된다. 이러한 불확실성으로 인해 r_c^1과 r_c^n 사이의 구간에는 개인 간 의사결정이 서로 엇갈리게 된다. 의사결정이 서로 엇갈리는 r_c^1과 r_c^n 사이의 구간에서 투기적 화폐수요는 이자율의 감소함수가 된다.

| 케인즈의 화폐수요이론 |

1. 개인의 투기적 화폐수요

$$(r+g=)\ r+\frac{\frac{1}{r_n}-\frac{1}{r}}{\frac{1}{r}} > 0, \quad r > \frac{r_n}{1+r_n}\ (=r_c)\quad \text{전액 채권보유}$$

$$(r+g=)\ r+\frac{\frac{1}{r_n}-\frac{1}{r}}{\frac{1}{r}} < 0, \quad r < \frac{r_n}{1+r_n}\ (=r_c)\quad \text{전액 화폐수요}$$

2. 경제전체의 투기적 화폐수요 : 투기적 화폐수요가 이자율의 감소함수

$$r_c^1 > r_c^2 > \cdots > r_c^n$$

$r > r_c^1$ 전액 채권보유

r_c^1 과 r_c^n 사이의 구간   화폐수요와 채권수요가 혼재

$r < r_c^n$ 전액 화폐보유

9.4 보몰-토빈의 거래적 화폐수요이론

보몰(Baumol)과 토빈(J. Tobin)은 월급을 타서 생활비로 지출할 자금을 현금 (화폐)으로 보유(거래적 화폐수요)할 수도 있지만, 당분간 은행에 예치하여 이자수 입을 얻을 수 있다는 점에 주목하였다. 생활비를 모두 거래적 화폐수요로 보유할 경우 이자수입이 발생하지 않지만 월중 생활비의 일부를 당분간 은행에 예치하 면 이자가 발생한다. 이와 같이 생활비를 마치 은행에 재고처럼 쌓아 놓은 다음 지출이 필요할 경우에만 인출하여 쓴다는 의미에서 보몰과 토빈의 거래적 화폐 수요이론을 재고접근법(inventory approach)이라 한다.

280만원의 월급을 타서 한 달(편의상 4주=28일로 가정)간 생활하는 개인의 예 를 들어 보자. 생활비를 모두 은행에 예치하고 매일 아침에 하루치 생활비 10만 원을 인출하여 지출할 경우 밤이 되면 화폐수요가 0원이 되므로 첫째 날의 평균 화폐수요는 $5(=\frac{10+0}{2})$ 만원이 된다. 따라서 한 달 동안 화폐수요는 일평균 5만 원이 된다. 이 경우 개인은 한 달간 28회에 걸쳐 은행에 방문하거나 인터넷뱅킹

을 해야 하므로 거래비용이 최대화된다. 그러나 이 경우 생활비의 일부가 가장 오랫동안 은행에 예치되는 결과를 가져와 이자수입이 최대화된다. 다시 말하면 화폐수요의 기회비용이 일평균 화폐수요 5만원에 대해서만 발생하므로 기회비용은 최소화된다. 은행거래에서 발생하는 거래비용은 고정비용과 가변비용의 합으로 정의한다. 고정비용은 인출금액과 상관없는 비용이고 가변비용은 1회 인출금액에 비례한다고 가정한다. 한 달 동안의 기회비용은 일평균 화폐수요 5만원에다 월 이자율(r)을 곱하여 구할 수 있다

$$1회 인출 10만원 : 거래비용 \; = \; 28 \times (a + b \times 100,000)$$
$$기회비용 \; = \; r \times 50,000$$

생활비를 일주일에 한 번 70만원씩 아침에 인출하여 밤까지 매일 10만원씩 지출하면 첫째 날의 경우 아침에 인출한 70만원이 밤이 되면 60만원이 되므로 첫째 날의 화폐수요는 $65(= \dfrac{70+60}{2})$만원이 된다. 동일한 논리로 둘째 날의 경우 전날 지출하고 남은 60만원이 밤이 되면 50만원이 되므로 둘째 날의 화폐수요는 $55(= \dfrac{60+50}{2})$만원이 된다. 따라서 첫째 날의 화폐수요부터 일곱째 날의 화폐수요까지 더해서 평균을 구하면 다음과 같이 일주일 동안의 화폐수요는 평균 35만원이 된다.

$$평균 화폐수요 \; = \; \frac{65+55+45+35+25+15+5}{7} \; = \; 35$$

이를 4주간 반복한다고 보면 한 달 동안의 화폐수요도 일평균 35만원이 된다. 따라서 기회비용은 일평균 화폐수요 35만원에다 월 이자율을 곱하여 구할 수 있다. 고정비용은 인출금액과 상관없는 비용이고 가변비용은 1회 인출금액에 비례한다고 가정한다.

$$1회 인출 70만원 : 거래비용 \; = \; 4 \times (a + b \times 700,000)$$
$$기회비용 \; = \; r \times 350,000$$

이를 일반화하여 거래비용과 기회비용의 합인 총비용을 구해 보자. 월급을 $Y(=280만)$원 받는 개인의 1회 인출액을 $E(=70만)$원이라 하면 이 사람은 한

달 동안 $\dfrac{Y}{E}(=\dfrac{280만}{70만}=4)$회 은행에 가게 된다. 이 경우 1회의 거래비용(C_t: transaction cost)은 고정비용 a와 1회 인출금액에 비례하는 가변비용 bE의 합계이다. 그리고 기회비용(C_0: opportunity cost)은 일평균 화폐수요(M^d) $\dfrac{E}{2}$ ($=35만$)원에다 월 이자율 r을 곱하여 구할 수 있다. 보몰과 토빈의 거래적 화폐수요의 행태를 그래프로 표시하면 [그림 9-3]과 같다.

총비용(TC: total cost)을 식으로 표시하면 다음과 같다.

$$TC \;=\; C_t + C_0 \;=\; \frac{Y}{E}\,(a+bE)+r\,\frac{E}{2} \tag{21}$$

개인은 거래비용과 기회비용의 합계인 총비용을 최소화하는 의사결정을 할 것이다. 총비용을 최소화하는 조건하에서 1회 인출금액(E)이 결정된다. 1회 인출금액(E)이 결정되면 은행과 거래하는 횟수($\dfrac{Y}{E}$)와 화폐수요($M^d = \dfrac{E}{2}$)도 결정된다. 식 (21)을 E에 대해 최소화하기 위해 식 (22)을 E에 대해 미분하면 다음과 같다.

$$\operatorname*{Min}_{E}\; \frac{Y}{E}\,(a+bE)+r\,\frac{E}{2} = \frac{aY}{E}+bY+\frac{r}{2}E \tag{22}$$

그림 9-3 거래적 화폐수요의 행태

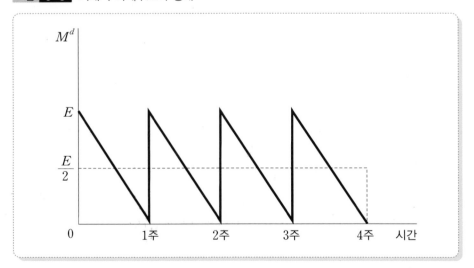

$$-\frac{aY}{E^2} + \frac{r}{2} = 0 \qquad (23)$$

총비용의 최소화 조건인 식 (23)으로부터 1회 인출금액(E)과 화폐수요 ($M^d = \frac{E}{2}$)를 도출할 수 있다.

$$E = \sqrt{\frac{2aY}{r}}, \quad M^d = \frac{E}{2} = \sqrt{\frac{aY}{2r}} = L(\underset{\oplus}{Y}, \underset{\ominus}{r}) \qquad (24)$$

식 (24)로부터 거래적 화폐수요가 소득(Y)에 비례하고 이자율(r)에 반비례한다는 것을 알 수 있다. 이 때 소득이 2배로 증가하면 거래적 화폐수요는 $\sqrt{2}$배만 증가해도 최적행위가 유지되기 때문에, 거래적 화폐수요에는 규모의 경제(economy of scale)가 존재한다. 즉 소득의 규모(scale)가 증가할 경우 생활비로 지출되는 거래적 화폐수요는 소득의 증가 규모보다 상대적으로 적게(economy) 수요된다는 것이다. 식 (24)의 거래적 화폐수요식을 평방근 법칙(square root rule)이라 한다. 결론적으로 거래적 화폐수요는 소득의 증가함수이고 이자율의 감소함수이다.

| 보몰과 토빈의 화폐수요이론 |

거래적 화폐수요가 소득의 증가함수, 이자율의 감소함수

1. 거래비용과 기회비용의 합인 총비용을 최소화

$$\underset{E}{\text{Min}} \frac{Y}{E}(a+bE) + r\frac{E}{2} = \frac{aY}{E} + bY + \frac{r}{2}E$$

2. 총비용 최소화 조건

$$-\frac{aY}{E^2} + \frac{r}{2} = 0, \quad E = \sqrt{\frac{2aY}{r}}$$

3. 거래적 화폐수요

$$M^d = \frac{E}{2} = \sqrt{\frac{aY}{2r}} = L(\underset{\oplus}{Y}, \underset{\ominus}{r})$$

4. 규모의 경제(economy of scale)와 평방근 법칙(square root rule)

$$Y : M^d = 2 : \sqrt{2}$$

9.5 토빈의 투기적 화폐수요이론

　토빈(J. Tobin)은 케인즈의 불확실성의 개념을 본래 의미의 불확실성의 개념으로 대체하여 투기적 화폐수요를 설명하고 있다. 케인즈는 개인들이 미래이자율에 대해 각자의 값을 확실히 알고 있으나 각자의 값이 서로 다르다는 의미에서 불확실성을 정의하였다. 그러나 케인즈가 가정한 불확실성의 개념은 "미래의 값은 현재 아무도 모른다"라고 하는 본래 의미의 불확실성의 개념에 비추어 볼 때, 불확실성에 대한 불완전한 가정이라 할 수 있다. 토빈은 미래이자율의 확실한 값은 아무도 모른다는 가정에 근거함으로써 불확실성 본래의 가정을 하고 있다.

> **| 불확실성의 정의 |**
>
> 1. 케인즈의 정의
>   개인들이 미래이자율에 대해 확실히 알고 있으나 각자의 값이 서로 다르다.
> 2. 토빈의 정의
>   미래이자율의 값은 현재 아무도 모른다.

　케인즈의 경우 개인은 이자율에 대한 불확실성이 없기 때문에 자금의 전액을 화폐 또는 채권에 투자하는 의사결정을 하지만, 토빈의 경우 개인은 이자율에 대한 불확실성이 있기 때문에 자금의 일부는 화폐로 수요하고 다른 일부는 채권으로 보유하는 소위 자산의 포트폴리오(portfolio)를 구성하게 된다.

　토빈의 투기적 화폐수요이론을 자세히 살펴보자. 어떤 개인이 1년 동안 채권을 보유하는 채권투자를 한다고 가정해 보자. 개인의 화폐보유비율을 w_1이라 하고 채권보유비율을 w_2라고 하면 $w_1 + w_2 = 1$의 관계가 성립한다. 케인즈의 투기적 화폐수요이론에서 살펴본 바와 같이 화폐의 총수익률은 영(0)이고 채권의 총수익률은 채권이자율(r)과 자본이득률(g)의 합이므로 이와 같은 포트폴리오로부터 발생하는 총수익률(R)은 2가지 자산수익률의 평균으로 산출된다.

$$R = w_1 \cdot (0) + w_2 \cdot (r+g)$$
$$= w_2 \cdot (r+g)$$

현재 채권을 매입하면 1년 후 이자율(r)은 확실한 값으로 보장된다. 그러나 1년 후 매도할 때 매매차익에서 이득을 보게 될지 아니면 손실을 보게 될지 모르기 때문에, 자본이득률(g)은 불확실한 값을 갖는다. 이에 따라 채권의 총수익률도 불확실한 값을 갖기 때문에, 총수익률의 기대값과 예상한 총수익률이 실현되지 않을 위험도 함께 고려하여 의사결정을 해야 한다. R의 기대값($E(R)$)과 표준편차(σ_R)를 구하면 다음과 같다.

$$E(R) = w_2(r+E(g))=w_2\,r \tag{25}$$
$$\sigma_R = w_2\,\sigma_g \tag{26}$$

여기서 자본이득률은 평균적으로 0의 값을 갖는다고 가정할 수 있다($E(g)=0$). 총수익률의 기대값과 총수익률의 표준편차를 좌변과 우변에 대하여 각각 나누면 다음과 같은 관계가 성립된다.

$$\frac{E(R)}{\sigma_R} = \frac{r}{\sigma_g}, \quad E(R) = \left(\frac{r}{\sigma_g}\right)\sigma_R \tag{27}$$

이 식이 의미하는 바는 $E(R)$과 σ_R이 비례 관계에 있다는 것이다. 미래이자율에 대한 불확실성 때문에 높은 수익을 기대($E(R)$)하려면 높은 위험(σ_R)을 감수해야 한다. 이것은 소비자에게 주어진 객관적인 기회곡선(opportunity curve)이다.

한편 소비자는 기대수익과 위험에 대한 주관적인 선호인 무차별곡선(indifference curve)을 갖게 되는데, 위험기피자(risk averter)라면 기대수익이 높을수록 높은 위험을 감수할 것이기 때문에 무차별곡선은 우상향하며, 기대수익이 클수록 기대수익의 추가적 증가로 얻게 되는 만족은 점점 적어질 것으로 가정할 수 있으므로 무차별곡선은 아래쪽을 향하여 볼록(convex)하게 된다.

이자율이 주어져 있을 때 [그림 9-4]와 같이 기울기가 $\frac{r}{\sigma_g}$인 기회곡선과 우상향하고 아래쪽으로 볼록한 무차별곡선이 접하는 점 a에서 효용극대화의 균형이 이루어진다. 이 경우 OA만큼의 비율로 채권에 투자하게 되고, $(1-OA)$만

그림 9-4 화폐와 채권간의 보유비율의 결정

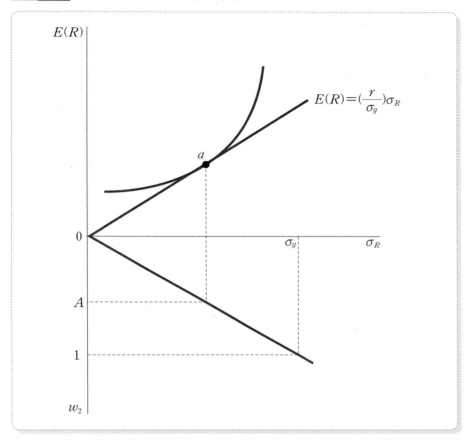

큼의 비율로 화폐를 수요하게 된다.

화폐와 채권간의 보유비율을 결정하는 [그림 9-4]를 토대로 이자율이 변할 경우 화폐수요가 어떻게 달라지는지를 살펴보자. 이자율이 r_1에서 r_2로 상승하면 [그림 9-5]와 같이 기회곡선의 기울기가 커져 원점을 중심으로 위쪽으로 회전 이동하게 된다. 이에 따라 균형점이 점 a에서 점 b로 이행한다. 투자자는 이자율의 상승에 따라 채권보유비율(w_2)을 OA에서 OB로 증가시키게 됨으로써, 화폐수요는 $(1-OA)$에서 $(1-OB)$로 감소하게 된다. 따라서 화폐수요는 이자율에 감소함수가 된다. 이러한 경우는 이자율 변동에 따른 대체효과가 소득효과보다 큰 정상적인 경우에 나타난다.

그러나 반대로 [그림 9-6]과 같이 이자율 변동에 따른 대체효과가 소득효과보다 작은 예외적인 경우에는 화폐수요가 이자율의 증가함수가 될 수도 있다. 이

그림 9-5 투기적 화폐수요와 이자율간의 관계 : 정상적인 경우

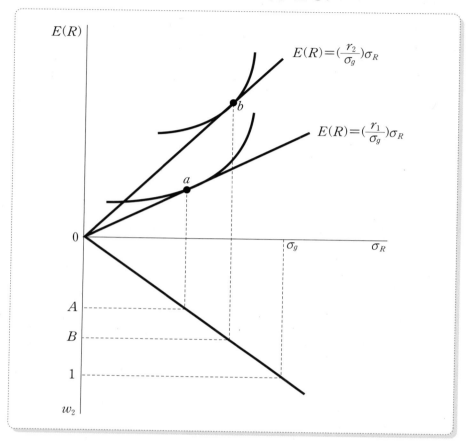

자율이 r_1에서 r_2로 상승하면 기회곡선의 기울기가 커져 원점을 중심으로 위쪽으로 회전 이동하게 된다. 이에 따라 균형점이 점 a에서 점 b로 이행한다. 투자자는 이자율의 상승에 따라 채권보유비율(w_2)을 OA에서 OB로 감소시키게 됨으로써, 화폐수요는 $(1-OA)$에서 $(1-OB)$로 증가하게 된다. 따라서 화폐수요는 이자율의 증가함수가 될 수도 있다.

그림 9-6 투기적 화폐수요와 이자율간의 관계 : 예외적인 경우

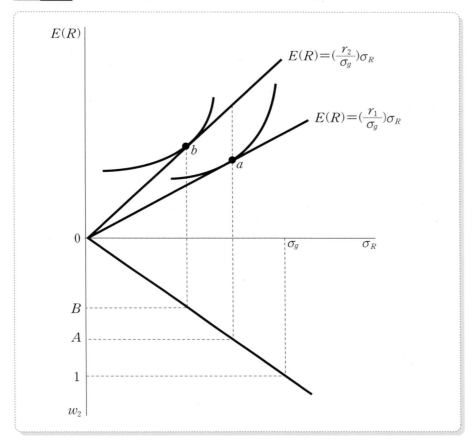

| 토빈의 화폐수요이론 |

1. 이자율에 대한 불확실성이 있기 때문에 자금의 일부는 화폐로 수요하고 다른 일부는 채권으로 보유하는 자산의 포트폴리오(portfolio)를 구성
2. 이자율 변동에 따른 대체효과가 소득효과보다 큰 정상적인 경우 투기적 화폐수요가 이자율의 감소함수
3. 이자율 변동에 따른 대체효과가 소득효과보다 작은 예외적인 경우 투기적 화폐수요가 이자율의 증가함수

9.6 프리드만의 거래적 화폐수요이론 : 현대적 화폐수량설

프리드만에 의하면 화폐수요는 일반적인 수요이론에 의해 분석할 수 있다고 하였다. 따라서 화폐수요도 소비자의 소득, 화폐라는 재화의 가격, 화폐의 대체재(substitute good)인 채권, 주식, 실물자산 등 관련 재화의 가격, 소비자의 선호에 의해 분석된다. 화폐수요는 주어진 예산제약하에서 소비자의 항상소득(y^P), 화폐의 가격(P_m), 채권의 가격(P_b), 주식의 가격(P_e), 실물자산의 가격(P)에 의해 영향을 받는다. 일반적인 수요이론과 같이 화폐수요함수는 식 (28)과 같다.

$$\frac{M^d}{P} = L(\underset{\oplus}{y^P}, \underset{\ominus}{P_m}, \underset{\oplus}{P_b}, \underset{\oplus}{P_e}, \underset{\oplus}{P}) \tag{28}$$

금융자산과 실물자산의 가격변수들을 수익률로 대체하면 화폐수요에 영향을 미치는 방향이 반대가 된다. 금융자산의 수익률은 화폐수익률(r_m), 채권수익률(r_b), 주식수익률(r_e)이고, 실물자산의 수익률은 물가상승률(π)이 된다.

$$\frac{M^d}{P} = L(y^P, r_m, r_b, r_e, \pi) \tag{29}$$

화폐수요의 증가함수인 규모변수는 항상소득이 되고, 화폐수요의 감소함수인 기회비용은 (채권수익률－화폐수익률), (주식수익률－화폐수익률), (실물자산의 수익률－화폐수익률)이 된다.

$$\frac{M^d}{P} = L(\underset{\oplus}{y^P}, \underset{\ominus}{r_b-r_m}, \underset{\ominus}{r_e-r_m}, \underset{\oplus}{\pi-r_m}) = L(\underset{\oplus}{y^P}) \tag{30}$$

프리드만은 (r_b-r_m), (r_e-r_m), $(\pi-r_m)$가 거의 일정한 값을 갖기 때문에 이자율(수익률)은 화폐수요에 별 영향을 미치지 않는다고 하였다. 그리고 화폐수요에 정$(\oplus)$의 영향을 미치는 소득변수도 항상소득(permanent income)으로 해석하였다. 프리드만의 화폐수요이론은 화폐수요가 항상소득의 증가함수라는 것을 강조한다는 점에서, 고전학파의 거래적 화폐수요인 화폐수량설의 전통을 이어받았다고 할 수 있다. 이러한 의미에서 프리드만의 화폐수요이론을 현대적 화폐수량설(modern quantity theory of money) 또는 신화폐수량설(new quantity theory of money)이라 한다.

식 (30)에서 화폐수요함수가 항상소득에 대한 1차 동차함수(homogeneous function of degree one)라고 가정하면, y^P를 λ배 할 경우 화폐수요함수 $\dfrac{M^d}{P}$도 λ배가 된다.

$$\lambda \frac{M^d}{P} = L(\underset{\oplus}{\lambda y^P}, \underset{\ominus}{r_b - r_m}, \underset{\ominus}{r_e - r_m}, \underset{\ominus}{\pi - r_m}) \tag{31}$$

$\lambda = \dfrac{1}{y^P}$로 대입하여 정리하면 식 (31)은 식 (32)와 같이 교환방정식의 형태가 된다.

$$M^d \frac{1}{L(r_b - r_m, \ r_e - r_m, \ \pi - r_m)} = P y^P \tag{32}$$

식 (32)에서 유통속도(V)는 다음과 같이 표시된다.

$$\underset{\oplus}{V(r)} = \frac{1}{L(\underset{\ominus}{r_b - r_m}, \ \underset{\ominus}{r_e - r_m}, \ \underset{\ominus}{\pi - r_m})} \tag{33}$$

프리드만은 식 (33)으로부터 유통속도가 이자율의 정(+)의 관계에 있다고 하였다. 그러나 $(r_b - r_m)$, $(r_e - r_m)$, $(\pi - r_m)$가 거의 일정한 값을 갖기 때문에 유통속도는 안정적이라 하였다.

고전학파의 화폐수량설과 프리드만의 현대적 화폐수량설의 차이는 다음과 같다. 고전학파의 화폐수량설에서는 유통속도가 일정($\overline{V}$)하다고 가정한 반면, 프리드만의 현대적 화폐수량설은 유통속도가 이자율의 증가함수($\underset{\oplus}{V(r)}$)이나 $(r_b - r_m)$, $(r_e - r_m)$, $(\pi - r_m)$가 거의 일정한 값을 갖기 때문에 안정적이라고 주장하였다.

교환방정식을 명목GDP에 대해 정리한 식 (34)에서 유통속도가 일정하거나 안정적이라면 통화당국(monetary authority)이 화폐량을 변동시켜 명목GDP

를 원하는 수준으로 조절할 수 있다. 즉 화폐량과 명목GDP가 1 : 1의 관계를 갖는다. 그러나 이자율의 변동이 유통속도를 거의 변동시키지 않기 때문에 이자율의 변동으로 명목GDP를 조절하기 어렵다.

$$Py = Y = (V(r))M^s \tag{34}$$

이러한 의미에서 고전학파의 전통을 이어 받은 프리드만 등 통화주의자(monetarist)는 금리중시 통화정책 대신 통화중시 통화정책을 주장하였다. "화폐가 중요하다(Money matters)"는 통화주의자의 주장을 뒷받침하는 전제가 유통속도의 안정성인 것이다.

그러나 1980년대 이후 금융혁신(financial innovation)으로 다양한 수익률의 금융상품이 출현함에 따라 투자자들이 이자율에 더욱 민감해짐으로써, 유통속도가 불안정해졌다. 유통속도가 불안정해짐에 따라 통화중시 통화정책의 유효성에 의문이 제기되었으며, 우리나라를 포함한 많은 국가들이 통화중시 통화정책에서 금리중시 통화정책으로 통화정책의 구조를 변경하는 조치를 취하게 되었다.

| 프리드만의 화폐수요이론 |

1. 화폐수요의 증가함수인 규모변수는 y^P가 되고, 화폐수요의 감소함수인 기회비용은 (r_b-r_m), (r_e-r_m), $(\pi-r_m)$이 된다.

$$\frac{M^d}{P} = L(\underset{\oplus}{y^P}, \underset{\ominus}{r_b-r_m}, \underset{\ominus}{r_e-r_m}, \underset{\ominus}{\pi-r_m})$$

2. (r_b-r_m), (r_e-r_m), $(\pi-r_m)$가 거의 일정한 값을 갖기 때문에 이자율(수익률)은 화폐수요에 별 영향을 미치지 않는다. 거래적 화폐수요는 항상소득의 증가함수이다.

$$\frac{M^d}{P} = L(\underset{\oplus}{y^P})$$

3. 유통속도의 안정성 : 통화주의자의 통화중시 통화정책의 이론적 기반

$$M^d \frac{1}{L(r_b-r_m, r_e-r_m, \pi-r_m)} = Py^P$$

$$\underset{\oplus}{V(r)} = \frac{1}{L(\underset{\ominus}{r_b-r_m}, \underset{\ominus}{r_e-r_m}, \underset{\ominus}{\pi-r_m})}$$

Episode
에·피·소·드

경제기사로 보는 거시경제: 화폐유통속도

본문에서 살펴본 화폐유통속도가 작아진다는 것은 그만큼 시중에 자금순환이 활발하지 않다는 의미로 해석될 수 있다. 아래 기사(매경, 2014.4.13.)에서는 2014년 당시 우리나라의 화폐유통속도가 떨어졌다는 사실을 통해 우리나라 경기를 진단하고 있다.

========================= 이하 기사 원문 =========================

원문: http://news.mk.co.kr/newsRead.php?no=578901&year=2014

A9 사상 최저로 떨어지는 통화유통속도

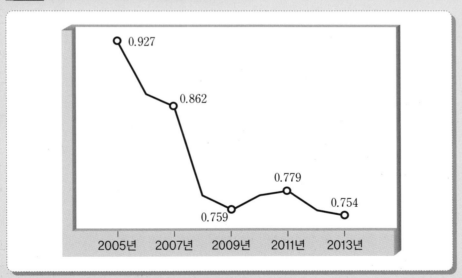

* 각 연도는 4분기 기준. 한은 국민계정, 통화량 지표분석

'돈의 회전율'을 뜻하는 통화유통속도가 2008년 글로벌 금융위기 때보다도 낮아지면서 사상 최저치로 떨어졌다. 시중에 많이 풀린 돈이 예전만큼 소비와 투자 등 실물경제 활성화로 이어지지 않는다는 의미다. 한국은행 통화정책이 제대로 작동하지 않고 있다는 지적도 나온다.

Episode

한은이 최근 발표한 2013년 국민계정과 통화량 지표를 매일경제가 분석한 결과 지난해 4분기 통화유통속도는 0.754로 사상 최저치를 기록했다.

통화유통속도(v)는 명목 국내총생산(GDP)을 통화량(M_2)으로 나눠 한 단위 통화가 GDP에 얼마나 기여했는지 알아보는 지표다.

미국 연방준비제도이사회(FRB)는 시중 자금 회수를 고려할 때 통화유통속도를 가장 중요한 지표 중 하나로 꼽고 있다. 통화유통속도 하락은 한은이 시중에 돈은 많이 풀었지만 그렇게 늘어난 돈이 경제활동으로 제대로 이어지지 않고 있다는 뜻이다.

2005년 4분기 0.927이었던 통화유통속도는 2006년 4분기 0.876, 2007년 4분기 0.862로 0.8선 위를 오르내리다 글로벌 금융위기가 찾아온 2008년부터 큰 폭으로 하향 곡선을 그렸다.

경기회복 추세와 함께 통화 완화정책 효과가 나오면서 통화유통속도는 2010년 4분기 0.775, 2011년 4분기 0.779로 반등했다. 하지만 유럽 재정위기 이후인 2012년 4분기 0.760으로 하락했고, 지난해 4분기에는 사상 최저치까지 떨어진 것이다.

임희정 현대경제연구원 연구위원은 "시중에 유동성이 많이 풀렸지만 그것이 생산적인 곳으로 가지 않고 다시 중앙은행으로 흡수되는 현상이 반복되고 있다"고 설명했다.

이와 함께 통화유통속도 하락은 한은 통화·금리정책이 제대로 작동하지 않기 때문이라는 지적도 있다.

이론상으로는 중앙은행이 금리를 낮추면 투자가 증가해야 하지만, 실제로는 금리를 낮춰도 투자가 늘어나지 않고 있다.

그만큼 통화정책 유효성이 떨어지는 상황이라는 것이다. 오정근 한국경제연구원 초빙연구위원은 "중앙은행 통화정책 수단으로는 공개시장 조작, 지급준비율조작, 재할인 정책 등이 있지만 한은은 공개시장조작만 하고 있다. 다른 정책을 가동하는 것도 고민할 필요가 있다"고 말했다.

[매경 최승진 기자·이현정 기자]

연 습 문 제

01 화폐수요의 결정요인인 기회비용과 규모변수에 대해 설명하시오.

02 교환방정식의 3가지 활용에 대해 설명하시오.

03 거래적 화폐수요를 설명하는 이론인 거래잔액설과 현금잔액설의 공통점과 차이점에 대해 설명하시오.

04 마샬의 k란 무엇인가?

05 케인즈의 화폐수요의 3가지 동기에 대해 설명하시오.

06 케인즈의 경우 개인(i)의 투기적 화폐수요를 도출하시오.

07 케인즈의 경우 경제전체의 투기적 화폐수요를 도출하시오.

08 보몰과 토빈의 거래적 화폐수요는 어떤 변수에 영향을 받는가?

09 보몰과 토빈의 거래적 화폐수요에는 규모의 경제가 있다는 것의 의미를 설명하시오.

10 케인즈의 불확실성의 개념과 토빈의 불확실성의 개념을 비교하여 설명하시오.

11 이자율 변동에 따른 대체효과와 소득효과를 비교하면서 토빈의 투기적 화폐수요를 도출하시오.

10

노동의 수요와 공급

10 | 노동의 수요와 공급

가격과 임금의 완전신축성(complete flexibility)을 가정하는 고전학파와 가격과 임금의 경직성(rigidity)을 가정하는 케인즈학파는 노동시장의 분석에서 차이를 보인다. 이에 따라 실업의 성격에 있어서도 고전학파는 자발적 실업으로 설명하는 반면, 케인즈학파는 비자발적 실업으로 설명한다. 이하에서는 고전학파의 노동시장을 먼저 분석하고 다음에 케인즈학파의 노동시장을 분석하기로 하자.

10.1 고전학파의 노동시장

1. 노동의 수요

노동의 수요를 분석하기 위해 먼저 생산함수를 살펴보자. 기업의 생산함수(production function)는 다음과 같이 노동(L)과 자본(K)의 함수로 설정할 수 있다.

$$Y = F(L, K)$$

단기에 자본이 고정되어 있다고 가정하면 생산함수는 다음의 식 (1)과 같이 노동(N: 고용량)만의 함수로 나타낼 수 있다.

$$Y = f(N), \quad f_N > 0, \quad f_{NN} < 0 \tag{1}$$
$$\underset{\oplus}{}$$

　노동의 투입량이 증가할수록 산출량이 증가한다. 따라서 생산함수는 양($\oplus$)의 기울기를 갖는다($f_N > 0$: 생산함수의 1차 미분). 노동을 추가적으로 1단위 투입했을 때 얻게 되는 산출량의 크기를 노동의 한계생산($f_N = f_N(N)$: marginal product of labor)이라고 한다. 노동의 투입량이 증가할수록 노동의 한계생산은 점점 줄어든다($f_{NN} < 0$: 생산함수의 2차 미분). 따라서 생산함수는 [그림 10-1]과 같은 형태의 곡선으로 표시된다.

　노동(N)의 수요는 기업이 이윤극대화(profit maximization)를 달성하는 수준에서 결정된다. 기업의 이윤(Π: profit)은 산출액($PY = Pf(N)$)에서 노동비용(WN)을 뺀 것이다. 이윤극대화를 위한 이윤함수는 다음과 같다.

$$\underset{N}{\text{Max}} \ Pf(N) - WN$$

　이윤극대화의 조건은 이윤함수의 최대값을 찾는 과정이다. 이윤함수의 최대값에서 기울기는 0이 되므로 이윤극대화의 조건은 이윤함수를 N으로 미분한 값을 0으로 놓는 것이다.

그림 10-1 생산함수

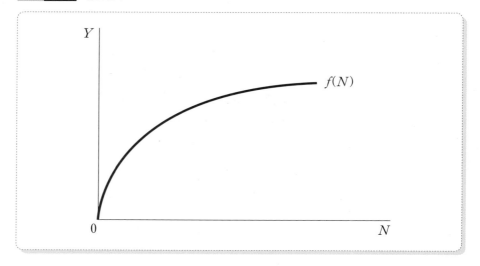

$$\frac{d\Pi}{dN} = Pf_N(N) - W = 0 \tag{2}$$

식 (2)를 정리하면 다음과 같은 노동수요곡선이 도출된다.

$$\frac{W}{P} = f_N(\underset{\ominus}{N^d}) \tag{3}$$

식 (3)을 만족하는 N이 노동수요 N^d가 되며, N^d의 크기는 노동의 한계생산(f_N)과 실질임금($\frac{W}{P}$)이 일치하는 수준에서 결정된다. 즉 기업이 노동자에게 노동의 한계생산만큼 실질임금을 지불할 경우 기업의 이윤은 극대화되며, 이윤극대화에 부합하는 노동수요를 결정할 수 있다. 기업은 실질임금이 높을수록 고용량을 줄여 한계생산을 높게 유지함으로써 이윤극대화를 달성하게 된다. 따라서 노동의 수요곡선은 [그림 10-2]와 같이 우하향한다. 수학적으로 설명하면 $(N, \frac{W}{P})$-좌표에서 노동수요곡선의 기울기는 f_N의 기울기이고, f_N의 기울기는 $f_{NN} < 0$이기 때문에 노동수요곡선의 기울기는 음($\ominus$)의 값을 갖는다.

그림 10-2 노동수요곡선

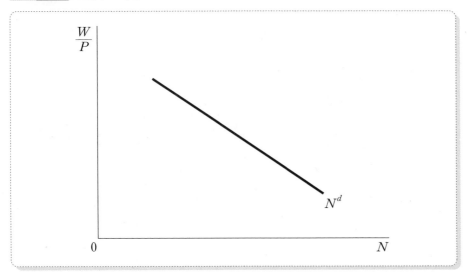

2. 노동의 공급

노동의 공급(N^s)은 실질임금이 상승할수록 증가하므로 노동공급곡선은 기울기는 양($\oplus$)의 값을 갖는다.

$$N^s = g(\underset{\oplus}{\frac{W}{P}}), \quad g'>0 \tag{4}$$

고전학파의 노동수요곡선과 노동공급곡선이 교차하는 균형점에서 균형고용량(N^*)과 균형임금($(\frac{W}{P})^*$)이 결정되는 것이 [그림 10-3]에 나타나 있다. 고전학파는 명목임금의 완전신축성을 가정함으로써 임금이 노동시장에서 수요와 공급의 균형에서 결정된다고 주장하였다. 따라서 고전학파의 노동시장에서는 마찰적 실업과 같은 자발적 실업(voluntary unemployment)만이 존재한다.

그림 10-3 고전학파의 노동시장

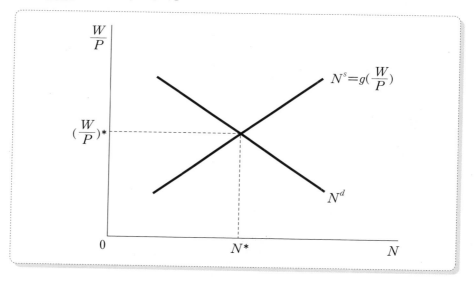

| 고전학파의 노동시장 |

1. 노동수요곡선 : $\dfrac{W}{P} = f_N(N^d), \quad f_{NN} < 0$

$\qquad\qquad\qquad\qquad\ominus$

2. 노동공급곡선 : $N^s = g(\dfrac{W}{P}), \quad g' > 0$

$\qquad\qquad\qquad\qquad\oplus$

3. 고전학파의 자발적 실업

고전학파는 완전경쟁(perfect competition)모형을 근간으로 하여 현재의 실질임금을 노동시장의 수요와 공급의 균형가격으로 보고 있다. 반면에 케인즈학파는 장기에는 노동시장이 균형을 이루지만, 단기 혹은 중기에는 임금의 경직성 (rigidity) 때문에 균형으로의 신속한 조정이 어렵다는 것을 지적함으로써 노동시장이 상당 기간 동안 불균형상태에 놓일 수 있다고 주장한다.

이렇듯 고전학파는 경기순환(business cycle)을 거시적 충격에 의한 균형상태의 변화로 보기 때문에 안정화 정책(stabilization policy)이 불필요하다고 보는 반면, 케인즈학파는 노동시장에서의 불균형으로 인해 실업이 지속될 가능성이 있기 때문에 총수요에 영향을 줄 수 있는 안정화 정책이 필요하다고 본다.

고전학파는 완전경쟁시장하에서 실업이 존재하는 이유를 자발적 실업으로 설명하려고 하였다. 노동자들이 자발적으로 자신에게 주어진 최상의 일자리를 찾는 데 시간이 소요되기 때문에 마찰적 실업이 존재할 수 있다는 것이다.

(1) 탐색이론

탐색이론(job search theory)에서 노동자들은 최상의 기회라고 판단되는 노동기회가 생길 때까지 직장 쇼핑(job shopping)을 하게 된다. 노동자가 서로 다른 임금을 제시하는 고용주에 대한 정보를 수집하는 데 상당한 시간이 소요되기 때문에, 노동시장에서의 탐색행위로 인해 마찰적(frictional) 실업의 기간이 늘어나게 된다. 그러나 노동자의 입장에서 보면 탐색과정을 통해 좀 더 좋은 직장을 얻을 기회가 늘어나기 때문에 실업을 감수하려고 한다. 이와 같이 탐색으로 인한 실업은 자발적(voluntary) 실업이고 일종의 인적자본(human capital)에 대한 투자로 볼 수 있다.

노동자는 순차적인 탐색(sequential search)을 위해서 요구임금(asking wage)을 마음속에 정하고 자신이 생각하기에 최상의 직장을 찾기 위해 탐색에 나선다. 마음속에 정한 요구임금보다 높은 임금이 제시되면 그 직장에 취직을 하고 탐색을 멈추지만, 요구임금보다 낮은 임금이 제시되면 그 직장에 취직을 하지 않고 탐색을 계속하게 된다. 추가적인 탐색에 소요되는 한계비용과 탐색으로 인한 한계혜택(marginal benefit)이 일치하는 수준에 상응하는 임금이 요구임금이 된다.

(2) 기간간 대체 가설

기간간 대체 가설(intertemporal substitution hypothesis)은 임금이 경기순응적이라는 것과 노동공급이 실질임금에 비례한다는 2가지 가정에 기초하고 있다. 생애주기가설에 따르면 노동자는 실질임금이 높은 시기에 노동공급을 늘리고 실질임금이 낮은 시기에는 노동공급을 줄이는 기간간 대체를 하게 된다. 실질임금이 경기순응적(procyclical)이라면 경기침체기에 실질임금이 하락함으로써 노동자들은 노동공급을 자발적으로 줄이게 되어 실업은 증가하게 된다.

임금이 경기순응적이라는 것은 실증분석 결과에 의해 대체로 받아들여지고 있다. 그러나 일반적인 남성 노동자의 노동공급의 임금탄력성은 매우 낮기 때문에 경기침체기의 실업을 자발적 실업으로 보기는 쉽지 않다.

| 고전학파의 자발적 실업의 원인 |

1. 탐색이론 : 최상의 기회라고 판단되는 노동기회가 생길 때까지 직장 쇼핑을 함
2. 기간간 대체 가설 : 경기침체기에 실질임금의 하락으로 노동공급을 자발적으로 줄이게 됨

---

(3) 자연실업률

자연실업률(natural rate of unemployment)은 고전학파 전통의 통화주의자인 프리드만(M. Friedman)이 처음으로 제안한 개념이다. 자연실업률은 다양하

게 정의되고 있다.

첫째 실제 인플레이션율과 기대인플레이션율이 같은 상태에서의 실업률이다. 둘째 총수요 변동과 관계없는 마찰적 실업과 구조적 실업의 합계이다. 셋째 호황이나 불황이 아닌 상태에서 실질GDP가 잠재GDP와 같을 때의 실업률이다. 넷째 경기변동상의 평균적 실업률이다. 다섯째 총공급 충격이 없을 때 장기적으로 인플레이션을 가속시키지 않는 수준의 실업률(NAIRU: non-accelerating inflation rate of unemployment)이다. 여섯째 완전고용 실업률이다.

완전고용하의 실업률인 자연실업률이 영(0)보다 큰 이유는 경제가 완전고용이 된 상태에서도 정보의 불완전성 때문에 마찰적 실업이 존재할 수밖에 없고, 장기적으로 경제구조의 변화로 사양산업이 생기므로 구조적 실업도 불가피하다. 이와 같이 마찰적 실업과 구조적 실업 때문에 자연실업률이 영(0)보다 크다. 미국의 자연실업률은 5% 내외이고 한국의 자연실업률은 3% 내외로 추정되고 있다.

| 자연실업률 |

1. 실제 인플레이션율과 기대인플레이션율이 같은 상태에서의 실업률
2. 총수요 변동과 관계없는 마찰적 실업과 구조적 실업의 합계
3. 호황이나 불황이 아닌 상태에서 실질GDP가 잠재GDP와 같을 때의 실업률
4. 경기변동상의 평균적 실업률
5. 총공급 충격이 없을 때 장기적으로 인플레이션을 가속시키지 않는 수준의 실업률
6. 완전고용 실업률

10.2 케인즈학파의 노동시장

1. 노동의 수요

케인즈학파는 가격과 임금의 경직성을 가정한다. 특히 명목임금(nominal wage)이 하락하지 않는 하방경직성(downward rigidity)을 가정한다. 케인즈학파의 경우 노동시장에서 명목임금은 느리게 조정되기 때문에 일정기간 내에서 명목임금은 주어진 값에서 변동하지 않는다고 가정할 수 있다. 이런 의미에서 분석의 단순화를 위해 명목임금이 경직적이라는 것을 명목임금이 불변($\overline{W}$)인 것으로 해석하고자 한다.

노동(N)의 수요는 기업이 이윤극대화를 달성하는 수준에서 결정된다. 고전학파의 경우와 동일한 방법으로 이윤극대화를 만족시키는 노동수요곡선은 다음과 같다.

$$\frac{\overline{W}}{P} = f_N(\underset{\ominus}{N^d}) \tag{5}$$

식 (5)를 만족하는 노동수요(N^d)의 크기는 노동의 한계생산(f_N)과 실질임금($\frac{\overline{W}}{P}$)이 일치하는 수준에서 결정된다. 기업은 실질임금이 높을수록 고용량을 줄여 한계생산을 높게 유지함으로써 이윤극대화를 달성하게 된다. 따라서 노동수요곡선의 기울기는 고전학파의 경우와 같이 음($\ominus$)의 값을 갖는다.

2. 노동의 공급

케인즈학파는 명목임금의 경직성($\overline{W}$)을 가정함으로써 임금이 노동시장에서 수요와 공급의 균형에서 결정되지 않는다고 주장하였다. 특히 명목임금의 하방경직성하에서 노동의 수요와 공급이 일치하지 않는 비자발적 실업이 존재한다고 한다.

이 경우 실제 고용량은 노동의 수요와 공급이 일치하는 수준에서 결정되는 것이 아니라, 실질임금에 상응하는 노동수요에 의해 결정된다. 케인즈학파의 노

그림 10-4 케인즈학파의 노동시장

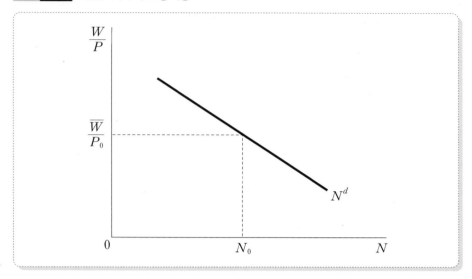

동시장은 [그림 10-4]에 요약되어 있다. 물가가 P_0이고 주어진 명목임금이 $\overline{W}$ 일 때 실질임금은 $\dfrac{\overline{W}}{P_0}$가 된다. 실질임금이 결정되면 이에 상응하여 실제 고용량은 기업의 노동수요곡선에 의해 N_0로 결정된다.

> | 케인즈학파의 노동시장 |
>
> 1. 명목임금의 경직성 : $W = \overline{W}$
> 2. 노동수요곡선 : $\dfrac{\overline{W}}{P} = f_N(N^d), \quad f_{NN} < 0$
> $\ominus$

3. 케인즈학파의 비자발적 실업

케인즈학파는 구조적으로 또는 제도적인 요인으로 실업이 존재함으로써 노동자들이 원하지 않더라도 실업 상태에 놓일 수 있다고 주장하였다. 이를 비자발적 실업(involuntary unemployment)이라 한다. 예를 들어 새로운 기술의 발전으로 기업이 더 이상 기존의 기술을 보유한 노동자를 필요로 하지 않는 경우나 소비자 수요의 변화로 산업구조가 개편이 되는 경우에는 해당 노동자나 구직자는 장기간 실업상태에 빠질 수 있다. 이러한 비자발적 실업을 구조적 실업(structural unemployment)이라 한다. 비자발적 실업이 존재하는 이유를 설명하는 이론에는 최저임금제, 효율임금이론, 내부근로자–외부근로자 이론, 기업 간 시간차 임금계약 및 가격책정 등이 있다.

(1) 최저임금제

제도적으로 최저임금(minimum wage)을 균형임금보다 높게 설정하면 노동시장에서 공급은 증가하나 수요가 감소하여 초과공급이 발생한다. 이러한 초과공급이 비자발적 실업이 된다. [그림 10-5]와 같이 최저임금제를 시행함에 따라 경직적인 명목임금이 $\overline{W}_0$에서 $\overline{W}_1$으로 상승하고 이에 따라 실질임금도 $\frac{\overline{W}_0}{P_0}$에서 $\frac{\overline{W}_1}{P_0}$로 상승하면, 노동수요가 점 a에서 점 b로 이행함에 따라 기업의 고용량이 N_0에서 N_1으로 감소함으로써 실업이 발생하게 된다.

최저임금제의 취지는 최저생계비를 보장하여 노동자의 복지를 향상시키는 것이지만 오히려 기존의 노동자를 시장에서 몰아내어 실업상태에 빠지게 하는 부작용도 있다.

그림 **10-5** 최저임금제하의 비자발적 실업

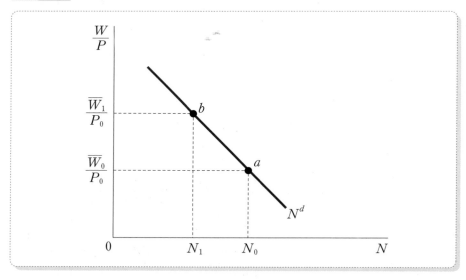

(2) 효율임금이론

효율임금(efficiency wage)이란 실질임금이 높아지면 근로의욕(work effort)
과 생산성이 높아진다는 가정하에 균형임금보다 높게 지급함으로써 노동자가 보
다 효율적이 되게 하는 임금을 말한다.

기업이 균형실질임금보다 높은 효율임금을 유지하는 이유에는 몇 가지가 있
다. 첫째 실질임금이 높아지면 노동자가 다른 일자리를 구할 필요가 줄어들기 때
문에 노동의 이직률(labor turnover ratio)이 낮아진다. 기업의 입장에서 이직률
이 낮다는 것은 교육 및 연수비용을 절감할 수 있는 기회가 된다.

둘째 노동자는 일단 고용이 되면 근로를 제공하는 데 있어서 태만(shirking)
할 수 있는 도덕적 해이 또는 도덕적 위험(moral hazard)의 문제가 발생할 수
있다. 이럴 경우 기업이 높은 실질임금을 제공한다면 노동자가 태만으로 해고될
경우의 기회비용이 커질 것이다. 따라서 기업은 노동자에게 효율임금을 지급하
여 태업할 가능성을 줄임으로써 생산성을 높일 수 있다.

셋째 노동자의 생산성에 대해 기업이 정확히 알지 못하는 비대칭성(asym-
metry)이 존재할 경우 모든 노동자에게 일률적으로 평균 실질임금을 지급한다
면, 평균 이상의 생산성을 지닌 노동자는 이직을 할 것이고 평균 이하의 생산성

그림 10-6 효율임금하의 비자발적 실업

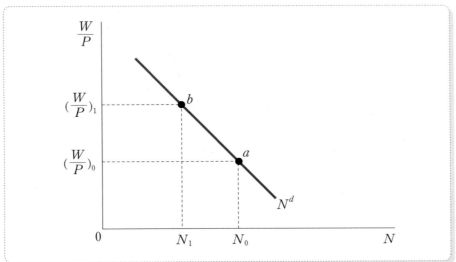

을 지닌 노동자만 남게 될 것이다. 이럴 경우 기업의 입장에서는 원하는 노동자를 선택하지 못하고 원하지 않는 노동자만 선택하게 되는 바람직하지 못한 상태에 직면하게 된다. 이러한 역선택(adverse selection)의 문제를 방지하기 위해 기업은 평균 실질임금보다 높은 효율임금을 지급할 유인이 생긴다.

[그림 10-6]과 같이 효율임금을 시행함에 따라 실질임금이 $(\frac{W}{P})_0$에서 $(\frac{W}{P})_1$으로 상승하면 노동수요가 점 a에서 점 b로 이행하게 되어 기업의 고용량이 N_0에서 N_1으로 감소함으로써 실업이 발생하게 된다.

(3) 내부근로자-외부근로자 이론

내부근로자(insider)란 이미 고용이 된 노동자로서 해당 기업의 임금 및 고용정책에 영향력을 미치는 사람을 말하고, 외부근로자(outsider)란 해당 기업에 고용되지 않았지만 현재 지급하는 임금보다 낮은 임금으로도 고용될 의사가 있는 사람을 말한다.

내부근로자는 특화된 기술을 가지고 있거나 독점적 협상력을 지닌 노동조합의 도움으로 높은 실질임금을 유지할 수 있다. 기업의 입장에서도 내부근로자에게 높은 실질임금을 지급함으로써 양질의 노동력을 지속적으로 사용할 수 있는 유인을 갖는다. 따라서 내부근로자와 기업이 협상하여 결정한 높은 실질임금으로 인해 외부근로자는 해당 기업에 고용될 기회를 잃게 된다. 이러한 결과 비자발적 실업이 발생하게 된다.

[그림 10-7]과 같이 기업과 내부근로자 간에 높은 실질임금의 지급을 합의함에 따라 실질임금이 $(\frac{W}{P})_0$에서 $(\frac{W}{P})_1$으로 상승하면 노동수요가 점 a에서 점 b로 이행하게 되어 기업의 고용량이 N_0에서 N_1으로 감소함으로써 실업이 발생하게 된다.

(4) 기업간 시간차 임금계약 및 가격책정

기업과 노동자 간의 명목임금에 대한 계약의 체결이 매년 동시적으로 일어나는 것이 아니라 1년 중에 순차적으로 일어난다고 가정하면 노동자들이 명목임금을 변경하는 시기가 기업마다 다르게 된다. 이와 같은 임금계약을 테일러(J. Taylor)는 기업간 시간차 임금계약 또는 중첩적 임금계약(staggered wage contract)이라 불렀다. 이 경우 특정 시점에서 명목임금을 인상하는 계약을 체결하는 기업은 전체 기업 중에서 일부분이다. 일부분의 기업과 노동자가 임금인상

그림 10-7 내부근로자-외부근로자 이론하의 비자발적 실업

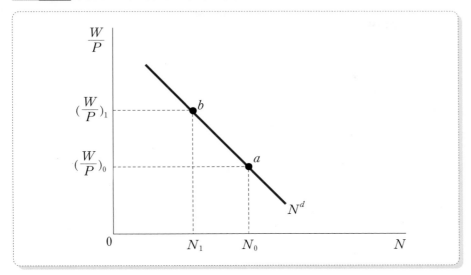

에 대해 협상할 때 명목임금의 절대수준뿐만 아니라 기업간 상대적 수준도 고려해야 하기 때문에, 명목임금을 원하는 수준으로 충분히 인상하지 못하고 부분적으로만 인상하게 된다. 한편 기업은 가격조정에 있어서도 시간차를 두고 행하는 경우가 많다. 이를 기업간 시간차 가격책정 또는 중첩적 가격책정(staggered price setting)이라 한다.

이와 같이 임금인상의 요인을 전부 반영하지 못하고 부분적으로 반영하는 현상과 가격책정이 순차적으로 이루어지는 현상에서 명목임금의 경직성과 가격조정의 완만성을 설명할 수 있다. 양($\oplus$)의 수요충격이 발생하여 물가상승의 압력과 고용 및 국민소득 증가의 압력이 발생한 경우에도, 명목임금의 경직성($\overline{W}$)하에서 가격상승이 P_0에서 P_1으로 완만하게 이루어지면 [그림 10-8]과 같이 실질임금이 $\frac{\overline{W}}{P_0}$에서 상당 기간 동안 머물다가 서서히 $\frac{\overline{W}}{P_1}$로 하락하게 된다. 따라서 가격조정이 되어 물가가 상승하고 실질임금이 $\frac{\overline{W}}{P_1}$로 하락하기 전까지는 노동수요가 점 a에 머물게 되므로 $\frac{\overline{W}}{P_0}$에서 실질임금의 하락이 지연된다. 이에 따라 고용이 N_0에서 변동이 없게 된다. 그 결과 N_0에서 N_1으로 고용의 증가가 지연되어 비자발적 실업이 발생하게 된다.

그림 10-8 기업간 시간차 임금계약과 가격책정하의 비자발적 실업

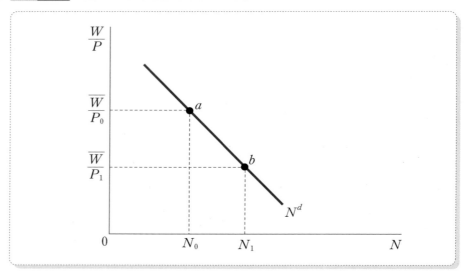

| 케인즈학파의 비자발적 실업의 원인 |

1. 최저임금제 : 제도적으로 최저임금을 균형명목임금보다 높은 명목임금으로 책정
2. 효율임금이론 : 이직, 태만의 도덕적 해이 또는 도덕적 위험, 양질의 노동자를 잃게 되는 역선택의 문제를 해결하기 위해 균형실질임금보다 높은 효율임금을 지급
3. 내부근로자-외부근로자 이론 : 내부근로자에게 높은 실질임금을 지급함으로써 양질의 노동력을 지속적으로 사용할 수 있는 유인이 있음
4. 기업간 시간차 임금계약 및 가격책정 : 명목임금의 경직성하에서 완만한 가격상승으로 실질임금의 하락이 지연됨

10.3 고용통계

근로의 능력과 근로의 의사를 기준으로 전체인구를 구분하여 고용통계를 작성한다. [표 10-1]은 우리나라 고용통계의 분류를 나타내고 있다. 근로의 능력이 있는지의 여부는 15세를 기준으로 한다. 15세 이상의 인구를 근로연령인구(working-age population), 생산활동가능인구 또는 생산연령인구라 한다. 15세 이상의 인구는 매월 15일 현재 대한민국에 상주하는 만15세 이상인 자로서, 현역군인 및 공익근무요원, 상근예비역(출퇴근 군인, 병장전역), 전투경찰(의무경찰 포함), 형이 확정된 교도소 수감자, 소년원 및 치료감호소 수감자, 경비교도대 등은 제외된다.

근로의 능력이 있는 15세 이상의 인구 중에서 근로의 의사가 있는 인구를 경제활동인구(economically active population) 또는 노동력(labor force)이라 하고, 근로의 의사가 없는 인구를 비경제활동인구(not economically active population)라 한다. 비경제활동인구에는 가정주부, 학생, 연로자, 불구자, 구직단념자 등이 포함된다.

경제활동인구 중에서 실제로 고용된 인구를 취업자(employed)라 하고 고용되지 못한 인구를 실업자(unemployed)라 한다. 경제활동인구조사에서 취업자란 조사대상 1주일 동안 1시간 이상 수입을 목적으로 일한 사람이나, 가족이 경영하는 사업장, 농장 등에서 조사대상 1주일 동안 18시간 이상 일한 무급 가족종사자를 말한다. 실업자는 조사대상 주간에 수입을 목적으로 일을 하지 않았고, 지난 4주간에 구직업체를 찾아간다든지 또는 전화를 걸어보는 등 적극적으로 일자리를 찾아보았으며, 고용이 되면 즉시 일할 수 있는 능력과 여건이 구비된 사람을 말한다.

실업률은 경제활동인구 중에서 실업자의 비율이고, 취업률 또는 고용률은 15

[표 10-1] 고용통계의 분류

전체인구			
15세 미만 인구	15세 이상 인구		
	비경제활동인구	경제활동인구	
		취업자	실업자

[표 10-2] 우리나라의 고용통계   (단위: 만 명)

	2000	2005	2010	2015	2020
추계인구	4,599	4,704	4,799	5,107	5,184
15세 이상 인구	3,619	3,811	4,082	4,323	4,479
경제활동인구[1]	2,215(61.2%)	2,371(62.2%)	2,496(61.1%)	2,715(62.8%)	2,801(62.5%)
취업자[2]	2,117(58.5%)	2,283(59.9%)	2,403(58.9%)	2,618(60.5%)	2,690(60.1%)
실업자[3]	97(4.4%)	88(3.7%)	92(3.7%)	97(3.6%)	111(4.0%)
비경제활동인구	1,404	1,440	1,587	1,609	1,677

출처: 통계청
주 1: (   )내는 경제활동참가율(= 경제활동인구/15세 이상 인구)
   2: (   )내는 취업률 또는 고용률(= 취업자/15세 이상 인구)
   3: (   )내는 실업률(= 실업자/경제활동인구)

세 이상의 인구 중에서 취업자의 비율이다. 그리고 경제활동참가율(economic activity participation rate)은 15세 이상의 인구 중에서 경제활동인구의 비율이다.

[표 10-2]에는 우리나라의 고용통계가 표시되어 있다. 2020년의 인구는 5,184만 명이고 15세 이상 인구 4,479만 명 중에서 경제활동인구가 2,801만 명이고 비경제활동인구가 1,677만 명으로서 경제활동참가율이 62.5%이었다. 경제활동인구 중에서 취업자가 2,690만 명이고 실업자가 111만 명으로서 취업률 또는 고용률은 60.1%이고 실업률은 4.0%이었다. 고용통계에서 실업자가 구직을 단념하여 비경제활동인구로 분류가 되면 실업률이 하락하는 문제점이 있다.

Episode

에 · 피 · 소 · 드

데이터로 보는 거시경제: 우리나라와 주요 선진국의 실업률

2014년 12월 현재 우리나라의 실업률은 3.4% 수준이다. 언론에서 우리나라 실업률의 등락에 대한 뉴스를 항상 접하지만, 우리나라 실업률만으로 이것이 어떤 수준인지 파악하기 힘든 경우가 있다. 〈그림 A10〉은 우리나라를 비롯한 주요 선진국들의 실업률을 나타내고 있는데, 우리나라의 실업률은 비교하고 있는 선진국들 중 가장 낮은 수준이라고 할 수 있다. 물론 유럽의 경우 높은 복지수준을 유지하고 있다는 점을 고려할 필요가 있고, 우리나라의 경우 실업률 자체보다는 청년실업 문제가 더 심각하다는 점 등을 고려할 필요가 있지만, 우리나라가 실업률 지표상으로는 건전한 수준이라는 점은 분명하다.

A10 주요 선진국 실업률 추이

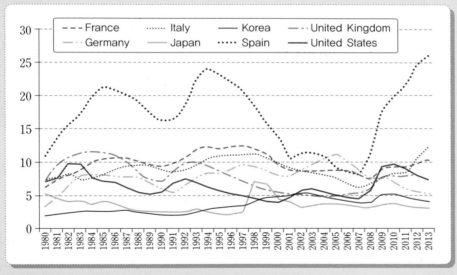

출처: IMF World Economic Outlook Database (October 2014)

경제기사로 보는 거시경제: 우리나라의 청년 실업률

앞에서 살펴본 바와 같이 우리나라의 실업률 자체는 여타 선진국에 비해 낮은 편이지만, 청년실업률이 점차 높아지고 있어 사회 문제가 되고 있다. 아래 기사(연합뉴스, 2015.1.29.)는 우리나라 서울시의 청년실업률이 10%를 넘었다는 사실을 전하고 있다.

======================== 이하 기사 원문 ========================

원문: http://www.yonhapnews.co.kr/society/2015/01/28/0706000000AKR 20150128
160800004.HTML

작년 서울 청년 실업률 2000년 이후 처음 10% 넘어
55세 이상 고용률은 46.4%로 통계작성 이래 최고치

지난해 서울 청년(15~29세) 실업률이 통계 작성 이래 처음으로 10%대를 기록해 '청년실업'의 심각성을 실감하게 했다.

28일 서울시가 발간한 '서울 고용구조 변화 및 특징' 통계를 보면 지난해 서울의 전체 실업자는 24만 1천명으로 전년(21만명)보다 14.8%(3만 1천명) 증가했다. 이 증가 폭은 관련 통계를 작성하기 시작한 2000년 이후 최대 수준이다.

특히 청년 실업자는 전년(8만 3천명)보다 20.5%(1만 7천명) 증가한 10만명을 기록, 이 역시 2000년 이후 최대치를 기록했다.

30~59세 중·장년 실업자는 12만 3천명으로 전년보다 8.8%(1만명), 60세 이상 실업자는 1만 7천명으로 전년보다 21.4%(3천명) 늘었다.

전체 실업률은 4.5%로 2013년(4.0%)보다 0.5%포인트 높아졌다.

청년 실업률의 경우 전년(8.7%)에 비해 1.6%포인트 상승한 10.3%에 달해 관련 통계를 내기 시작한 2000년 이후 처음으로 10%대를 넘어섰다.

고용률 분야에선 55세 이상 취업자 증가가 눈에 띄었다.

지난해 만 15세 이상 취업자는 514만 6천명으로 10년 전(483만 1천명)보다 31만 5천명이 늘어 통계 작성 이래 최대치를 기록했으며, 이는 55세 이상 취업자 증가가 반영된 결과다.

55세 이상 취업자는 2004년 63만 3천명에서 지난해 111만 5천명으로 48만 2천명 늘었다. 반면, 지난해 15~29세 청년 취업자는 87만 2천명으로 10년 전보다 오히려 27만 7천명 줄었다.

Episode

    지난 1989년에는 전체 취업자 중 청년층이 35.9%였고 55세 이상이 6.6%에 불과했으나, 지난해에는 55세 이상이 21.7%로 높아지고 청년층이 16.9%로 하락했다.

    55세 이상 취업자 비중은 이미 2012년부터 청년층을 추월하기 시작했다.

    또 연령별 인구대비 취업자 비중인 고용률을 보면, 지난해 청년층 고용률은 43.7%로 외환위기 직후인 1998년 수준으로 하락했지만 55세 이상은 46.4%로 1989년 이래 최대 수준을 기록했다.

[연합뉴스 이정현 기자]

연 습 문 제

01 고전학파와 케인즈학파의 노동수요곡선을 이윤극대화의 원리를 통하여 도출하시오.

02 고전학파의 자발적 실업이론인 탐색이론에 대해 설명하시오.

03 고전학파의 자발적 실업이론인 기간간 대체 가설에 대해 설명하시오.

04 자연실업률을 6가지 측면에서 정의하시오.

05 케인즈학파의 노동시장에서 고용량은 어떻게 결정되는가?

06 케인즈학파의 비자발적 실업이론인 최저임금제에 대해 설명하시오.

07 케인즈학파의 비자발적 실업이론인 효율임금이론에 대해 설명하시오.

08 케인즈학파의 비자발적 실업이론인 내부근로자-외부근로자 이론에 대해 설명하시오.

09 케인즈학파의 비자발적 실업이론인 기업간 시간차 임금계약 및 가격책정에 대해 설명하시오.

10 실업률, 취업률(고용률), 경제활동참가율을 구하는 식을 쓰시오.

11 실업자가 구직을 단념하여 비경제활동인구로 분류가 되면 실업률은 어떻게 변동하는가?

인플레이션 이론

S L I M
M A C R O
E C O N O M I C S

11 인플레이션 이론

인플레이션(inflation)이란 물가가 지속적으로 상승하여 화폐가치(가격)가 떨어지는 현상이다. 이런 의미에서 인플레이션은 시간의 흐름 속에서 정의되는 동태적 현상(dynamic phenomenon)이다. 따라서 인플레이션을 적절히 분석하기 위해서는 시간의 흐름을 명시적으로 고려하는 동태모형(dynamic model)을 이용해야 한다. 그러나 인플레이션에 대한 초기의 분석은 시간의 흐름이 없는 정태모형(static model)에 의존하였다. 정태모형은 물가의 일회적 상승을 설명하는 데는 적합한 모형이나, 물가의 지속적 상승을 설명하는 데는 적합하지 않은 모형이다.

인플레이션에 대한 정태모형은 최초의 균형점과 새로운 균형점의 비교를 통하여 물가상승을 설명한다는 의미에서 비교정태분석(comparative static analysis)이라 한다. 비교정태분석을 통하여 인플레이션의 원인을 설명하는 이론으로는 수요견인설과 비용인상설이 있다. 수요견인설은 정부지출의 증가, 조세의 감소, 화폐량의 증가 등 총수요의 증가를 인플레이션의 원인으로 보는 이론이다. 이에 비해 비용인상설은 임금율이나 이윤율의 인상, 유가 상승 등 총공급상의 비용증가를 인플레이션의 원인으로 보는 이론이다. 수요견인설과 비용인상설은 정태모형인 $IS-LM$모형과 $AD-AS$모형을 통하여 분석할 수 있다.

정태모형의 문제점을 해결한 동태모형으로서 필립스곡선을 이용한 모형이 있다. 필립스곡선(Phillips curve)은 인플레이션율과 실업률의 관계를 그래프로 나타낸 것이다. 필립스곡선을 이용한 모형에는 필립스의 모형, 프리드만의 모형, 루카스의 모형이 있다. 필립스의 모형과 달리 프리드만의 모형과 루카스의 모형에서는 기대변수가 도입된다. 미래의 인플레이션에 대한 기대는 경제주체의 의사결정에 영향을 미침으로써 현재의 실제 인플레이션의 변동을 초래한다. 인플레이션에 대한 기대방식으로 프리드만의 모형에서는 적응적 기대가 사용되었으며, 루카스의 모형에서는 합리적 기대가 사용되었다.

필립스에 의하여 인플레이션과 실업간의 상충관계(trade-off)가 제시된 후 필립스곡선은 많은 경제학자의 연구대상이 되어 왔다. 프리드만에 의하면 필립스곡선의 상충관계는 단기적 현상이며 장기적으로는 상충관계가 소멸된다고 하였다. 그리고 루카스는 합리적 기대하에서 경제주체들이 정보부족으로 인해 경제상황을 오인하기 때문에 인플레이션과 실업간에 상충관계가 존재한다고 하였다.

이하에는 수요견인설과 비용인상설의 비교정태이론을 살펴본 후, 동태모형인 필립스곡선을 필립스의 모형, 프리드만의 모형, 루카스의 모형 순으로 설명하고자 한다.

| 인플레이션 이론 |

1. 인플레이션의 정의 : 물가가 지속적으로 상승하여 화폐가치가 떨어지는 현상
2. 비교정태이론 : 물가의 일회적 상승에 대한 설명에 적합한 이론
3. 동태모형 : 물가의 지속적 상승에 대한 설명에 적합한 이론

11.1 비교정태이론

1. 수요견인설

수요견인설(demand-pull theory)은 수요가 공급보다 큰 초과수요(excess demand)가 발생할 경우 물가가 상승한다는 이론이다. 따라서 완전고용 국민소득보다 높은 수준으로 수요를 확대할 경우 인플레이션이 발생한다. 여기에는 고전학파 전통의 통화주의자의 이론과 케인즈학파의 이론이 있다.

(1) 고전학파 전통의 통화주의자의 이론

고전학파 전통의 통화주의자의 경우 투자는 이자율에 많은 영향을 받지만 화폐수요는 이자율에 별 영향을 받지 않는다고 보았다. 따라서 완만한 IS곡선과 가파른 LM곡선을 상정하였다. 이럴 경우 통화주의자는 AD곡선을 이동시키는 정부지출(G), 조세(T), 화폐량(M) 중에서 화폐량의 증가 등 확대통화정책이 인플레이션의 원인이라고 설명하였다.

[그림 11-1]과 같이 화폐량(M)이 M_0에서 M_1으로 증가하면 1단계로 LM곡선과 AD곡선이 오른쪽으로 이동함에 따라 원래의 물가수준(P_0)하에서 초과수요가 발생한다(점A → 점B). 2단계로 초과수요가 발생하여 물가가 P_0에서

그림 11-1 통화주의자의 수요견인설 : 화폐량 증가($M_0 < M_1$)의 효과

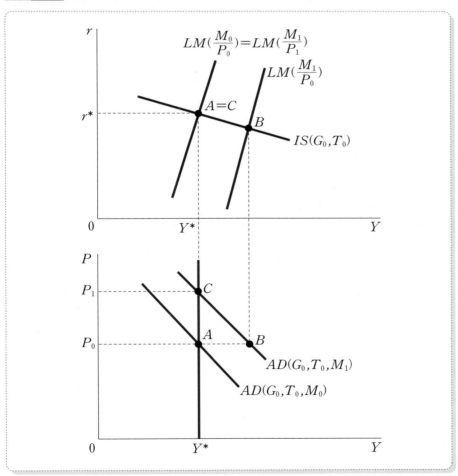

P_1으로 상승하면 LM곡선이 왼쪽으로 이동한다. LM곡선의 왼쪽 이동은 초과수요가 사라질 때까지 진행된다. 즉 수직선 형태의 AS곡선상의 국민소득(Y^*)에 부합되는 수준까지 왼쪽으로 이동한다(점B → 점C). 그 결과 국민소득과 이자율은 변동이 없고, 물가만 P_0에서 P_1으로 상승한다.

결국 화폐량 증가로 인한 총수요의 증가가 수요견인 인플레이션(demand pull inflation)의 주요 원인이 된다. 이 경우 정부지출의 증가나 조세의 감소인 IS곡선의 오른쪽 이동은 총수요와 물가에 별 영향을 주지 못한다.

통화주의자인 프리드만은 "인플레이션은 언제 어디서나 화폐적 현상이다 (Inflation is always and everywhere a monetary phenomenon)"라는 유명한 명제를 제시하였다. 이러한 명제는 화폐량의 증가가 수요견인 인플레이션의 원인이라는 통화주의자의 이론을 대변하고 있다.

화폐수량설의 전통을 이어받은 프리드만 등 통화주의자의 수요견인설은 교환방정식으로부터 도출할 수도 있다.

$$M^s V = P y \qquad (1)$$

식 (1)을 물가에 대해 정리하면 다음과 같다.

$$P = \left(\frac{V}{y}\right) M^s = \left(\frac{\overline{V}}{y_f}\right) M^s \qquad (2)$$

유통속도가 거래관습상 일정($\overline{V}$)하고 실질GDP가 완전고용(full employment) 수준(y_f)에 있다면 식 (2)로부터 물가는 화폐공급에 비례한다는 물가이론이 도출된다.

(2) 케인즈학파의 이론

케인즈학파의 경우 투자는 기업가의 동물적 감각(animal spirit)에 많이 의존하기 때문에 이자율에 별 영향을 받지 않지만, 화폐수요는 이자율에 많은 영향을 받는다. 따라서 가파른 IS곡선과 완만한 LM곡선을 상정하였다. 이럴 경우 케인즈학파는 AD곡선을 이동시키는 정부지출(G), 조세(T), 화폐량(M) 중에서 정부지출의 증가나 조세의 감소 등 확대재정정책이나 독립투자의 증가가 인플레이션의 원인이라고 설명하였다.

[그림 11-2]와 같이 정부지출(G)이 G_0에서 G_1으로 증가하면 1단계로 IS곡선과 AD곡선이 오른쪽으로 이동함에 따라 원래의 물가수준(P_0)하에서 초과수요가 발생한다(점A → 점B). 2단계로 초과수요가 발생하여 물가가 P_0에서 P_2로 상승하면 LM곡선이 왼쪽으로 이동한다. LM곡선의 왼쪽 이동은 초과수요가 사라질 때까지 진행된다(점B → 점C). 그 결과 국민소득은 Y_0에서 Y_2로 증가하고, 이자율은 r_0에서 r_2으로, 물가는 P_0에서 P_2로 상승한다. 결국 정부지출의 증가나 조세의 감소로 인한 총수요의 증가가 수요견인 인플레이션의 주요 원인이 된다. 이 경우 화폐량의 증가인 LM곡선의 오른쪽 이동은 총수요와 물가에 별 영향을 주지 못한다.

그림 11-2 케인즈학파의 수요견인설 : 정부지출 증가($G_0 < G_1$)의 효과

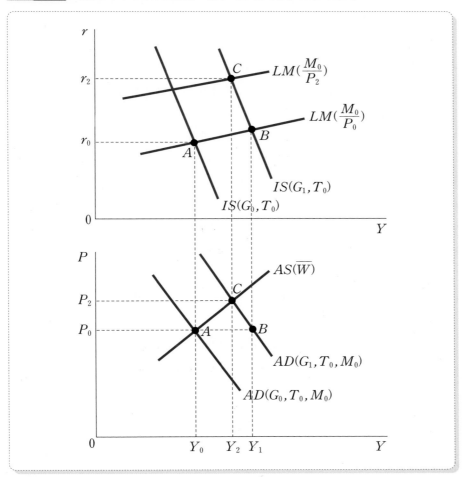

| 수요견인설에 의한 인플레이션의 원인 |

1. 고전학파 전통의 통화주의자의 이론
   AD곡선의 이동변수 중 화폐량(M)의 증가
2. 케인즈학파의 이론
   AD곡선의 이동변수 중 정부지출(G)과 독립투자의 증가나 조세(T)
   의 감소

2. 비용인상설

비용인상설(cost-push theory)은 임금상승이나 공급측 충격으로 인한 유가상승 등으로 물가가 상승한다는 이론이다. 수요견인설과는 달리 비용인상설은 자원이 완전고용에 이르기 전에도 임금상승이나 유가상승과 같은 공급측 충격이 비용을 상승시켜 인플레이션을 발생시킬 수 있다고 한다. 1970년을 전후하여 실업증가에도 불구하고 물가가 상승하는 현상이 나타나게 되었다. 실업이 증가하면서 물가도 상승하는 이러한 현상을 스태그플레이션(stagflation)이라고 하는데 이 현상을 설명하는 데 비용인상설이 이용되었다.

[그림 11-3]과 같이 케인즈학파의 $AD-AS$모형에서 유가상승이나 명목임금이 상승하면 AS곡선이 위쪽 또는 왼쪽으로 이동하게 되어 균형점이 점 A에서 점 B로 이행한다. 이에 따라 국민소득이 Y_0에서 Y_1으로 감소하고 물가가 P_0에서 P_1으로 상승한다. 결국 비용인상 인플레이션(cost push inflation)이 발생하면 국민소득도 감소하여 이중고를 겪게 된다.

| 비용인상설에 의한 인플레이션 |

1. 임금상승이나 유가상승과 같은 비용인상이 원인
2. 실업이 증가하면서 물가도 상승하는 스태그플레이션이 나타남

그림 **11-3** 비용인상설 : 명목임금 상승($\overline{W}_0 < \overline{W}_1$)의 효과

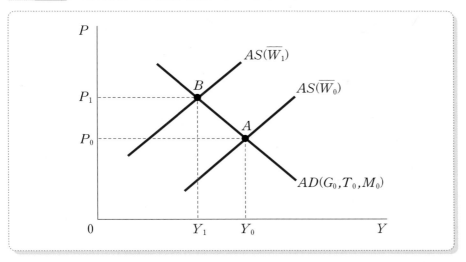

3. 수요견인설과 비용인상설 간의 관계

인플레이션의 원인을 설명하는 이론으로서 수요견인설과 비용인상설을 이론적으로 구분할 수 있지만 현실적으로는 구분하기 어려운 점이 있다. 인플레이션이 발생할 경우 이것이 수요 요인으로부터 발생한 것인지 아니면 공급 요인으로부터 발생한 것인지를 명확히 구분하기가 어렵다.

예를 들어 화폐량을 증가시키는 확대통화정책으로 수요견인 인플레이션이 발생할 경우, 노동자들의 임금인상 요구로 인해 명목임금도 상승한다면 비용인상 인플레이션이 동반하여 발생할 것이다. 반대로 비용인상 인플레이션을 야기하는 임금의 인상으로 인해 고용이 줄고 실업이 발생할 경우, 이에 대한 대응으로 통화당국이 경기활성화를 위해 확대통화정책을 시행한다면 수요견인 인플레이션이 동반하여 발생하게 될 것이다. 이렇듯 현실경제에서 관찰되는 인플레이션 중에서 어느 부분이 수요견인 인플레이션에 의한 것이고, 어느 부분이 비용인상 인플레이션에 의한 것인지를 구분하는 것은 매우 어려운 일이다. 따라서 현실경제에서는 관찰되는 인플레이션은 수요견인 인플레이션과 비용인상 인플레이션이 상호작용을 하면서 발생한 것으로 볼 수 있다.

> | 수요견인설과 비용인상설 간의 관계 |
>
> 1. 수요견인 인플레이션이 발생할 경우 임금인상으로 비용인상 인플레이션이 동반
> 2. 비용인상 인플레이션이 발생하여 실업이 발생할 경우 확대통화정책을 시행한다면 수요견인 인플레이션이 동반
> 3. 현실의 인플레이션은 수요견인 인플레이션과 비용인상 인플레이션의 상호작용

수요견인설과 비용인상설은 물가의 일회적인 상승만을 설명할 수 있는 이론이기 때문에 물가의 지속적인 상승인 인플레이션에 대한 설명으로는 부적절하다. 다음에는 인플레이션에 대한 동태모형을 살펴보도록 한다.

11.2 동태모형

1. 인플레이션의 측정

인플레이션은 시간의 흐름 속에서 정의되는 동태적 개념으로서 물가가 지속적으로 상승하여 화폐가치가 떨어지는 현상이다. 현재 t기의 인플레이션(π_t)은 다음의 식으로 정의된다.

$$\pi_t(\%) \ = \ \frac{P_t - P_{t-1}}{P_{t-1}} \times 100 \tag{3}$$

즉 올해의 인플레이션(π_t)은 작년의 물가지수(P_{t-1})에 비해서 올해의 물가지수(P_t)가 얼마나 상승하였는가를 측정하여 구한다. 따라서 t기의 인플레이션(π_t)을 구하는 데는 $t-1$기에서 t기까지 시간의 흐름이 전제가 된다. 이러한 의미에서 인플레이션은 동태적 현상이다. 인플레이션율(inflation rate)을 구하는 데 있어서 소비자물가지수를 가장 많이 사용한다. 그 밖에 GDP 디플레이터와 생산

[표 11-1] 우리나라의 인플레이션 (단위: %)

	2000	2005	2010	2015	2020
소비자물가 등락률	2.3	2.8	2.9	0.7	0.5
생산자물가 등락률	2.1	2.1	3.8	-4.0	-0.4
GDP디플레이터 등락률	1.0	1.0	2.7	3.2	1.3

출처: 한국은행, http://ecos.bok.or.kr

자물가지수도 인플레이션율을 구하는 데 활용된다.

경제주체들이 의사결정을 할 때 미래의 인플레이션을 활용하는 경우가 있다. 예를 들어 연초에 임금계약을 체결할 때 노동자들은 연말까지의 인플레이션을 예상하여 협상에 임한다. 현재 t 기에 예상한 $t+1$ 기의 인플레이션을 기대인플레이션(π_{t+1}^e)이라 한다. 기대인플레이션은 $t+1$ 기의 물가수준에 대한 경제주체들의 예상(P_{t+1}^e)을 이용하여 구한다.

$$\pi_{t+1}^e(\%) \ = \ \frac{P_{t+1}^e - P_t}{P_t} \times 100 \qquad (4)$$

[표 11-1]은 우리나라 인플레이션에 대한 통계를 요약해 놓은 것이다. 물가지수에는 소비자물가지수(CPI: consumer price index), 생산자물가지수(PPI: producer price index), GDP 디플레이터(GDP deflator)가 있다. 소비자물가지수는 도시가계가 구입하는 상품가격과 서비스요금의 변동을 종합적으로 측정하기 위하여 작성하는 지수이다. 소비자물가지수의 조사대상이 되는 표본은 2020년 기준 지수의 경우 거래비중이 큰 458개의 품목이다. 생산자물가지수는 제1차 거래단계에서 부가가치세를 제외한 상품과 서비스의 생산자 판매가격인 공장도 가격을 대상으로 작성하고 있다. 생산자물가지수의 경우 상품은 884개의 품목을 대상으로 하고 있으며 서비스는 약 80개의 품목을 대상으로 하고 있다. 그리고 GDP 디플레이터는 명목GDP를 실질GDP로 나눈 값으로서, 모든 상품과 서비스의 가격을 종합적으로 고려한 물가지수이다.

2. 기대인플레이션에 대한 기대형성의 방식

미래 변수에 대한 기대값을 구하는 데 있어서 여러 가지 기대형성(expectation formation)의 방식이 사용되고 있다. 여기에는 완전예견, 정태적 기대, 적응적 기대, 합리적 기대 등이 있다.

(1) 완전예견

완전예견(perfect foresight)은 $t+1$ 기의 기대인플레이션(π_{t+1}^e)의 값을 현재 t 기에 알고 있다고 가정한다.

$$\pi_{t+1}^e = \pi_{t+1} \tag{5}$$

즉 미래에 대한 불확실성(uncertainty)이 없는 확실성(certainty)의 기대형성방식으로서 비현실적인 가정이다. 초창기의 경제모형에 사용되었다.

(2) 정태적 기대

정태적 기대(static expectation)는 현재의 조건이 미래에도 계속 유지된다는 가정하에서 $t+1$ 기의 기대인플레이션(π_{t+1}^e)을 현재 t 기의 인플레이션(π_t)과 같게 놓는 기대형성의 방식이다.

$$\pi_{t+1}^e = \pi_t \tag{6}$$

정태적 기대는 관련 변수들에 대한 새로운 정보를 반영하지 않고 단지 자기 변수의 직전 과거의 값만을 사용한다는 점에서, 지나치게 단순한 기대형성의 방식이라 할 수 있다.

(3) 적응적 기대

적응적 기대(adaptive expectation)는 3가지 관점에서 해석할 수 있다. 첫째 적응적 기대란 현재 t 기의 인플레이션(π_t)이 $t-1$ 기에 예상한 t 기의 기대인플레이션(π_t^e)과 상이하다면, 그 차이인 예측오차의 일정부분을 수정하여 다음 기의 인플레이션을 예상(π_{t+1}^e)하는 데 반영하는 기대형성의 방식이다.

$$\pi_{t+1}^e = \pi_t^e + \lambda(\pi_t - \pi_t^e), \qquad 0 < \lambda < 1 \tag{7-1}$$

둘째 식 (7-1)을 정리하면 $t+1$ 기의 기대인플레이션(π^e_{t+1})은 현재 t 기의 인플레이션(π_t)과 $t-1$ 기에 예상한 t 기의 기대인플레이션(π^e_t)의 가중평균이 된다.

$$\pi^e_{t+1} = \lambda\pi_t + (1-\lambda)\pi^e_t \qquad (7-2)$$

셋째 식 (7-2)에서 t 대신 $t-1$을 대입하여 π^e_t을 구하고 이를 식 (7-2)의 우변에 대입하면 다음과 같다.

$$\pi^e_{t+1} = \lambda\pi_t + \lambda(1-\lambda)\pi_{t-1} + (1-\lambda)^2\pi^e_{t-1}$$

이를 같은 방식으로 반복하면 다음의 식을 얻을 수 있다.

$$\pi^e_{t+1} = \lambda\pi_t + \lambda(1-\lambda)\pi_{t-1} + \lambda(1-\lambda)^2\pi_{t-2} + \cdots \qquad (7-3)$$
$$= \sum_{i=0}^{\infty}\lambda(1-\lambda)^i\pi_{t-i}$$

식 (7-3)에 의하면 $t+1$ 기의 기대인플레이션(π^e_{t+1})은 모든 과거의 인플레이션들의 가중평균이 된다. 이러한 의미에서 적응적 기대를 과거지향적인 기대형성의 방식이라 한다. 가중치는 $a_i = \lambda(1-\lambda)^i$로서 현재시점에서 멀어질수록 기하급수적으로 감소(geometrically declining)한다. 예를 들어 $\lambda=0.8$이면 가중치는 $(0.8, 0.16, 0.032, 0.0064, \cdots)$가 된다. 정태적 기대는 적응적 기대의 특수한 경우로서 가중치가 $(1, 0, 0, 0, \cdots)$인 경우이다.

(4) 합리적 기대

합리적 기대(rational expectation)란 현재 t 기까지 관련 변수에 대한 모든 정보를 조건으로 하여 $t+1$ 기의 기대인플레이션(π^e_{t+1})을 구하는 기대형성의 방식이다. 적응적 기대가 자기 변수의 과거값만을 이용하는 데 비하여, 합리적 기대는 자기변수뿐만 아니라 관련 변수들의 과거값도 이용하여 기대를 형성한다. 합리적 기대는 조건부 수학적 기대값(conditional mathematical expectation)으로 구하는 기대형성의 방식이다.

$$\pi_{t+1}^e \;=\; E(\pi_{t+1}|I_t) \;=\; E_t(\pi_{t+1}) \tag{8}$$

여기서 $E(\cdot)$는 기대연산자(expectation operator)이며 I_t는 t 기까지의 이용 가능한 정보집합(information set)이다. $E(\;|\;)$는 조건부 기대값을 나타낸다. 예를 들어 $I_t=\{\pi_{t-i},\;A_{t-i},\;B_{t-i},\;C_{t-i},\;\cdots;\;i=0,\;1,\;2,\;\cdots\}$이라면 π_{t+1}^e는 다음과 같이 표시된다.

$$\pi_{t+1}^e \;=\; f(\pi_{t-i},\;A_{t-i},\;B_{t-i},\;C_{t-i},\;\cdots),\qquad i=0,\;1,\;2,\;\cdots$$

| 기대형성의 방식 |

1. 완전예견 : $\pi_{t+1}^e \;=\; \pi_{t+1}$
2. 정태적 기대 : $\pi_{t+1}^e \;=\; \pi_t$
3. 적응적 기대 : $\pi_{t+1}^e \;=\; \pi_t^e + \lambda(\pi_t - \pi_t^e),\; 0<\lambda<1$

$\qquad\qquad\qquad \pi_{t+1}^e \;=\; \lambda\pi_t + (1-\lambda)\pi_t^e$

$\qquad\qquad\qquad \pi_{t+1}^e \;=\; \sum_{i=0}^{\infty}\lambda\,(1-\lambda)^i\pi_{t-i}$

4. 합리적 기대 : $\pi_{t+1}^e \;=\; E(\pi_{t+1}|I_t) \;=\; E_t(\pi_{t+1})$

$\qquad\qquad\qquad \pi_{t+1}^e \;=\; f(\pi_{t-i},\;A_{t-i},\;B_{t-i},\;C_{t-i},\;\cdots),\qquad i=0,\;1,\;2,\;\cdots$

---

3. 필립스의 모형

필립스(Phillips)는 전체 분석기간인 $1861 \sim 1957$년 중 우선 전반부인 $1861 \sim 1913$년 간의 영국의 통계자료를 이용하여 명목임금상승률($\widehat{W}$)과 실업률(u)의 관계를 실증분석하였다. 그 결과 명목임금상승률과 실업률간에 상충관계(trade-off)가 있다는 것을 발견하였다. 이러한 상충관계를 그래프로 나타낸 것을 필립스곡선(Phillips curve)이라 한다.

$$\widehat{W} \;=\; f(u) \tag{9}$$
$$\ominus$$

[그림 11-4]에서 영국의 경우 실업률이 1%일 때 명목임금상승률은 9%, 실

그림 **11-4** 필립스의 원래의 필립스곡선

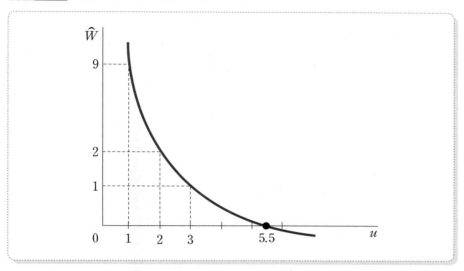

업률이 2%일 때 명목임금상승률은 2%, 실업률이 3%일 때 명목임금상승률은
1%였다. 그리고 명목임금상승률이 0%일 때 실업률은 5.5%로 나타났다. 이와
같이 0%의 명목임금상승률과 0%의 실업률을 동시에 달성할 수 없기 때문에,
정책당국은 서로 상충되는 정책목표 사이에서 선택의 문제에 직면하게 된다. 필
립스는 전체 분석기간 중 후반부인 1914~1957년의 기간에 대해서도 [그림 11-
4]의 필립스곡선의 상충관계가 적용될 수 있다는 것을 보였다.

　필립스곡선에 대해 필립스 자신은 이론적 근거를 제시하지 않았으나, 이후에
립시(Lipsey)가 이론적 기초를 제공하였다. 립시에 의하면 명목임금상승률과 이
론적으로 관계가 밀접한 변수는 노동시장의 수요(N^d)와 공급(N^s)이고, 노동의
초과수요가 발생하면 명목임금이 상승한다.

$$\widehat{W} \;=\; g\!\left(\underset{\oplus}{\frac{N^d - N^s}{N^s}} \right) \tag{10}$$

그리고 노동의 초과수요는 측정하기 어렵기 때문에 반대방향으로 움직이는 실업
률을 대용변수로 사용하였다.

$$\frac{N^d - N^s}{N^s} = h(u) \atop \ominus \qquad\qquad (11)$$

위의 두 식을 결합하면 필립스가 발견한 필립스곡선이 도출된다.

$$\widehat{W} = f(u) \atop \ominus \qquad\qquad (12)$$

립시는 명목임금상승률과 노동의 초과수요는 양(+)의 관계를 가지며 노동의 초과수요와 실업률이 음(⊖)의 관계를 갖기 때문에, 명목임금상승률과 실업률은 서로 반대방향으로 움직이는 상충관계(trade-off)를 갖는다고 설명하였다.

필립스곡선의 기울기와 관련된 개념으로 희생률이 있다. 희생률(sacrifice ratio)이란 인플레이션을 1%p 낮추기 위해 희생해야 하는 실업률의 증가 또는 GDP의 감소를 나타내는 개념이다. 희생률은 필립스곡선의 기울기의 절대치와 역수의 관계를 갖는다.

$$\text{희생률} = -\frac{\text{실업률의 변화}}{\text{인플레이션율의 변화}} \qquad\qquad (13)$$

예를 들어 인플레이션율이 5%에서 3%로 2%p 감소될 경우 실업률이 4%에서 7%로 3%p 증가되는 희생을 치렀다면 희생률은 $-\frac{4\% - 7\%}{5\% - 3\%} = -\frac{-3\%\text{p}}{2\%\text{p}}$ =1.5가 된다.

필립스곡선은 케인즈학파와 고전학파 전통의 통화주의자 간에 중요한 논쟁의 대상이 되고 있다. 케인즈학파는 실업률과 인플레이션 사이에 상충관계가 존재하므로, 정책당국이 적절한 통화정책으로 실업률을 통제하여 GDP에 영향을 줄 수 있다고 주장하였다. 그러나 고전학파 전통의 통화주의자는 명목변수인 인플레이션율이 실질변수인 실업률에 영향을 미치지 않는 '화폐의 중립성'을 주장하면서 실업률과 인플레이션 사이의 상충관계를 부정하는 이론을 제시하였다. 이러한 이론이 필립스의 모형에 기대인플레이션을 도입한 프리드만의 모형이다.

| 필립스의 모형 |

1. 1861～1913년 중 영국의 명목임금상승률($\widehat{W}$)과 실업률(u)간의 상충 관계를 발견

   필립스곡선 : $\widehat{W} = f(u)$
   $\ominus$

2. 립시의 이론적 설명 : 명목임금상승률과 노동의 초과수요는 양($\oplus$)의 관계
   노동의 초과수요는 실업률과 음($\ominus$)의 관계
   명목임금상승률과 실업률간의 상충관계(trade-off)

3. 희생률 : 필립스곡선의 기울기의 절대치와 역수의 관계

   $$희생률 = - \frac{실업률의 \ 변화}{인플레이션율의 \ 변화}$$

---

4. 프리드만의 모형

프리드만(M. Friedman)은 화폐의 중립성을 주장하면서 필립스의 모형에 대해 비판을 제기하였다. 그는 실업률과 인플레이션 사이의 상충관계를 부정하는 이론을 제시하였다. 비판의 내용은 다음과 같다. 첫째 이론적인 비판으로서 노동의 초과수요와 관계되는 변수는 명목임금이 아니라 실질임금이라는 것이다. 둘째 실증적인 비판으로서 필립스의 모형은 1970년대에 실업률과 인플레이션율이 동시에 상승하는 스태그플레이션(stagflation)의 현상을 설명하지 못했다는 것이다.

경제정책이 추구하는 최종목표에는 경제성장과 물가안정이 있다. 그러나 "성장과 물가라는 두 마리 토끼를 다 잡을 수는 없다." 성장을 추구하다 보면 물가안정을 해치게 되고, 물가안정을 추구하다 보면 성장이 둔화될 수 있는 것이다. 이를 '득과 실의 원리'라고 할 수 있다. 이러한 케인즈학파의 사고를 이어 받은 필립스의 원래의 필립스곡선은 수요견인 인플레이션의 경우에 성립하는 곡선으로서 1970년대 초반까지는 유효하였다.

그러나 1973년의 1차 석유파동과 1979년의 2차 석유파동으로 인해 기업활동의 비용이 상승하여 물가가 오르고 성장이 둔화되면서 실업이 늘어났다. 이에 따라 비용인상 인플레이션이 발생하였다. 이를 '실과 실의 원리'라고 부를 수 있

다. 비용 상승으로 상품가격이 비싸짐에 따라 수요가 줄고 경기상황은 악화되었다. 이와 같이 경기침체(stagnation)와 물가상승(inflation)이 동시에 발생하는 현상을 두 단어를 합성하여 스태그플레이션(stagflation)이라 부른다. 필립스의 모형은 이러한 비용인상 인플레이션의 현상을 설명하지 못했다.

> | 필립스의 모형에 대한 프리드만의 비판 |
> 1. 이론적 비판
>   노동의 초과수요와 관계되는 변수는 명목임금이 아니라 실질임금임
> 2. 실증적 비판
>   필립스의 모형은 1970년대의 스태그플레이션의 현상을 설명하지 못함

프리드만은 실업률과 관련된 변수는 명목임금이 아니라 실질임금이라 하여 필립스의 모형인 식 (12)를 다음과 같이 수정하였다. 프리드만에 의하면 노동자가 연초의 임금협상에서 관심을 갖는 변수는 명목임금이 아니라 연말까지의 물가를 예상(P^e)하여 구한 실질임금이라는 것이다.

$$(\widehat{\frac{W}{P^e}}) = f(u) \atop \ominus \tag{14}$$

식 (14)에서 실질임금의 변화율($\widehat{\frac{W}{P^e}}$)을 전개하고 예상물가의 변화율을 기대인플레이션으로 표시하여 정리하면 다음과 같다.

$$\widehat{W} - \widehat{P^e} = \widehat{W} - \pi^e = f(u) \tag{15}$$

마지막으로 명목임금상승률을 인플레이션율로 대체($\widehat{W} = \pi$)하고, $f(u)$에서 자연실업률을 명시적으로 고려하기 위해 실업률을 자연실업률로부터의 차이로 표시($f(u - u_n)$)하면 식 (16)과 같은 프리드만의 모형이 성립한다. 식 (16)에서는 $f(u - u_n)$을 편의상 1차식 형태로 표시하였다. 자연실업률(u_n: natural rate of unemployment)이란 잠재GDP에 상응하는 실업률로서 장기적으로 인플레이션을 가속시키지 않는 수준의 실업률(NAIRU: non-accelerating inflation rate of unemployment)을 가리킨다. 또한 자연실업률은 장기적으로 $\pi = \pi^e$일 때의 실업률이다. 식 (16)에서 $\pi = \pi^e$이면 $u = u_n$임을 알 수 있다.

$$\pi = f(\underset{\ominus}{u - u_n}) + \pi^e = a(\underset{\ominus}{u - u_n}) + \pi^e \qquad (16)$$

프리드만의 모형인 식 (16)은 필립스의 모형인 식 (12)에다 기대인플레이션을 추가한 모형이라 할 수 있다. 이러한 의미에서 프리드만의 모형을 기대가 첨가된(expectation-augmented) 필립스곡선(PC: Phillips curve)이라 한다. 프리드만의 모형에서 π^e는 이동변수인데, π^e가 상승하면 필립스곡선이 위쪽으로 이동한다. 이 모형은 노동자들이 기대인플레이션을 명목임금에 완전히 반영시킴으로써 화폐환상(money illusion)이 존재하지 않는다고 가정하고 있다.

기대가 첨가된 필립스곡선에서는 [그림 11-5]와 같이 기대인플레이션이 변동하면 필립스곡선이 이동함으로써 실제인플레이션도 변동하게 된다. 프리드만의 필립스곡선에서 $\pi^e = 0$인 경우가 필립스의 원래의 필립스곡선이 된다. 즉 필립스의 모형은 프리드만의 모형의 특수한 경우이다. 프리드만은 기대형성에 대하여 적응적 기대(adaptive expectation)를 가정하였다.

인플레이션율이 0%이고 실업률이 자연실업률 수준에 있는 점 u_n에 경제가

그림 11-5 프리드만의 필립스곡선

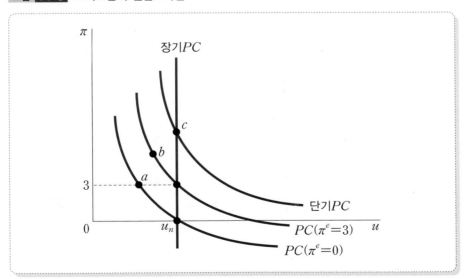

놓여있는 상황을 가정해 보자. 정부가 실업률을 자연실업률보다 낮추기 위해 점 a로 이행하는 확대정책을 시행한다면, 인플레이션이 예컨대 3%로 상승하고 이에 따라 민간의 기대인플레이션도 3%로 상승함으로써 필립스곡선이 위쪽으로 이동하게 된다. 그 결과 경제는 점 b로 이행하게 된다. 그러면 실제인플레이션과 기대인플레이션이 더욱 상승하여 필립스곡선이 다시 위쪽으로 이동함으로써 결국 점 c로 복귀하게 된다. 프리드만은 단기적으로 발생하는 인플레이션과 실업률간의 상충관계를 단기 필립스곡선이라 하고, 수직인 필립스곡선을 장기 필립스곡선이라 하여 양자를 구별하였다. 단기에는 식 (16)에 의해 우하향하는 단기 필립스곡선이 도출되지만, 장기에는 $\pi = \pi^e$이므로 $u = u_n$인 수직의 장기 필립스곡선이 도출된다.

경제가 점 a에서 점 b와 점 c로 이행하는 과정에서 실업률과 인플레이션율이 동시에 증가한다. 따라서 프리드만의 모형은 단기 필립스곡선이 위쪽으로 이동하는 것으로써 스태그플레이션의 현상을 설명하고 있다. 그러나 필립스의 모형에는 이동변수가 없기 때문에 스태그플레이션을 설명하지 못했다.

결과적으로 실업률을 자연실업률 이하로 낮추려는 확장정책은 단기적으로는 효과가 있으나, 장기적으로는 실업률과 국민소득에 아무런 영향도 미치지 못하고 다만 인플레이션율만 높아진다. 이를 자연실업률가설 또는 자연율가설 (natural rate hypothesis)이라 한다.

> **| 프리드만의 모형 |**
>
> 1. 적응적 기대가 첨가된 필립스곡선 : 필립스모형에서 명목임금을 실질임금으로 대체
>
> $$\pi = \underset{\ominus}{f(u-u_n)} + \pi^e = \underset{\ominus}{a(u-u_n)} + \pi^e$$
>
> 2. 스태그플레이션의 설명 : 필립스곡선의 이동으로 설명
>   경제가 점 a에서 점 b와 점 c로 이행하는 과정에서 실업률과 인플레이션율이 동시에 증가하는 스태그플레이션을 설명
>
> 3. 자연실업률가설(자연율가설): 단기 PC와 장기 PC의 구분
>   자연실업률(u_n) 이하로 낮추려는 확장정책은 단기에는 효과가 있으나 장기에는 실업률과 국민소득에 아무런 영향도 미치지 못하고 인플레이션율만 상승시킴

5. 루카스의 모형

루카스(Lucas)는 불완전 정보하에서 합리적 기대를 이용해서 필립스곡선을 도출하였다. 합리적 기대에 의한 기대인플레이션은 앞에서 살펴본 바와 같이 다음과 같이 정의된다.

$$\pi_{t+1}^e = E(\pi_{t+1}|I_t) = E_t\pi_{t+1} \tag{17}$$

합리적 기대(rational expectation)하에서 완전정보(perfect information)를 가정하면 인플레이션과 기대인플레이션이 평균적으로 같아지기 때문에, 인플레이션과 실업 사이에는 상충관계가 성립하지 않고 수직의 필립스곡선이 도출된다. 적응적 기대모형에서는 단기적으로 인플레이션과 실업 사이에 상충관계가 성립하지만 장기에는 이러한 상충관계가 사라진다. 이에 비해 합리적 기대모형에서 완전정보를 가정하면 단기에서나 장기에서나 인플레이션과 실업 사이에 상충관계가 사라지고 수직의 필립스곡선이 도출된다.

$$u = u_n \tag{18}$$

그러나 루카스는 합리적 기대와 수요와 공급이 일치하는 시장청산(market clearing)뿐만 아니라 불완전 정보(imperfect information)를 가정함으로써 인플레이션과 실업간의 상충관계를 도출하였다. 불완전 정보를 가정한다는 의미에서 루카스의 모형을 섬 모형(island model) 또는 오인모형(misperception model)이라고 한다. 개별기업(i)은 완전정보를 가정하면 생산량($Y_{i,t}$)을 잠재생산량($Y_{p,i,t}$) 수준으로 생산하게 되나, 불완전 정보하에서 t 기의 생산물가격($P_{i,t}$)이 일반물가의 예상치($E_{t-1}P_t$)보다 클 경우 생산량을 잠재생산량 이상으로 늘릴 것이다. 이와 같은 관계가 개별기업의 공급곡선이 된다.

$$Y_{i,t} = Y_{p,i,t} + \underset{\oplus}{h}(P_{i,t}-E_{t-1}P_t) \tag{19}$$

개별기업의 반응도(h)는 그 기업의 생산물가격이 독자적으로 변동하는 경우에 크고, 일반물가수준과 비슷한 경우는 작게 된다. 이를 전체 기업에 대하여 합하면 루카스의 공급곡선(Lucas supply curve)이 도출된다.

$$Y_t = Y_{p,t} + \underset{\oplus}{\beta}(P_t - E_{t-1}P_t) \tag{20}$$

여기서 β는 예상치 못한 물가의 변화가 산출량(Y=GDP)에 영향을 미치는 반응의 크기를 나타낸다. [그림 11-6]과 같이 식 (20)을 (Y, P)-좌표에서 그래프로 나타내면 기울기가 양(＋)의 값을 갖는 루카스의 공급곡선이 된다.

물가수준에 대한 루카스의 공급곡선으로부터 인플레이션에 대한 필립스곡선을 도출하기 위하여 $P_{t-1}=E_{t-1}P_{t-1}$의 관계를 이용한다. 식 (20)의 $P_t - E_{t-1}P_t$을 변형하면 다음과 같다.

$$P_t - E_{t-1}P_t = \Delta P_t - E_{t-1}\Delta P_t = \pi_t - \pi_t^e \tag{21}$$

여기서 $\Delta P_t = P_t - P_{t-1}$이고 P_t를 $\log P_t$로 해석하면 $\Delta P_t = \pi_t$가 된다. 식 (21)을 식 (20)에 대입하고 Y_t 및 $Y_{p,t}$와 각각 반대 방향으로 움직이는 u_t 및 $u_{n,t}$를 부호를 바꾸어서 대입하면 다음과 같은 루카스의 필립스곡선이 도출된다.

그림 11-6 루카스의 공급곡선

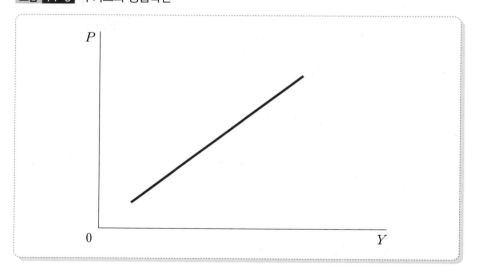

그림 11-7 루카스의 필립스곡선

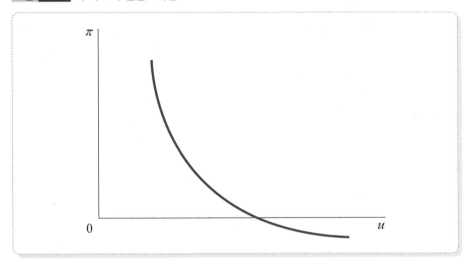

$$u_t = u_{n,t} + \underset{\ominus}{\gamma}(\pi_t - E_{t-1}\pi_t) \tag{22}$$

루카스의 필립스곡선인 식 (22)는 프리드만의 필립스곡선인 식 (16)과 유사하다. [그림 11-7]과 같이 식 (22)를 (u, π)-좌표에서 그래프로 나타내면 기울기가 음$(-)$의 값을 갖는 루카스의 필립스곡선이 된다.

루카스의 모형은 예상치 못한 통화정책만이 예상치 못한 인플레이션을 야기함으로써 실업과 국민소득에 영향을 미치는 실질효과가 있다는 것을 시사하고 있다. 그러나 예상된 통화정책은 인플레이션의 변동을 예상하게 함으로써 실질변수에는 아무런 영향을 미치지 않고 단지 명목변수들만 같은 비율로 변화시킨다. 이를 정책무력성의 정리(policy ineffectiveness proposition)라 한다.

| 루카스의 모형 |

1. 합리적 기대, 시장청산, 불완전 정보를 가정
2. 루카스의 공급곡선

$$Y_t = Y_{p,t} + \underset{\oplus}{\beta}(P_t - E_{t-1}P_t)$$

3. 루카스의 필립스곡선

$$u_t = u_{n,t} + \underset{\ominus}{\gamma}(\pi_t - E_{t-1}\pi_t)$$

4. 정책무력성의 정리

예상된 통화정책은 실질변수인 국민소득과 실업에 아무런 영향을 미치지 않고 단지 명목변수인 물가만 같은 비율로 변화시킴

그러나 불완전 정보하에서 예상치 못한 통화정책은 실업과 국민소득에 영향을 미치는 실질효과가 있음

Episode
에 · 피 · 소 · 드

데이터로 보는 거시경제: 소비자물가와 근원소비자물가

　본문에서 살펴보았듯이 물가상승의 원인 중 하나는 공급측 요인(cost push)이다. 아래 〈그림 A11〉에서는 우리나라 소비자 물가 상승률과 근원물가상승률(Core Inflation)을 비교하고 있다. 근원물가는 소비자물가에서 식료품과 에너지 가격상승분을 뺀 물가로, 우리나라 중앙은행이 통제할 수 없는 요인을 제외한 물가라고 할 수 있다. 따라서 근원물가보다 소비자물가가 높은 시기는 유가상승이나 식료품가격 상승이 있었다고 볼 수 있다.

　한국은행은 1998년 이래 물가안정목표제(inflation targeting)를 시행하여 물가안정을 제1의 목표로 하고 있는데, 2000년부터 2006년 사이에는 그 물가 목표의 기준이 되는 물가로 근원물가를 사용하기도 하였다. 그러나 근원물가가 일반 서민들의 체감 물가와 괴리가 있다는 판단 하에 2007년부터는 소비자 물가로 목표물가가 변경되었다.

A11 소비자 물가와 근원소비자 물가 (전년 동월 대비)

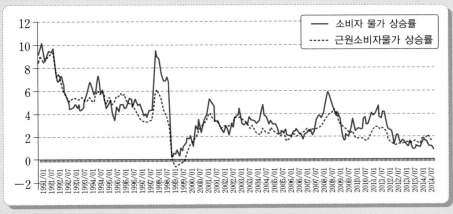

출처: 한국은행 경제통계 시스템

경제기사로 보는 거시경제: 디플레이션

　본문에서는 물가가 상승하는 인플레이션을 주로 논하였지만, 경기가 침체 국면에 있을 때는 물가가 하락하는 디플레이션이 발생할 수 있다. 인플레이션도 각종 거시

Episode

비용을 발생시켜 국가경제의 건전성을 해치지만, 디플레이션은 생산위축과 고용감소 물가하락의 악순환을 야기하면서 장기 경기침체를 유발할 수 있다고 알려져 있다. 아래 기사(연합뉴스, 2014.11.25.)에서는 우리나라의 국책연구기관인 한국개발연구원(KDI)에서 2014년 11월 당시 우리나라의 디플레이션 진입 가능성을 우려하는 연구 결과를 발표했다고 전하고 있다.

========================= 이하 기사 인용 =========================
원문: http://www.yonhapnews.co.kr/economy/2014/11/24/0301000000AK R201411
24146851002.HTML

"실질금리 금융위기때보다 높은 수준 … 추가 인하 여지 있다"

국책연구기관인 한국개발연구원(KDI)이 한국에서 일본과 유사한 형태의 디플레이션이 발생할 가능성을 제기하면서 한국은행이 추가로 신속하게 금리 인하에 나서야 한다고 압박했다.

이재준 KDI 연구위원은 25일 천안에서 열린 KDI 주최 출입 기자단 정책세미나에서 '일본의 90년대 통화정책과 시사점' 보고서를 통해 "저인플레이션의 지속으로 시장 참가자들의 인플레이션 기대가 낮아져 굳어지지 않도록 물가안정목표(2.5~3.5%)를 준수하기 위한 통화 당국의 적극적인 의지 표명과 대응이 필요하다"고 권고했다.

보고서는 통화 당국이 잠재성장률 하락에 따른 자연 실질금리의 하락세를 반영하지 못하거나 기대 인플레이션의 하락을 감지하지 못한 가운데 금리 정책을 수행하면 디플레이션 위험이 커질 수 있다면서 특히 인플레이션 기대가 하락하면 금리 인하의 경기 부양 효과가 희석될 수 있다고 경고하기도 했다.

보고서는 일본의 경우 1990년대 초 정책금리를 수차례 낮췄지만 물가상승률이 더 빠르게 낮아지면서 실질금리가 되레 상승, 명목금리 인하에 따른 금융 완화 효과가 나타나지 않았다고 분석했다.

보고서는 일단 디플레이션이 고착화하면 금융 부채나 재정 등에 심대한 부정적 영향을 미칠 뿐 아니라 정책 대응 수단도 제한된다면서 디플레이션 위험에 대해서는 신속한 통화완화 정책이 필요하다고 권고하기도 했다.

Episode

이는 KDI가 디플레이션 대응 차원에서 추가 금리 인하를 주문한 것으로, 국책연구기관인 KDI가 독립성을 지닌 중앙은행에 이처럼 강도 높게 금리 인하를 주문하는 것은 이례적이다.

보고서는 수요 부진에 따른 성장세 둔화와 인플레이션 하락이 상당 기간 지속하면서 한국에서도 디플레이션이 발생할 가능성을 완전히 배제할 수는 없다고 진단했다.

최근 수년간 소비자물가 상승률이 물가안정 목표 범위를 크게 밑돌아 1%대에 머물고 있으며 GDP 디플레이터 상승률은 0%에 근접할 정도로 하락했다는 점이 이런 판단의 근거로 제시됐다.

소비자물가 상승률은 2012년 2.2%, 2013년 1.3%를 기록했으나 GDP 디플레이터는 2012년 1.0%, 2013년 0.7%로 더 낮은 수준이었다.

GDP 디플레이터는 국민소득에 영향을 주는 모든 경제활동을 반영하는 종합적 물가지수로 소비재가격만 반영하는 소비자물가상승률(CPI)과 일부 격차가 있다.

보고서는 한국의 GDP 디플레이터는 소비자물가에 선행하는 경향이 있어 1% 미만의 소비자물가 상승률은 실제로는 디플레이션 상황을 의미할 수도 있다고 설명했다.

이재준 연구위원은 "현재 명목 정책금리가 2%로 역사상 가장 낮은 수준이지만 물가도 사상 최저 수준이므로 실질금리는 금융위기 당시보다 높은 수준"이라면서 "현 상황에서도 금리를 추가로 낮출 여지가 있고 좀 더 낮춰야 한다"고 말했다.

금리 인하가 부채 증가로 이어질 수 있다는 지적에는 "통화정책은 물가 안정과 경기라는 핵심 목표에 집중하는 것이 좋다"면서 "가계부채는 별도의 위험관리를 통해 악성 채무가 늘지 않도록 관리하는 것이 적절하다"고 말했다.

한편, 조동철 KDI 거시경제연구부장은 KDI의 내년 경제전망 발표가 연기된 데 대해 "담뱃값 인상에 따라 내년 물가 전망이 0.6%포인트 격차가 있고 세계경제 전망과 환율도 좀더 지켜볼 필요가 있어 전망 시기를 늦췄다"고 말했다.

[연합뉴스 박용주・차지연 기자]

연 습 문 제

01 고전학파 전통의 통화주의자는 수요견인 인플레이션의 원인을 무엇이라고 보는가?

02 케인즈학파는 수요견인 인플레이션의 원인을 무엇이라고 보는가?

03 비용인상 인플레이션을 케인즈학파의 $AD-AS$모형을 통하여 설명하시오.

04 수요견인설과 비용인상설 간의 관계에 대해 설명하시오.

05 적응적 기대를 3가지 측면에서 정의하시오.

06 필립스곡선에 대한 원래의 필립스의 모형에 대해 설명하시오.

07 필립스의 모형에 대한 프리드만의 비판의 내용은 무엇인가?

08 필립스곡선에 대한 프리드만의 모형에 대해 설명하시오.

09 프리드만의 모형에서 단기 필립스곡선과 장기 필립스곡선을 도출하시오.

10 자연실업률 가설에 대해 설명하시오.

11 필립스곡선에 대한 루카스의 모형은 어떤 가정에 기초하고 있는가?

12 루카스의 공급곡선을 도출하고 이를 통해 루카스의 필립스곡선을 도출하시오.

12

이자율 이론

12 이자율 이론

이자율(interest rate)이란 대출의 대가로 지불하는 신용(credit)의 가격으로서, 실물부문과 화폐부문의 연결고리이면서 현재가치와 미래가치의 연결고리이기도 하다. 그리고 앞에서 살펴본 바와 같이 이자율은 화폐수요의 기회비용이다. 화폐의 가격 또는 가치는 물가의 역수이다. 예를 들어 물가(P)가 100% 상승하여 2배($P=2$)가 되면 화폐의 가격은 $\frac{1}{2}$로 떨어진다. 본장에서는 먼저 이자율 및 수익률과 관련된 여러 가지 개념을 살펴보고, 이자율 이론을 다음과 같이 3가지 측면에서 자세히 분석하고자 한다.

첫째 이자율의 결정이론이다. 경제를 대표하는 하나의 이자율('the' interest rate)이 존재한다고 가정하고, 이자율의 수준을 결정하는 요인을 분석하는 이론이 이자율의 결정이론이다. 여기에는 인플레이션율이 0%인 물가불변의 가정하에서 고전학파의 저축·투자설, 유동성선호설, 현대적 대부자금설이 있고, 인플레이션율이 0%가 아닌 물가변동의 가정하에서 명목이자율의 결정이론이 있다. 명목이자율의 결정은 피셔방정식을 이용하여 분석할 수 있다.

둘째 이자율의 기간구조(term structure of interest rates)이론이다. 이자율의 결정이론에서 설정한 대표이자율의 가정을 완화하여 현실 경제에 존재하는 단기이자율과 장기이자율간의 관계를 규명하는 이론이 이자율의 기간구조이론이다. 여기에는 불편기대이론, 시장분할이론, 특정시장선호이론, 유동성프리미엄이론이 있다.

셋째 이자율의 변동요인 분석이다. 주요 거시경제변수가 이자율에 어떻게 영향을 미치는지를 분석하는 것이 이자율의 변동요인 분석이다. 이자율에 영향을 미치는 주요 거시경제변수로는 경기변동, 인플레이션, 화폐공급, 경상수지, 환율 등이 있다.

> | 이자율 이론 |
>
> 1. 이자율의 결정이론 : 대표이자율의 수준 결정이론
>   인플레이션율이 0%인 경우 : 고전학파의 저축·투자설, 유동성선호설,
>   대부자금설
>   인플레이션율이 0%이 아닌 경우 : 명목이자율의 결정이론(피셔방정식)
> 2. 이자율의 기간구조 : 단기이자율과 장기이자율간의 관계를 규명
>   불편기대이론, 시장분할이론, 특정시장선호이론, 유동성프리미엄이론
> 3. 이자율의 변동요인 : 주요 거시경제변수가 이자율에 미치는 영향을 분석
>   주요 거시경제변수에는 경기변동, 인플레이션, 화폐공급, 경상수지, 환율
>   등이 있음

12.1 이자율과 수익률

1. 현재가치

이자율 또는 금리란 실물부문인 재화시장과 화폐부문인 화폐시장의 연결고리이면서, 현재가치와 미래가치의 연결고리이기도 하다. $IS-LM$모형에 의하면 이자율은 재화시장에서의 투자와 화폐시장에서의 화폐수요를 결정하는 요인으로 작용하고 있다. 이러한 의미에서 이자율은 재화시장과 화폐시장의 매개변수가 된다. 그리고 이자율(r)은 다음과 같이 금기의 현재가치(V_0: present value)와 다음기의 미래가치(V_1)의 매개변수가 된다. 예를 들어 현재 100만원을 연 10%의 이자율로 1년 동안 정기예금에 가입하면, 1년 후 만기에 원금과 이자의 합인 110만원을 원리금으로 받게 된다.

$$V_0(1+r) = V_1$$

이와 같은 관계를 일반화하여 현재가치를 n기간 후의 미래가치로 환산하면 다음과 같다. 현재가치를 미래가치로 환산할 때 복리(compounding)의 개념이

사용된다. 예를 들어 현재 100만원을 연 10%의 이자율로 2년 동안 정기예금에 가입하면 2년 후 만기에 원금과 이자의 합인 121만원을 원리금으로 받게 된다.

$$V_0(1+r)^n = V_n \tag{1}$$

반대로 n기간 후의 미래가치를 현재가치로 환산할 때 할인(discounting)의 개념이 사용된다. 미래가치를 현재가치로 환산하기 위해 식 (1)에서 좌변의 $(1+r)^n$을 우변으로 넘기면 다음과 같다. 예를 들어 이자율이 연 10%일 때 2년 후의 121만원은 현재가치로 할인하여 환산하면 100만원이 된다. 이런 의미에서 현재가치를 현재할인가치(PDV: present discounted value)라고도 한다.

$$V_0 = \frac{1}{(1+r)^n} V_n \tag{2}$$

2. 채권가격의 결정식

현재가치 개념의 응용으로서 채권가격의 결정을 분석해 보자. 채권의 종류로서 이표채, 할인채, 영구채를 살펴보도록 한다. 첫째 n기간 만기의 이표채 채권 (coupon bond)을 구입하면 만기까지 매 기간 R원만큼의 이자가 지급되고 만기에 F원의 원금이 상환된다. 채권투자자는 채권으로부터 발생하는 수익의 현재가치만큼 현재 채권의 구입비용을 지불할 용의가 있을 것이다. 지불할 용의가 있는 채권의 구입비용이 채권의 가격이 된다. 왜냐하면 채권으로부터 발생하는 수익의 현재가치가 채권의 구입비용보다 높으면 채권수요가 증가하여 채권의 가격이 올라갈 것이고, 반대로 채권으로부터 발생하는 수익의 현재가치가 채권의 구입비용보다 낮으면 채권수요가 감소하여 채권의 가격이 내려갈 것이기 때문이다. 이러한 과정을 거쳐서 채권시장이 균형이 되면 채권으로부터 발생하는 수익의 현재가치가 현재 채권가격이 되는 것이다. 이표채는 주로 장기채의 발행에 이용된다. 이표채 채권가격(P)의 결정식은 식 (3)과 같다. 식 (3)으로부터 채권가격(P)이 이자율(r)과 반대 방향으로 움직인다는 것을 알 수 있다.

$$P = \frac{R}{1+r} + \frac{R}{(1+r)^2} + \cdots + \frac{R}{(1+r)^n} + \frac{F}{(1+r)^n} \tag{3}$$

둘째 n기간 만기의 할인채(discount bond)는 만기까지 매 기간 이자를 지급하지 않고 n기간 후에 상환할 원금(F)을 현재가치로 할인하여 액면가 이하로 판매하는 채권이다. 할인채는 이자 지급 과정이 없으므로 거래가 간편해진다. 할인채는 주로 단기채의 발행에 이용된다. 할인채의 가격은 다음과 같다.

$$P = \frac{F}{(1+r)^n} \tag{4}$$

셋째 영구채(consol 또는 perpetuity)는 원금의 상환 없이 이자만 영구히 지급하는 채권이다. 영구채의 가격은 다음과 같다.

$$P = \frac{R}{1+r} + \frac{R}{(1+r)^2} + \cdots = \frac{R}{r} \quad (=\frac{1}{r} \text{ if } R=1) \tag{5}$$

식 (5)로부터 매년 지급되는 이자가 1원이라면 영구채의 가격(P)이 이자율(r)의 역수라는 것을 알 수 있다. 영구채를 가정하면 채권가격을 $P=\frac{1}{r}$로서 단순하게 표시할 수 있다.

3. 명목이자율과 실질이자율간의 관계 : 피셔방정식

현재 은행이 제시한 10%의 명목이자율(r: nominal interest rate)로 1년 만기 정기예금에 가입한 후, 물가가 상승하여 원리금을 상환 받는 1년 후에 인플레이션율이 4%가 되었다고 해보자. 이자의 실질구매력인 실질이자율(rr : real interest rate)을 1년 후 만기 시점에서 평가할 경우, 실질이자율은 10%의 명목이자율에서 4%의 인플레이션율을 차감한 6%가 된다. 그러나 실질이자율을 현재 시점에서 평가할 경우 1년 후의 인플레이션율을 모르기 때문에, 실질이자율은 10%의 명목이자율에서 1년 후의 인플레이션율에 대한 예상(기대인플레이션율: π^e)을 차감하여 구하게 된다. 따라서 현재 시점에서 평가할 경우 명목이자율은 실질이자율과 기대인플레이션의 합이다.

$$r = rr + \pi^e \tag{6}$$

이 식을 피셔방정식(Fisher equation)이라 한다. 통상 이자율이라 할 때는 명목이자율을 가리킨다.

피셔방정식에서 실질이자율은 관찰이 되지 않기 때문에 실질이자율과 유사한 움직임을 보이면서 관찰 가능한 경제성장률($\hat{y}$)을 실질이자율 대신 대입하면 다음과 같다.

$$r = \hat{y} + \pi^e \tag{7}$$

식 (7)로부터 명목이자율의 적정성은 경제성장률과 기대인플레이션율의 합으로 판단할 수 있다. 실제로 경제성장률로는 장기성장률 개념인 잠재성장률의 추정치를 사용하고, 기대인플레이션율로는 인플레이션의 목표치가 사용된다. 예를 들어 경제성장률이 4%이고 기대인플레이션율이 3%라면 명목이자율의 적정한 수준은 7%가 된다. 시장이자율이 7%보다 낮으면 저금리정책으로 이자율이 저평가되어 있다고 판단하고, 7%보다 높으면 고금리정책으로 이자율이 고평가되어 있다고 판단한다.

4. 이자율과 수익률의 종류

저축자나 투자자의 관심은 명목이자율에 있는 것이 아니라 실질이자율에 있기 때문에 저축과 투자의 결정요인은 실질이자율이다. 저축자의 시간선호도와 투자자의 자본의 한계생산성을 반영하여 저축과 투자에 의해 결정되는 장기이자율을 자연이자율(natural interest rate)이라 하고, 화폐시장에서 화폐의 수요와 공급에 의해 결정되는 단기이자율을 시장이자율(market interest rate)이라 한다.

이자율과 관련해서 수익률을 계산하는 방법으로는 채권만기까지 보유시의 수익률인 만기수익률, 연간 이표지급액을 채권가격으로 나눈 경상수익률, 투자자가 채권을 보유한 기간 중의 수익률인 보유수익률 등이 있다. 만기수익률(yield to maturity)은 이표채의 채권가격 결정식인 식 (3)의 r을 가리킨다. 예를 들어 액면가 F=1,000원, 이자(이표지급액) R=100원, 만기 10년일 때 채권가격에 따른 만기수익률은 [표 12-1]과 같이 채권가격과 반대 방향으로 움직인다. 여기서 이표율은 R(이표지급액)/F(액면가)로서 10%가 된다. 채권가격이 액면가와 같으면 만기수익률은 이표율과 같아진다.

[표 12-1] 채권가격과 만기수익률

채권가격(P)	만기수익률(r)
1200	7.13
1100	8.48
1000	10.00
900	11.75
800	13.81

경상수익률(current yield)은 R(이표지급액)$/P$(이표채의 가격)으로서 채권가격이 액면가와 같으면 경상수익률은 만기수익률 및 이표율과 같아진다. 계산기와 컴퓨터가 출현하기 전에는 만기수익률을 계산하기 어려워 편의상 할인수익률로 대체하였다. 미국의 경우 1년(365일) 만기 기준의 할인수익률(discount yield)은 다음과 같다. 할인수익률은 만기수익률보다 저평가(360/365＝0.986)된다.

$$\text{할인수익률} = \frac{\text{할인채의 액면가} - \text{할인채의 가격}}{\text{할인채의 액면가}} \times \frac{360}{\text{잔여만기 일수}} \quad (8)$$

| 이자율과 수익률 |

1. 현재가치

   복리 : 현재가치 → 미래가치, $V_0(1+r)^n = V_n$

   할인 : 미래가치 → 현재가치, $V_0 = \dfrac{1}{(1+r)^n}V_n$

2. 채권가격의 결정식 : 채권가격과 이자율은 반대 방향으로 움직임

   이표채 : $P = \dfrac{R}{1+r} + \dfrac{R}{(1+r)^2} + \cdots + \dfrac{R}{(1+r)^n} + \dfrac{F}{(1+r)^n}$

   할인채 : $P = \dfrac{F}{(1+r)^n}$

   영구채 : $P = \dfrac{R}{1+r} + \dfrac{R}{(1+r)^2} + \cdots = \dfrac{R}{r} \quad (= \dfrac{1}{r} \text{ if } R=1)$

3. 명목이자율과 실질이자율간의 관계

   통상 이자율이라 할 때는 명목이자율을 가리킴

   피셔방정식 : $r = rr + \pi^e$

   명목이자율의 적정성 : $r = \hat{y} + \pi^e$

4. 이자율과 수익률의 종류

   자연이자율, 시장이자율

   만기수익률, 경상수익률, 보유수익률, 할인수익률

[표 12-2] 우리나라의 이자율 　　　　　　　　　　　　　　　　　　　　（단위: 연리 %）

	2000	2005	2010	2015	2020
무담보콜금리(1일)	5.13	3.33	2.16	1.65	0.70
CD유통수익률(91일)	7.08	3.65	2.67	1.76	0.92
CP유통수익률(91일)	7.44	3.81	2.87	1.86	1.50
국고채유통수익률(3년)	8.30	4.27	3.72	1.79	0.99
회사채유통수익률(3년)	9.35	4.68	4.66	2.08	2.13
예금은행 정기예금금리	7.08	3.57	3.18	1.72	1.04
예금은행 기업대출금리	8.18	5.65	5.56	3.69	2.84

출처: 한국은행, http://ecos.bok.or.kr
주: 예금은행 금리는 기간별 가중평균금리임

[표 12-2]는 우리나라의 이자율에 대한 통계를 요약해 놓은 것이다. 2010년에 2~5%대 숫자를 보였던 이자율은 2020년에 1~2% 내외로 하락하였으며 2018년에도 1~3% 내외 수준을 유지하고 있다.

12.2 이자율의 결정이론

이자율의 결정이론에서는 경제를 대표하는 하나의 이자율('the' interest rate)이 존재한다고 가정하고 이자율의 수준을 결정하는 요인이 무엇인지를 분석한다. 여기에는 인플레이션율이 0%인 물가불변의 가정하에서의 이자율 결정이론과 인플레이션율이 0%가 아니라는 물가변동의 가정하에서의 명목이자율 결정이론이 있다. 물가불변하의 이자율 결정이론에는 재화시장에서 저축과 투자에 의해 이자율이 결정된다는 고전학파의 저축·투자설, 화폐시장에서 화폐수요와 화폐공급에 의해 이자율이 결정된다는 케인즈의 유동성선호설, 두 이론을 통합한 현대적대부자금설이 있다. 그리고 물가변동하의 명목이자율 결정이론은 피셔방정식을 이용하여 분석할 수 있다.

1. 고전학파의 저축·투자설 : 고전적 대부자금설

고전학파의 저축·투자설은 고전적 대부자금설이라고도 한다. 고전학파의 저축·투자설에서 기업은 채권발행을 통하여 채권을 공급함으로써 투자자금을 조달하기 때문에 채권공급의 증가분(ΔB^s)은 투자(I)와 일치한다.

$$\Delta B^s = I(r) \tag{9}$$

한편 가계는 채권구입을 위해 저축자금으로 채권을 수요하기 때문에 채권수요의 증가분(ΔB^d)은 저축(S)과 일치한다. 투자(investment)와 저축(saving)은 기간 중에 측정하는 유량(flow)변수이므로 채권도 신규채권 발행분에 대한 수요와 공급을 의미한다.

$$\Delta B^d = S(r) \tag{10}$$

이자율이 상승하면 투자가 감소하므로 투자는 이자율의 감소함수이다. 반면에 이자율이 상승하면 저축이 증가하기 때문에 저축은 이자율의 증가함수이다. 고전학파에 의하면 재화시장에서 저축과 투자가 일치하는 균형점에서 이자율의 수준이 결정된다. 이와 같이 결정된 균형이자율에서 채권의 공급과 채권의 수요도 일치한다.

$$\Delta B^s = I(r) \underset{\ominus}{=} S(r) \underset{\oplus}{=} \Delta B^d \tag{11}$$

재화시장 또는 채권시장에 대한 분석을 통하여 균형이자율의 결정을 설명하려는 이 이론은 부분균형(partial equilibrium)분석으로서 여타 시장이 저축과 투자, 즉 채권에 대한 수요와 공급에 미치는 효과를 도외시하고 있다. 그리고 이 이론은 가계가 보유할 수 있는 자산은 오직 채권밖에 없으며, 자산을 화폐의 형태로 보유할 수 없다는 가정에 기초하고 있다.

고전학파의 경우 이자율이 자본의 한계생산성과 저축자의 시간선호율에 의해 결정되는데 경제의 발전단계에 따라 후진국의 자본의 한계생산성은 높고 선진국의 자본의 한계생산성은 낮은 경향이 있다. 이러한 의미에서 고전학파의 이자율을 장기균형적인 자연이자율이라 한다. 결국 고전학파는 이자율을 유량변수인 저축과 투자에 의해 결정되는 실물적 현상으로 보고 있으며, 현재소비를 미래로 연기하고 저축하는 것에 대한 보상으로 파악한다.

그림 12-1 이자율의 결정 : 고전학파의 저축 · 투자설

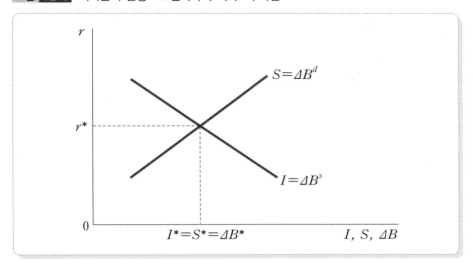

고전학파의 저축·투자설에 의한 이자율의 결정을 그래프로 나타내면 [그림 12-1]과 같다. 저축과 투자가 일치하는 균형에서, 또는 채권공급의 증가분과 채권수요의 증가분이 일치하는 균형에서 균형이자율(r^*)과 균형채권량의 증가분(ΔB^*)이 결정된다. 균형점에서 ΔB^*의 크기는 투자(I^*)와 저축(S^*)의 크기와 같다.

2. 케인즈의 유동성선호설

고전학파는 이자율이 저축과 투자에 의해 결정되는 실물적 현상이며 현재소비를 미래로 연기하고 저축하는 것에 대한 보상으로 파악하는 데 비해, 케인즈의 유동성선호설(liquidity preference theory)은 이자율(r)을 저량(stock)변수인 화폐공급(M^s)과 화폐수요(M^d)에 의해 결정되는 화폐적 현상으로 파악한다. 유동성선호설에 의하면 이자율은 화폐 이외의 금융자산을 보유할 경우 포기하는 유동성에 대한 보상으로 간주한다. 식 (12)와 같이 케인즈의 투기적 화폐수요는 이자율의 감소함수이며, 화폐공급이 내생적이라면 M^s는 r의 증가함수가 되고 화폐공급이 외생적이라면 M^s는 r과 무관하게 결정된다.

$$M^s(r) \underset{\oplus}{=} M^d(r) \underset{\ominus}{\;} \tag{12}$$

유동성선호설은 사람들이 화폐(M)와 채권(B)의 형태로만 자산을 보유한다고 가정한다. 이 경우 화폐공급(M^s)과 채권공급(B^s)의 합이 화폐수요(M^d)와 채권수요(B^d)의 합과 같을 때 자산시장의 균형조건이 성립한다.

$$M^s + B^s = M^d + B^d \tag{13}$$

식 (13)에서 M^d를 좌변으로 이항하고 B^s를 우변으로 이항하면 식 (14)가 성립한다.

$$M^s - M^d = B^d - B^s \tag{14}$$

식 (14)로부터 화폐시장이 균형($M^s = M^d$)을 이루어 좌변이 0이 된다면 채권시장도 균형($B^d = B^s$)이 이루어진다. 따라서 이자율의 결정이론에서 이자율 수준의 결정을 화폐시장에서의 수요와 공급으로 파악하거나 채권시장에서의 수요와 공급으로 파악하거나 동일한 결과가 도출된다.

그림 12-2 이자율의 결정 : 케인즈의 유동성선호설

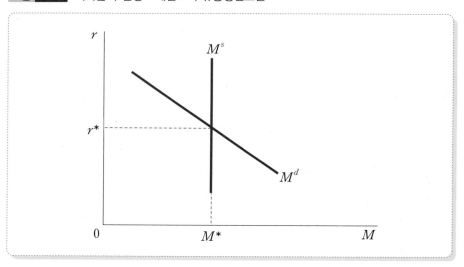

화폐공급이 외생적인 경우 케인즈의 유동성선호설에 의한 이자율의 결정을 그래프로 나타내면 [그림 12-2]와 같다. 화폐공급과 화폐수요가 일치하는 균형점에서 균형이자율(r^*)과 균형화폐량(M^*)이 결정된다.

3. 현대적 대부자금설

현대적 대부자금설(modern loanable funds theory)은 통화적 대부자금설(monetary loanable funds theory)이라고도 한다. 현대적 대부자금설은 유량(flow)개념의 고전학파의 저축·투자설과 저량(stock)개념의 케인즈의 유동성선호설을 유량(flow)변수로 통일하여 결합시킨 이론이다. 기업은 채권발행을 통하여 채권을 공급함으로써, 투자자금을 조달하고 남은 자금을 화폐로 보유한다. 따라서 채권공급의 증가분(ΔB^s)은 투자(I)와 화폐수요의 증가분(ΔM^d)의 합과 일치한다.

$$\Delta B^s = I(r) + \Delta M^d(r) \tag{15}$$

한편 가계는 채권구입을 위해 저축해 놓은 자금과 추가로 공급된 화폐(ΔM^s)로 채권을 수요하기 때문에, 채권수요의 증가분(ΔB^d)은 저축(S)과 화폐공급의 증가분(ΔM^s)의 합과 일치한다.

$$\Delta B^d = S(r) + \Delta M^s \tag{16}$$

채권시장의 균형조건으로부터 가계의 총자금공급과 기업의 총자금수요가 일치하는 균형식이 도출된다.

$$S(r) + \Delta M^s = I(r) + \Delta M^d(r) \tag{17}$$

현대적 대부자금설은 재화시장과 화폐시장이 개별적으로 균형이 될 필요가 없고, 두 시장의 통합수요와 통합공급이 일치하는 균형점에서 균형이자율이 도출된다.

현대적 대부자금설에 의한 이자율의 결정을 그래프로 나타내면 [그림 12-3]과 같다. 저축과 화폐공급의 증가분의 합이 투자와 화폐수요의 증가분의 합과 일

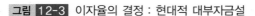

그림 12-3 이자율의 결정 : 현대적 대부자금설

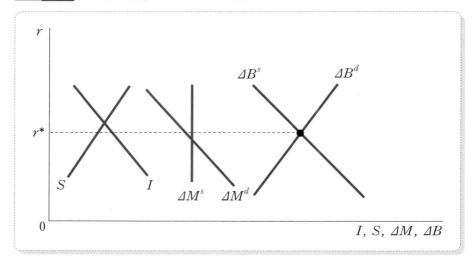

치하는 균형점에서 균형이자율(r^*)이 결정된다. 저축과 화폐공급 증가분의 합인 ΔB^d를 그래프로 나타내면, 저축곡선과 화폐공급 증가분의 곡선을 수평적으로 합계(horizontal sum)한 곡선이 된다. 그리고 투자와 화폐수요 증가분의 합인 ΔB^s를 그래프로 나타내면, 투자곡선과 화폐수요 증가분의 곡선을 수평적으로 합계한 곡선이 된다.

　이자율의 결정이론인 고전학파의 저축·투자설, 케인즈의 유동성선호설, 현대적 대부자금설의 특징을 결정요인, 변수의 성질, 이자율의 개념 등으로 정리하면 [표 12-3]과 같다.

[표 12-3] 이자율의 결정이론의 특징

	고전학파의 저축 · 투자설	케인즈의 유동성선호설	현대적 대부자금설
결정요인	재화시장의 S, I	화폐시장의 M^s, M^d	재화시장+화폐시장
변수의 성격	유량(flow)변수	저량(stock)변수	유량(flow)변수
개념	현재소비를 미래로 연기하는 것에 대한 보상	금융자산 보유로 포기하는 유동성에 대한 보상	-
특징	장기균형적인 자연이자율	단기균형적인 시장이자율	-

4. 명목이자율의 결정이론 : 피셔방정식

지금까지 인플레이션율이 0%인 물가불변의 가정하에서 이자율의 결정이론을 고전학파의 저축·투자설, 유동성선호설, 현대적 대부자금설에 의해 살펴보았다. 그러나 인플레이션율이 0%가 아닌 물가변동의 가정하에서는 명목이자율의 결정이론을 분석할 필요가 있다. 인플레이션이 존재하는 경제에서 명목이자율(r)은 실질이자율(rr)과 기대인플레이션(π^e)의 합인 피셔방정식에 의해 결정된다.

$$r = rr + \pi^e \tag{18}$$

고전학파인 피셔(Fisher)는 명목이자율과 실질이자율간의 관계에 대해 실증분석한 결과 단기적으로 실질이자율이 일정하기 때문에, 기대인플레이션과 명목이자율간에는 1 : 1의 관계가 있다고 주장하였다. 즉 기대인플레이션이 1%p(퍼센트 포인트) 상승하면 명목이자율도 1%p 상승한다는 것이다. 이를 완전한 피셔효과(full Fisher effect)라 한다.

그러나 케인즈학파가 완전한 피셔효과의 성립여부를 실증적으로 분석한 결과를 보면, 대부분 완전한 피셔효과는 성립하지 않고 1%p의 기대인플레이션 상승에 대하여 명목이자율이 0.6~0.8%p 정도 상승하는 불완전한 피셔효과를 보여주고 있다. 예를 들어 오쿤(Okun)은 명목이자율이 기대인플레이션에 적응하는데 오랜 시간이 소요되며 장기적으로도 명목이자율이 기대인플레이션에 완전히 적응하지 못한다고 하였다. 섬머스(Summers)는 위험도와 유동성이 유사한 대체투자상품을 찾기 어려운 시장의 불완전성 때문에 완전한 피셔효과가 성립하지 않는다고 주장하였다. 그리고 먼델-토빈(Mundell-Tobin)은 기대인플레이션이 상승할 경우 실질잔액(M/P)이 감소함으로써, 경제주체는 실질잔액효과(real balance effect)에 의해 소비를 감소시키고 저축을 증가시키게 된다. 실질잔액의 감소에 의한 저축의 증가는 실질이자율을 하락시키는 효과가 있기 때문에 명목이자율은 기대인플레이션보다 상대적으로 작게 상승한다. 이를 기대인플레이션의 명목이자율에 대한 먼델-토빈의 실질잔액효과라 한다.

한편 다비(Darby)는 기대인플레이션이 1%p 상승하면 명목이자율이 1%p 이상 상승하는 다비효과(Darby effect)를 주장하였다. 저축자는 인플레이션의 발생을 전후하여 세후실질수익률을 일정하게 보장받으려 하기 때문에, 기대인플레이션 상승폭보다 명목이자율의 상승폭이 상대적으로 커야 한다는 것이다. 가령 기대인플레이션이 5%p 상승할 것으로 예상되면 명목이자율이 5%p 이상 올라야 세후실질수익률이 같아지게 된다. 예를 들어 이자소득세율이 20%인 경우 $r=10\%$, $\pi^e=3\%$이면 세후실질수익률은 다음과 같다.

$$rr = 10(1-0.2)-3 = 5(\%)$$

여기서 π^e가 8%로 5%p로 상승하고 명목이자율도 15%로 5%p 상승하면 세후실질수익률은 4%로서 이전의 세후실질수익률보다 낮다.

$$rr = 15(1-0.2)-8 = 4(\%)$$

따라서 이 경우 명목이자율이 16.25%로 6.25%p 상승해야 세후실질수익률이 이전과 같은 5%가 된다.

$$rr = 16.25(1-0.2)-8 = 5(\%)$$

| 명목이자율의 결정이론 |

1. 완전한 피셔효과 : 실질이자율 불변
   기대인플레이션과 명목이자율간에는 1 : 1의 관계가 있음
   기대인플레이션이 1%p 상승하면 명목이자율도 1%p 상승
2. 불완전한 피셔효과
   기대인플레이션과 명목이자율간에는 1 : 0.6~0.8의 관계가 있음
   기대인플레이션이 1%p 상승하면 명목이자율은 0.6~0.8%p 상승
   오쿤 : 장기적으로 명목이자율이 기대인플레이션에 완전히 적응하지 못함
   섬머스 : 금융시장의 불완전성 때문에 완전한 피셔효과가 성립하지 않음
   먼델–토빈의 실질잔액효과 : 기대인플레이션 상승, 실질잔액 감소, 소비
   　　　　　　　　　　　　　　 감소, 저축 증가, 실질이자율 하락, 명목이
   　　　　　　　　　　　　　　 자율 상대적으로 작게 상승
3. 다비효과
   세후실질수익률을 일정하게 보장받으려면 기대인플레이션 상승폭보다
   명목이자율의 상승폭이 상대적으로 커야 함

12.3 이자율의 기간구조이론

이자율 결정이론에서 설정한 대표이자율의 가정을 완화하여 현실 경제에 존재하는 단기이자율과 장기이자율간의 관계를 규명하는 이론이 이자율의 기간구조(term structure of interest rates)이론이다. 여기에는 불편기대이론, 유동성 프리미엄이론, 특정시장선호이론, 시장분할이론이 있다.

1. 불편기대이론

불편기대이론(unbiased expectations theory)은 기대이론(expectations theory)이라고도 한다. 불편기대이론은 만기가 다른 단기채권과 장기채권간에 완전한 대체관계가 존재한다고 가정한다. 투자자가 자금을 장기간 운용할 경우 2가지 방법 중에서 선택할 수 있다. 첫째 방법은 장기채권에 투자하여 자금을 장기간 동안 한 번 운용하는 것이고, 둘째 방법은 단기채권에 투자하여 자금을 장기간 동안 여러 번 운용하는 것이다. 장단기채권간에 완전한 대체관계가 있다는 의미는 투자자가 단기채권과 장기채권 사이에 동일한 선호를 갖는다는 것이다. 따라서 채권시장의 균형에서는 2가지 채권투자 방법의 수익률이 같아진다.

예를 들어 불편기대이론에 의하면 3년간 자금을 운용하는 방법과 1년씩 세 번 자금을 운용하는 방법의 수익률이 동일해진다. 현재 t 기의 3년 만기 장기채권의 이자율을 $R_{t,3}$, 현재 t 기의 1년 만기 단기채권의 이자율을 $R_{t,1}$, $t+1$ 기의 1년 만기 단기채권의 예상이자율을 $r^e_{t+1,1}$, $t+2$ 기의 1년 만기 단기채권의 예상이자율을 $r^e_{t+2,1}$이라 하면 장단기 이자율간의 관계식은 다음과 같다.

$$(1+R_{t,3})^3 \;=\; (1+R_{t,1})(1+r^e_{t+1,1})(1+r^e_{t+2,1}) \tag{19}$$

현재의 장기이자율($R_{t,3}$)과 현재의 단기이자율($R_{t,1}$)은 관찰가능한 값이고 1년 후의 단기이자율과 2년 후의 단기이자율은 현재 관찰이 되지 않기 때문에 예상한 값($r^e_{t+1,1}$, $r^e_{t+2,1}$)을 사용한다. 식 (19)에 의하면 장기이자율($R_{t,3}$)은 단기예상이자율들($R_{t,1}$, $r^e_{t+1,1}$, $r^e_{t+2,1}$)의 기하평균이 된다. 기하평균인 식 (19)를 근사식으로 표시하면 다음과 같이 산술평균식이 된다.

$$R_{t,3} = \frac{R_{t,1} + r^e_{t+1,1} + r^e_{t+2,1}}{3} \qquad (20)$$

식 (19)나 식 (20)에 의하면 장기이자율은 단기예상이자율들의 평균으로 결정됨을 알 수 있다. 결국 불편기대이론에 의하면 미래이자율에 대한 예상이 현재 장기이자율에 반영된다고 볼 수 있다. 미래이자율을 예상하는 데 있어서 편의(bias)가 없는 기대값을 사용한다는 의미에서 이 이론을 불편기대이론이라는 명칭으로 부른다.

예를 들어 $R_{t,1} = 5\%$, $r^e_{t+1,1} = 6\%$, $r^e_{t+2,1} = 7\%$라면 $R_{t,3} = \frac{5+6+7}{3} = 6\%$ 가 되어 장기이자율($R_{t,3} = 6\%$)이 단기이자율($R_{t,1} = 5\%$)보다 높게 된다. 반대로 $R_{t,1} = 5\%$, $r^e_{t+1,1} = 4\%$, $r^e_{t+2,1} = 3\%$라면 $R_{t,3} = \frac{5+4+3}{3} = 4\%$가 되어 장기이자율($R_{t,3} = 4\%$)이 단기이자율($R_{t,1} = 5\%$)보다 낮게 된다. 따라서 단기채권의 이자율이 앞으로 상승할 것으로 예상되면 현재의 장기이자율은 현재의 단기이자율보다 높은 수준에서 형성될 것이며, 단기채권의 이자율이 앞으로 하락할 것으로 예상되면 현재의 장기이자율은 현재의 단기이자율보다 낮은 수준에서 형성될 것이다.

현재 관찰 가능한 장단기 이자율간의 관계를 [그림 12-4]와 같이 (만기, 만기수익률)-좌표에서 그래프로 나타낸 것을 수익률곡선(yield curve)이라 한다. 단기예상이자율들이 앞으로 상승한다면 수익률곡선은 우상향할 것이고, 단기예상이자율들이 앞으로 하락한다면 수익률곡선은 우하향할 것이다.

| 불편기대이론 |

1. 단기채권과 장기채권간에 완전한 대체관계가 존재
2. 장기이자율은 단기예상이자율들의 평균으로 결정
3. 단기미래이자율들에 대한 예상에 따라 수익률곡선은 우상향 또는 우하향함

그러나 정형화된 사실(stylized facts)에 의하면 수익률곡선은 대체로 우상향하며, 수익률곡선은 시기적으로 이동해 왔다. 이런 의미에서 우상향하는 수익률곡선을 정상수익률곡선(normal yield curve)이라 하고, 우하향하는 수익률곡선

그림 12-4 불편기대이론의 수익률곡선

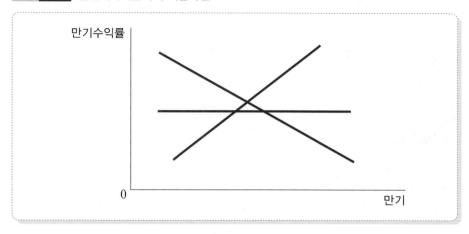

을 전도된 수익률곡선(inverted yield curve) 또는 수익률곡선의 역전현상이라 한다.

불편기대이론은 단기미래이자율들에 대한 예상에 따라 수익률곡선이 우상향 또는 우하향하기 때문에 수익률곡선이 대체로 우상향한다는 정형화된 사실을 잘 설명하지 못하고 있다. 한편 수익률곡선의 이동은 장단기 이자율간의 밀접한 연계성으로 설명이 가능하다. 즉 단기이자율($R_{t,1}$)이 상승하거나 하락할 때 장기 이자율($R_{t,3}$)도 상승하거나 하락해야 수익률곡선의 이동이 가능해진다. 불편기대이론은 장기이자율이 단기예상이자율들의 평균으로 결정된다고 보기 때문에, 장단기 이자율간의 밀접한 연계성이 보장된다. 따라서 불편기대이론은 수익률곡선은 시기적으로 이동해 왔다는 정형화된 사실을 잘 설명하고 있다.

| 수익률곡선에 대한 정형화된 사실 |

1. 대체로 우상향 : 불편기대이론은 잘 설명하지 못함
2. 시기적으로 이동 : 불편기대이론은 잘 설명함

불편기대이론은 수익률곡선이 대체로 우상향하다는 정형화된 사실을 잘 설명하지 못했기 때문에 이를 보완하는 이론들이 출현하게 되었다. 여기에는 유동성프리미엄이론, 특정시장선호이론, 시장분할이론이 있다.

2. 유동성프리미엄이론

유동성프리미엄이론(liquidity premium theory)은 수익률곡선이 시기적으로 이동하는 것뿐만이 아니라 대체로 우상향한다는 것을 설명하기 위해 도입되었다. 이를 위해 유동성프리미엄이론은 불편기대이론과는 달리 장단기 채권간에 불완전한 대체관계를 가정하였다. 장기채권을 보유하는 것은 단기채권을 보유하는 것보다 더 높은 위험을 부담하는 것이기 때문에, 장단기 채권간의 불완전 대체관계를 가정하는 것이다.

장단기채권간에 불완전 대체관계가 있다는 것은 투자자가 단기채권을 장기채권보다 더 선호한다는 것을 의미한다. 따라서 장기채권을 판매하려면 장기이자율을 단기예상이자율들의 평균보다 더 높게 책정해야 한다. 이렇듯 장기이자율의 수준을 결정하는 데 있어서 단기예상이자율들의 평균에다 추가적으로 더해지는 부분을 유동성프리미엄이라 한다. 유동성프리미엄(LPr_t: liquidity premium)은 장기채권에 투자함으로써 유동성을 장기간 포기하는 것에 대한 대가이므로 항상 양($+$)의 값을 갖게 되며, 채권의 만기가 길어질수록 유동성프리미엄의 값은 커진다. 따라서 유동성프리미엄이론에 의하면 장기이자율은 단기예상이자율들의 평균과 유동성프리미엄의 합으로 나타낼 수 있다.

$$R_{t,3} = \frac{R_{t,1} + r_{t+1,1}^e + r_{t+2,1}^e}{3} + LPr_t \tag{21}$$

유동성프리미엄이론은 양($\oplus$)의 유동성프리미엄의 존재로 인해 수익률곡선이 우상향하는 이유를 잘 설명하고 있으며, 장단기 이자율간의 밀접한 연계성으로 인해 수익률곡선의 이동을 잘 설명하고 있다.

| 유동성프리미엄이론 |

1. 단기채권과 장기채권간에 불완전한 대체관계가 존재
2. 유동성프리미엄 : 장기채권 투자로 유동성을 장기간 포기하는 대가
   항상 양($\oplus$)의 값을 가짐
3. 장기이자율 = 단기예상이자율들의 평균 + 유동성프리미엄
4. 수익률곡선의 우상향과 수익률곡선의 이동을 잘 설명함

3. 특정시장선호이론

특정시장선호이론(preferred habitat theory)도 수익률곡선이 시기적으로 이동하는 것뿐만이 아니라 대체로 우상향한다는 것을 설명하기 위해 도입되었다. 이를 위해 특정시장선호이론은 불편기대이론과는 달리 장단기 채권간에 불완전한 대체관계를 가정하였다.

대부분의 투자자는 위험을 고려하여 단기채권을 장기채권보다 더 선호하기 때문에, 장기채권을 판매하려면 장기이자율을 단기예상이자율들의 평균보다 더 높게 책정해야 한다. 이와 같이 장기이자율의 수준을 결정하는 데 있어서 단기예상이자율들의 평균에다 추가적으로 더해지는 부분을 양(⊕)의 값을 갖는 기간프리미엄이라 한다. 그러나 상속이나 증여의 목적으로 장기채권을 더 선호하는 투자자는 장기이자율이 단기예상이자율들의 평균보다 낮더라도 장기채권을 매입할 것이다. 이 경우에는 장기이자율이 단기예상이자율들의 평균에다 음(⊖)의 값을 갖는 기간프리미엄의 합으로 결정된다. 기간프리미엄(TPr_t: term premium)은 예외적으로 음(⊖)의 값을 가질 수도 있으나 대부분의 경우에는 양(⊕)의 값을 갖는다.

따라서 특정시장선호이론에 의하면 장기이자율은 단기예상이자율들의 평균과 기간프리미엄의 합으로 나타낼 수 있다.

$$R_{t,3} = \frac{R_{t,1} + r_{t+1,1}^e + r_{t+2,1}^e}{3} + TPr_t \tag{22}$$

특정시장선호이론은 대체로 양(⊕)의 값을 갖는 기간프리미엄의 존재로 인해 수익률곡선이 우상향하는 이유를 어느 정도 잘 설명하고 있으며, 장단기 이자율간의 밀접한 연계성으로 인해 수익률곡선의 이동을 잘 설명하고 있다.

| 특정시장선호이론 |

1. 단기채권과 장기채권간에 불완전한 대체관계가 존재
2. 기간프리미엄 : 단기채권을 선호하는 투자자의 기간프리미엄은 양($\oplus$)의 값
   장기채권을 선호하는 투자자의 기간프리미엄은 음($\ominus$)의 값
   대체로 양($\oplus$)의 기간프리미엄이 일반적
3. 장기이자율 = 단기예상이자율들의 평균 + 기간프리미엄
4. 수익률곡선의 우상향 : 대체로 양($\oplus$)의 기간프리미엄으로 어느 정도 설명
   수익률곡선의 이동 : 장단기 이자율간의 밀접한 연계성으로 잘 설명

4. 시장분할이론

시장분할이론(market segmentation theory)은 장단기 채권간에 대체관계가 없다고 가정한다. 왜냐하면 시장장분할이론에서는 만기가 상이한 채권간에는 시장이 분리되어 있다고 보기 때문이다. 채권시장에서 위험을 줄이기 위해 가계는 단기채권의 수요를 선호하게 되나, 기업은 안정적인 자금조달을 위해 장기채권의 공급을 선호하게 된다.

단기채권의 시장에서는 가계의 채권수요가 기업의 채권공급보다 크기 때문에 초과수요가 발생한다. 단기채권 시장의 초과수요로 인해 단기채권의 가격이 상승하고 단기이자율이 하락하게 된다. 반면에 장기채권의 시장에서는 기업의 채권공급이 가계의 채권수요보다 크기 때문에 초과공급이 발생한다. 장기채권 시장의 초과공급으로 인해 장기채권의 가격이 하락하고 장기이자율이 상승하게 된다.

시장분할이론에서는 단기이자율의 하락과 장기이자율의 상승으로 인해 수익률곡선의 우상향을 잘 설명하고 있다. 그러나 장단기 이자율간에 대체관계가 없다고 가정하기 때문에 장단기 이자율간의 연계성이 없다. 따라서 시장분할이론은 수익률곡선의 이동을 설명하지 못한다.

| 시장분할이론 |

1. 단기채권과 장기채권간에 대체관계가 없음
2. 가계는 단기채권의 수요를 선호 : 단기채권가격의 상승, 단기이자율의 하락
   기업은 장기채권의 공급을 선호 : 장기채권가격의 하락, 장기이자율의 상승
3. 수익률곡선의 우상향 : 단기이자율의 하락과 장기이자율의 상승으로 잘
   설명
   수익률곡선의 이동 : 장단기 이자율간에 연계성이 없어 설명하지 못함

12.4 이자율의 변동요인 분석

1. 경기변동

경기확장(expansion)국면에는 기업의 생산 및 투자활동이 왕성하기 때문에 원자재 구입과 임금의 지급 등 경상적인 지출이나 투자지출에 필요한 자금수요가 증가하여 이자율이 상승한다. 여기서 이자율은 명목이자율을 가리킨다. 그러나 경기변동에 대한 자금수요의 조정이 늦어지기 때문에 이자율(r)은 [그림 12-5]와 같이 일반적으로 경기확장국면의 초기에는 하락하다가 점차 시간이 지남에 따라 상승하는 모습을 보인다.

한편 경기수축(contraction)국면에는 기업의 생산 및 투자 활동이 위축되기 때문에 경상적인 지출이나 투자지출에 필요한 자금수요가 감소하여 이자율이 하락한다. 그러나 경기변동에 대한 자금수요의 조정이 늦어지기 때문에 이자율은 [그림 12-6]과 같이 일반적으로 경기수축국면의 초기에는 상승하다가 점차 시간이 지남에 따라 하락하는 모습을 보인다.

이러한 의미에서 이자율은 경기와 대체로 같은 방향으로 움직이며, 이자율은 경기에 후행한다.

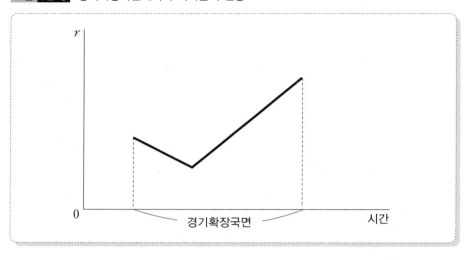

그림 12-5　경기확장국면에서의 이자율의 변동

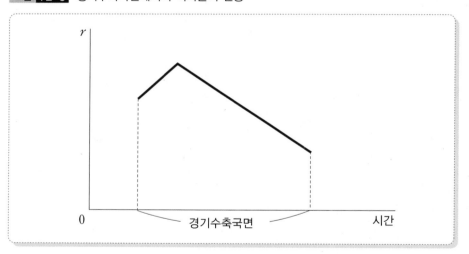

그림 12-6　경기수축국면에서의 이자율의 변동

2. 인플레이션

인플레이션이 명목이자율에 미치는 영향은 피셔방정식에 의해 설명할 수 있다. 실질이자율(rr)이 일정하거나 변동폭이 미세한 경우 기대인플레이션(π^e)이 높아질 경우 명목이자율(r)이 상승하고, 기대인플레이션이 낮아질 경우 명목이자율이 하락한다.

$$r = rr + \pi^e \tag{23}$$

따라서 명목이자율은 인플레이션과 대체로 같은 방향으로 움직인다. 그러나 기대인플레이션이 변동할 경우 명목이자율이 시간이 지남에 따라 서서히 반응하기 때문에 명목이자율은 인플레이션에 후행한다.

3. 화폐공급

화폐공급의 변동은 시간이 지남에 따라 명목이자율에 대해 유동성효과, 소득효과, 피셔효과를 나타낸다. 첫째 화폐공급이 증가하면 3~4개월 정도의 초기에는 명목이자율이 하락한다. 이를 화폐공급의 이자율에 대한 유동성효과(liquidity effect)라 한다. 화폐수요함수를 명목화폐량의 형태로 나타내면 다음과 같다.

$$M^d = PL(\underset{\ominus}{r}, \underset{\oplus}{Y}) \tag{24}$$

(M, r)-좌표에서 국민소득(Y)과 물가(P)는 화폐수요함수의 이동변수가 된다. 즉 Y와 P의 증가는 화폐수요함수를 오른쪽으로 이동시킨다. 유동성효과를 그래프로 나타내면 [그림 12-7]과 같다. 화폐공급이 M_0^s에서 M_1^s으로 증가하여 화폐공급곡선이 오른쪽으로 이동하면 균형점이 점 a에서 점 b로 이행하여 명목이자율이 r_0에서 r_1으로 하락하는 유동성효과가 발생한다.

둘째 화폐시장을 통한 유동성효과로 인하여 명목이자율이 하락하면 실물경제를 자극하게 된다. 즉 명목이자율의 하락으로 투자가 증가하고 국민소득(Y)이 증가하면, 화폐수요가 늘어나서 명목이자율이 상승하게 된다. 이러한 현상을 화폐공급의 이자율에 대한 소득효과(income effect)라 한다. 소득효과는 화폐공급의 증가 이후 1년 전후의 기간에 나타난다. 소득효과를 그래프로 나타내면 [그림 12-8]과 같다. 화폐공급이 M_0^s에서 M_1^s으로 증가하여 명목이자율이 r_0에서 r_1으로 하락(점 a → 점 b)한 결과 국민소득이 Y_0에서 Y_1으로 증가하여 화폐수요곡선이 오른쪽으로 이동하면, 균형점이 점 b에서 점 c로 이행하여 명목이자율이 r_1에서 r_2로 상승하는 소득효과가 발생한다.

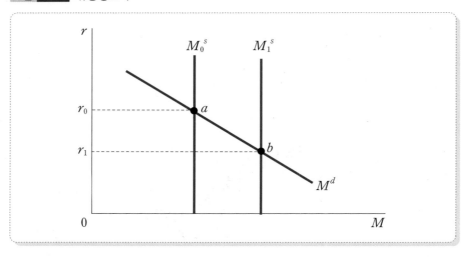

그림 12-7 유동성효과

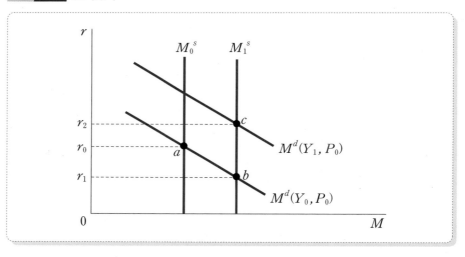

그림 12-8 소득효과

셋째 화폐공급의 증가로 물가(P)가 상승하는 인플레이션이 발생하면 피셔방정식에 의해 명목이자율이 상승하게 된다. 이를 화폐공급의 이자율에 대한 피셔효과(Fisher effect) 또는 기대인플레이션 효과라 한다. 피셔효과는 화폐공급의 증가 이후 1년 6개월 전후의 기간에 나타난다. 피셔효과를 그래프로 나타내면 [그림 12-9]와 같다. 화폐공급이 M_0^s에서 M_1^s으로 증가하여 유동성효과와 소득효과가 발생한 후에 물가(P)가 P_0에서 P_1으로 상승하면 화폐수요곡선이

그림 12-9 피셔효과

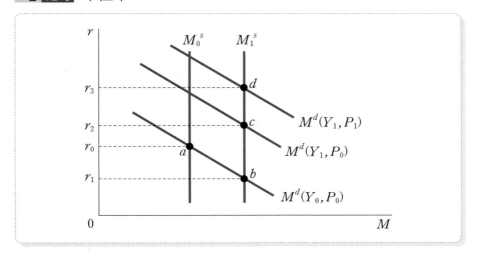

다시 한 번 오른쪽으로 이동한다. 그 결과 균형점이 점 c에서 점 d로 이행하여 명목이자율이 r_2에서 r_3로 상승하는 피셔효과가 발생한다.

시간적으로 보면 [그림 12-10]과 같이 유동성효과가 먼저 나타나고 그 다음에 소득효과와 피셔효과가 나타난다. 일반적으로 단기적으로는 유동성효과가 나타나지만 장기적으로는 피셔효과가 압도하는 양상을 보인다. 이자율이 화폐의 가격(가치)이라면 화폐시장에서의 초과공급은 이자율을 하락시키는 방향으로만

그림 12-10 화폐공급의 증가가 이자율에 미치는 영향

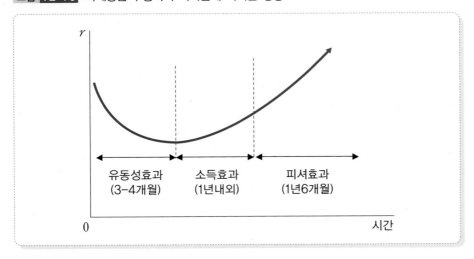

작용해야 한다. 그러나 이자율은 화폐의 가격(가치)이 아니라 화폐수요의 기회비용이기 때문에, 화폐시장에서의 초과공급은 이자율을 하락시키는 방향으로만 작용하는 것이 아니라 초기에는 유동성효과로 이자율이 하락하지만 시간이 지남에 따라 소득효과와 피셔효과로 이자율이 상승하게 된다. 그리고 이자율은 신용(credit, 은행대출자금)의 가격이고 화폐의 가격은 물가의 역수다.

4. 경상수지

경상수지(current account)가 흑자인 경우에는 외화가 국내로 유입된다. 이 경우 중앙은행이 외화를 원화로 교환하는 과정에서 해외부문을 통한 원화의 화폐공급이 증가함으로써 이자율이 하락하게 된다. 그리고 경상수지 흑자기에는 국내의 저축이 투자보다 많아지기 때문에 이자율이 하락한다고 해석할 수도 있다.

반대로 경상수지가 적자인 경우에는 외화가 해외로 유출된다. 이 경우 해외부문을 통한 원화의 화폐공급이 감소함으로써 이자율이 상승하게 된다. 그리고 경상수지 적자기에는 국내의 저축이 투자보다 작아지기 때문에 이자율이 상승한다고 해석할 수도 있다. 따라서 이자율은 경상수지와 음($\ominus$)의 상관관계를 갖는다.

5. 환 율

원화의 대미 달러 환율을 기준으로 환율이 하락하고 원화가 강세인 원화절상기에 환율이 이자율에 미치는 효과를 살펴보자. 예를 들어 환율이 1200 원/\$에서 800 원/\$으로 하락하는 시기에는 단기적으로는 외국인이 원화채권에 투자한 후 상환하여 달러로 교환할 경우 상대적으로 유리하기 때문에, 원화채권의 수요가 증가하여 원화채권의 가격이 상승함으로써 국내 이자율이 하락한다. 그러나 장기적으로는 원화 강세가 경상수지를 악화시킴으로써 국내 이자율을 상승시킨다.

반대로 환율이 상승하고 원화가 약세인 원화절하기에 환율이 이자율에 미치는 효과를 살펴보자. 예를 들어 환율이 800 원/\$에서 1,200 원/\$으로 상승하는 시기에는 단기적으로는 외국인이 원화채권에 투자한 후 상환하여 달러로 교환할 경우 상대적으로 불리하기 때문에, 원화채권의 수요가 감소하여 원화채권의 가격이 하락함으로써 국내 이자율이 상승한다. 그러나 장기적으로는 원화 약세가 경상수지를 개선시킴으로써 국내 이자율을 하락시킨다.

　　이와 같이 환율변동이 이자율에 미치는 단기효과와 장기효과의 방향이 엇갈리기 때문에 이자율과 환율간에는 뚜렷한 상관관계가 없다.

| 이자율의 변동요인 |

1. 경기변동 : 이자율은 경기와 같은 방향으로 움직이며, 경기에 후행
2. 인플레이션 : 이자율은 인플레이션과 같은 방향으로 움직이며, 인플레이션에 후행
3. 화폐공급
　　유동성효과 : 화폐공급이 증가하면 3~4개월의 초기에는 명목이자율이 하락
　　소득효과 : 명목이자율의 하락으로 1년 정도의 기간에 투자가 증가하고 국민소득이 증가하면 화폐수요가 늘어나서 명목이자율이 상승
　　피셔효과 : 화폐공급의 증가로 1년 6개월 전후의 기간에 물가가 상승하는 인플레이션이 발생하면 피셔방정식에 의해 명목이자율이 상승
4. 경상수지 : 이자율은 경상수지와 음(⊖)의 상관관계
5. 환율 : 이자율에 미치는 단기효과와 장기효과의 방향이 엇갈리기 때문에 이자율과 환율간에는 뚜렷한 상관관계가 없음

Episode
에 · 피 · 소 · 드

경제기사로 보는 거시경제: 마이너스 금리

우리가 현실에서 사용하는 명목이자율은 피셔방정식(Fisher Equation)으로 풀이하면 실질이자율에 그 이자율이 의미하는 기간 동안의 물가상승률의 기대치를 더한 것이 된다. 따라서 명목이자율보다 기대인플레이션이 높다면 실질이자율은 마이너스가 된다. 우리나라의 언론에서 마이너스 실질금리에 대한 기사는 많이 찾아 볼 수 있다. 그런데, 명목이자율도 마이너스가 될 수 있을까? 아래 기사(이데일리, 2015.1.15.)에서 스위스 중앙은행이 시중은행이 중앙은행에 예금한 금액에 대해 마이너스 금리를 부과하기로 했다고 전하고 있다. 마이너스 명목 금리를 어떻게 해석할 수 있을까? 이는 중앙은행이 시중은행의 돈을 안전하게 보관해 주는 일종의 "보관료"로 해석할 수 있다. 아래 기사에서도 이 마이너스 금리에 대해 "수수료"라는 표현을 쓰고 있다.

========================= 이하 기사 원문 =========================

스위스중앙銀, 마이너스 기준금리폭 확대..-0.75%
"프랑가치 낮추자"..환율 하한선 폐기

스위스중앙은행(SNB)이 지난해 12월 도입한 마이너스 예금금리 폭을 더 확대했다.

스위스중앙은행은 15일(현지시간) 통화정책회의를 열고 시중은행이 중앙은행에 예치하는 자금에 대해 0.75%의 수수료를 부과하기로 했다고 발표했다. 이는 지난해 12월 부과했던 0.25% 수수료보다 더 커진 것으로 통상 시중은행들이 중앙은행에 자금을 넣을 때 이자를 받는데, 마이너스 예금금리는 오히려 시중은행이 중앙은행에 자금을 예치하고도 벌금 성격의 수수료를 내는 셈이다.

이에 기준금리인 3개월 스위스프랑(CHF) 리보금리를 기존 -0.75~0.25%에서 -1.25~-0.25%로 조정했다. 이같은 조치는 스위스프랑 가치를 낮추려는 의도로 풀이된다.

한편 SNB는 1유로당 1.20프랑으로 설정했던 환율 하한선도 폐기한다고 밝혔다. 이로써 유로존 국가 채무 위기로부터 스위스 경제를 보호하기 위해 만든 환율 하한선

Episode

이 3년 만에 종료됐다.

스위스중앙은행은 "프랑가치가 여전히 높지만 환율 하한선 도입 이후 고평가는 줄어들었다"며 "경제는 새로운 상황에 적응하기 위해 이같은 변화를 이용할 수 있다"고 말했다.

이번 발표에 달러당 1.02스위스프랑 수준이던 스위스프랑 가치는 급락세를 보이며 달러당 0.88스위스프랑 수준으로 떨어졌다.

[이데일리 송이라 기자]

연 습 문 제

01 이표채의 경우 채권가격 결정식에 대해 설명하시오.

02 영구채의 경우 채권가격 결정식에 대해 설명하시오.

03 피셔방정식에 대해 설명하시오.

04 자연이자율과 시장이자율에 대해 각각 설명하시오.

05 고전학파의 저축·투자설에서 이자율의 결정요인, 변수의 성격, 개념 등을 설명하시오.

06 케인즈의 유동성선호설에서 이자율의 결정요인, 변수의 성격, 개념 등을 설명하시오.

07 명목이자율의 결정이론에서 불완전한 피셔효과를 설명하는 먼델-토빈의 실질잔액효과에 대해 설명하시오.

08 이자율의 기간구조이론인 불편기대이론의 특징에 대해 설명하시오.

09 수익률곡선에 대한 정형화된 사실에 대해 설명하시오.

10 이자율의 기간구조이론들이 갖는 수익률곡선의 우상향에 대한 설명력을 비교하시오.

11 경기변동, 인플레이션, 경상수지, 환율의 변동이 이자율에 미치는 효과에 대해 설명하시오.

12 화폐공급의 증가가 이자율에 미치는 효과들에 대해 설명하시오.

13

경기변동과 경기예측

SLIM
MACRO
ECONOMICS

13 경기변동과 경기예측

본장에서는 GDP, 소비, 투자, 고용, 수출, 수입 등 거시경제변수들로 요약되는 총체적 경제활동이 장기적 성장추세를 중심으로 상승과 하락을 반복하는 현상인 경기변동에 대해 개념, 원인, 특징 등을 살펴본다. 그리고 경기변동의 원인과 결과에 관한 여러 학파들의 이론을 설명하고자 한다. 경기변동의 발생원인에 대해 승수–가속도모형, 순환제약모형 등 케인즈학파의 전통적인 이론을 먼저 살펴보고, 최근의 이론으로서 합리적 기대학파의 견해를 설명한다.

한편 경기순환 주기에서 현재의 경기상태를 확정하는 데 오랜 시간이 걸리므로 경기상태를 미리 예측할 필요가 있다. 이러한 의미에서 경기예측이 중요한 연구 분야가 되고 있다. 경기예측의 방법으로서 경기지수에 의한 방법, 설문조사에 의한 방법, 경제모형에 의한 방법 등을 살펴보고자 한다.

13.1 경기변동의 개념

경기(business cycle)라는 용어는 경기변동 또는 경기순환이라고도 한다. 경기란 GDP, 소비, 투자, 고용, 이자율, 물가, 수출, 수입 등 거시경제변수들로 요약되는 총체적 경제활동이 장기적 성장추세를 중심으로 상승과 하락을 반복하는 현상을 가리킨다. 즉 경기란 소비, 투자, 고용 등 실물부문, 화폐의 수요와 공급 등 금융부문, 수출과 수입 등 해외부문의 활동을 포함한 거시경제 지표들의 종합적인 움직임인 경제의 총체적인 활동수준을 의미한다. 그리고 경기의 개념은 특정업체, 특정업종, 특정분야가 아닌 국민경제 전체를 대상으로 한 전반적인 경제방향을 의미한다. 경기변동의 정보는 대체로 실질GDP가 잠재GDP로부터 위와 아래로 등락하는 움직임으로부터 추출한다. 잠재GDP란 사용 가능한 자본, 노동, 기술에 의하여 결정되는 실질GDP의 장기적 성장추세이다. 그러나 국민경제 전체의 경기동향을 보다 정확히 파악하기 위해서는 개별 경제지표들을 합성한 경기종합지수(CI: composite index)와 경기확산지수(DI: diffusion index) 등 종합경기지표를 활용한다.

[그림 13-1]과 같이 경기저점에서 다음 경기저점까지를 경기순환(cycle)이라 한다. 경기순환의 과정은 2분법과 4분법으로 구분할 수 있다. 2분법으로 구분해 보면 경기저점(trough)에서 경기정점(peak)까지의 경기상승 기간을 확장국면(expansion)이라 하고, 경기정점에서 경기저점까지의 경기하락 기간을 수축국면(contraction)이라 한다. 확장국면은 회복(recovery)과 호황(boom)으로 나누고 수축국면은 후퇴(recession)와 불황(depression)으로 나눔으로써, 경기순환을 4분법으로 구분하기도 한다. 우리나라를 포함한 대부분의 국가는 확장국면과 수축국면의 2분법으로 경기순환에 대한 통계를 작성한다. 정점 또는 저점이 발생한 시점을 기준순환일(reference date)이라 한다.

그림 **13-1** 경기순환

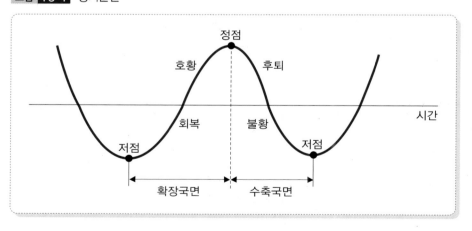

> | 경기변동의 개념 |
>
> 1. 개념 : 총체적 경제활동이 장기적 성장추세를 중심으로 상승과 하락을
>   반복하는 현상
> 2. 경기순환의 구분 : 2분법으로 통계를 작성
>   2분법 : 확장국면과 수축국면
>   4분법 : 회복, 호황, 후퇴, 불황
> 3. 기준순환일 : 정점 또는 저점이 발생한 시점

13.2 경기변동의 특징과 측정

1. 경기변동의 특징

경기변동은 공행성, 변동성, 지속성, 비대칭성의 특징을 갖는다. 첫째 공행성(comovement)은 여러 거시경제변수들이 실질GDP의 변화와 일정한 관계를 갖고 함께 움직이는 현상을 말한다. 공행성은 거시경제변수들이 실질GDP와 같은 방향으로 움직이는 경기순응적(procyclical) 관계, 실질GDP와 반대 방향으로 움직이는 경기역행적(countercyclical) 관계, 실질GDP와 상관관계가 없는 비주기적(acyclical) 관계로 나누어진다. 경기역행적 관계는 경기대응적 관계라고도 한다. 우리나라의 실증분석 결과에 의하면 소비, 투자, 고용은 실질GDP와 높은 양의 상관관계를 가지며, M1, M2, M3는 GDP와 낮은 양의 상관관계를 갖는 것으로 나타났다. 또한 공행운동에 시차가 발생할 경우 시간을 기준으로 거시경제변수들이 실질GDP의 변동보다 먼저 변동하는 선행관계(leading), 거시경제변수들이 실질GDP의 변동보다 나중에 변동하는 후행관계(lagging), 거시경제변수들이 실질GDP의 변동과 동시에 변동하는 동행관계(concurrent)로 나누어진다.

둘째 변동성(volatility)은 거시경제변수들이 장기적 추세로부터 이탈하는 현상이다. 장기적 추세로부터 이탈의 정도는 표준편차로 측정한다. 우리나라의 실증분석 결과에 의하면 실질GDP 대비 투자는 4.2배, M2는 1.3배, M3는 3.2배,

소비는 0.86배, M1은 0.90배, 고용은 0.72배 등으로 나타났다.

셋째 지속성(persistence)은 확장과 수축 등의 경기국면이 한번 시작되면 오랫동안 그 국면에 머무르는 현상이다. 지속성이 나타나는 이유로는 유발투자, 기업간 시간차 임금계약 및 가격책정, 자본재 투자의 건설기간 등을 들 수 있다. 독립투자의 증가로 증가된 GDP가 다시 투자를 증가시키는 것을 유발투자라 하는데 이러한 유발투자가 경기를 지속시킨다. 기업간 시간차 임금계약 및 가격책정(staggered wage and price setting)이 이루어지면 충격이 상당기간 경제 내에 지속된다. 그리고 기업은 몇 년 뒤에 자본재 수익이 높으리라 예상하면 몇 년에 걸쳐 투자를 지속적으로 증대시키기 때문에 경기의 지속성을 야기한다.

넷째 비대칭성(asymmetry)은 확장국면과 수축국면이 서로 다른 패턴을 보이는 현상인데, 대부분의 국가에서 경기확장국면이 경기수축국면보다 평균적으로 길다. 우리나라의 경우 1972년 3월부터 2005년 4월까지 8번의 경기순환을 경험하였는데, 경기확장국면이 평균 31개월이고 경기수축국면이 평균 19개월이었다.

| 경기변동의 특징 |

1. 공행성 : 경제변수들이 실질GDP와 일정한 관계를 갖고 함께 움직이는 현상
   경기순응적, 경기역행적, 비주기적 관계 / 선행, 후행, 동행 관계
2. 변동성 : 거시경제변수들이 장기적 추세로부터 이탈하는 현상
3. 지속성 : 경기국면이 한 번 시작되면 오랜기간 그 국면에 머무르는 현상
   유발투자, 기업간 시간차 임금계약 및 가격책정, 자본재 투자의 건설기간
4. 비대칭성 : 경기확장국면이 경기수축국면보다 평균적으로 긴 현상

---

2. 경기변동의 측정

경제시계열(Y_t: time series data)의 4가지 변동요소에는 추세변동, 순환변동, 계절변동, 불규칙변동이 있다. 경제변수의 변동요소 중에서 경기와 관련성이 낮은 계절변동과 불규칙변동을 제거한 추세-순환변동치를 사용하여 경기를 분석한다. 그러나 선진국에 비해 경제성장속도가 상대적으로 빨라 성장순환(growth cycle)을 보이는 우리나라의 경우 추세-순환변동치에서 추세변동요인

을 제거한 순환변동치를 사용한다.

추세변동(T_t: secular trend)은 경제변수가 장기적으로 상승 또는 하락하는 움직임을 의미하며 시계열 움직임의 기본방향을 제시하는 기준으로 이용된다. 장기추세는 주로 기술진보 및 인구증가에 의해 형성되는 것으로 여겨진다. 순환변동(C_t: cyclical movement)은 경제변수가 장기적 추세로부터 상승하거나 하락하는 현상을 의미한다. 계절변동(S_t: seasonal variation)은 계절의 변화, 명절, 국가적 행사 등에 의해 매년 특정 달이나 특정 분기에 발생함으로써 주기적인 움직임을 보이는 현상을 의미한다. 불규칙변동(I_t: irregular fluctuation)은 추세변동, 순환변동, 계절변동으로 설명할 수 없는 부분으로서, 주로 가뭄 또는 홍수 등과 같은 자연재해나 전쟁 등에 의한 변동을 의미한다.

앞에서 살펴본 바와 같이 경제시계열(Y_t)은 일반적으로 추세변동(T_t), 순환변동(C_t), 계절변동(S_t), 불규칙변동(I_t)의 합으로 구성된다. 이를 수식으로 나타내면 다음과 같다.

$$Y_t = T_t + C_t + S_t + I_t \tag{1}$$

추세변동을 제거하기 위해서는 장기추세선을 추정할 필요가 있다. 장기추세선의 추정에는 60개월 이상의 장기이동평균법과 최소자승법이 있다. 장기이동평균법은 추세선의 모양은 알 수 있으나 해당 방정식을 구할 수 없는 반면, 최소자승법은 추세선의 모양과 추세선의 방정식까지 구할 수 있다. 추세선의 종류에는 직선추세선, Gompertz 추세선, 지수추세선 등이 있다.

경제시계열에서 계절변동을 제거하는 것을 계절조정(seasonal adjustment)이라 한다. 계절조정의 방법에는 전년동기대비 증가율, 단순평균법, 이동평균법, X-11 ARIMA 등이 있다. 단순평균법은 계절변동의 형태가 변화하지 않는다고 가정하는 반면, 이동평균법은 계절변동의 형태가 조금씩 변화한다고 가정한다. 이동평균법은 양단에 존재하는 관측치가 손실되는 단점이 있다. X-11 ARIMA는 X-11모형의 이동평균 과정에서 양단에서 손실되는 관측치를 복원하기 위해, Box-Jenkins의 ARIMA 모형을 원용하여 시계열 양단을 1~2년간 예측하여 연장한 후 연장된 시계열을 가지고 X-11모형의 계산절차를 행한다.

불규칙변동을 조정하는 MCD(Months for Cyclical Dominance) 이동평균법은 개별지표의 추세 및 순환요인을 저해하지 않고 불규칙요인을 실질적으로 제거할 수 있는 통상 3개월 이내의 최소기간으로 이동평균을 행하는 방법이다.

　　이 방법은 불규칙요인의 평균변화율을 순환변동요인의 평균변화율로 나눈 값이 1보다 작아지는 최소월간격(MCD span)을 이용한다.

　　경기순환의 주기에는 장기순환, 중기순환, 단기순환이 있다. 장기순환은 50∼60년 주기의 콘드라티에프(Kondratiev) 순환, 중기순환은 10년 전후 주기의 주글라(Juglar) 순환, 단기순환은 2∼6년 주기의 키친(Kitchin) 순환이라고 한다. 일반적으로 경기순환은 단기순환을 의미한다.

| 경기변동의 측정 |

1. 경제시계열의 4가지 변동요소 : 추세변동, 순환변동, 계절변동, 불규칙변동
2. 경기변동의 측정
　경기와 관련성이 낮은 계절변동과 불규칙변동을 제거한 추세-순환변동치를 사용
　성장순환을 보이는 우리나라의 경우 순환변동치를 사용
3. 순환변동치의 추출
　추세변동의 제거 : 60개월 이상의 장기이동평균법과 최소자승법
　계절조정 : 전년동기대비 증가율, 단순평균법, 이동평균법, X-11 ARIMA
　불규칙변동 조정 : MCD(Months for Cyclical Dominance) 이동평균법
4. 경기순환의 주기
　장기순환 : 50∼60년 주기의 콘드라티에프(Kondratiev) 순환
　중기순환 : 10년 전후 주기의 주글라(Juglar) 순환
　단기순환 : 2∼6년 주기의 키친(Kitchin) 순환

---

3. 우리나라의 경기순환

　　우리나라의 경기순환은 장기적 성장추세선을 중심으로 경기의 기복현상을 보이는 성장순환(growth cycle)의 특징을 나타낸다. 통계청은 GDP, 광공업생산 등 개별지표와 경기종합지수의 변동을 분석한 후 관련 전문가의 의견을 들어 기준순환일을 발표한다.

1972년 3월부터 최근까지 열 번의 경기순환을 경험하였다. 경기순환의 평균주기는 49개월, 평균확장기간은 31개월, 평균수축기간은 18개월로서 확장기간이 수축기간에 비해서 평균지속기간이 약 1년 정도 긴 경기의 비대칭성을 보인다.

전 기간을 통하여 가장 큰 영향을 미친 건설투자의 순환변동 기여율은 제2, 3, 5순환에 걸쳐 각각 20%를 상회하였다. 제2순환기에 추진된 중화학공업 육성정책에 따른 활발한 공장건설, 제3순환기인 1983년의 25% 건설투자 증가 및 제5순환기 중 주택 200만호 건설 등이 있었다. 우리나라 제1~4순환은 해외요인에 의해서 큰 영향을 받았다. 원유가격은 제1, 2순환기의 경기위축과 제4순환기의 경기상승을 주도하였으며, 미·일 등의 선진국 경기회복에 힘입은 수출은 제2순환기 상승국면의 주요 원인이 되었다. 또한 국제상품가격의 변동은 제3순환기의 변동폭을 심화시켰다. [표 13-1]에는 우리나라 경기순환의 기초통계가 표시되어 있으며 [그림 13-2]에는 우리나라 경기순환국면의 그래프가 표시되어 있다.

제1순환은 1973년 3월부터 1975년 6월까지이다. 1972년 초에 '경기회복을 위한 당면 경제대책' 등을 실시하였으나 기업의 재무구조 악화와 경영부실로 경기활성화는 지연되었다. 이를 해결하고자 1972년에 사채동결 및 금리인하정책인 '8.3조치'를 실시하여 경기회복세는 가속되었으나, 1973년 10월의 제1차 석유파동으로 인해 국내경기는 1974년 2월을 정점으로 1975년 6월까지 서서히 냉각되었다.

제2순환은 1975년 6월부터 1980년 9월까지이다. 1975년 초 부양조치와 중

[표 13-1] 우리나라 경기순환의 기초통계 (단위: 개월)

	저 점	정 점	저 점	확장국면	수축국면	전체순환기간
제1순환기	1972. 3	1974. 2	1975. 6	23	16	39
제2순환기	1975. 6	1979. 2	1980. 9	44	19	63
제3순환기	1980. 9	1984. 2	1985. 9	41	19	60
제4순환기	1985. 9	1988. 1	1989. 7	28	18	46
제5순환기	1989. 7	1992. 1	1993. 1	30	12	42
제6순환기	1993. 1	1996. 3	1998. 8	38	29	67
제7순환기	1998. 8	2000. 8	2001. 7	24	11	35
제8순환기	2001. 7	2002. 12	2005. 4	17	28	45
제9순환기	2005. 4	2008. 1	2009. 2	33	13	46
제10순환기	2009. 2	2011. 8	2013. 3	30	19	49
제11순환기	2013. 3	2017. 9	—	54	—	—
평균				33	18	51

출처: 통계청
주: 평균은 제1순환부터 최근까지 경기순환의 평균임

그림 13-2 우리나라의 경기순환국면

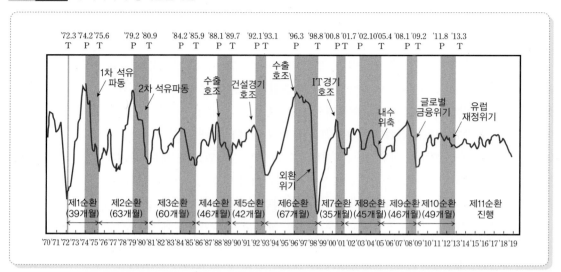

동특수, 중화학공업지향 산업구조정비, 부동산경기과열 등으로 제2순환의 상승기는 44개월 간 1979년 2월까지 계속되었다. 장기간에 걸친 경기과열을 완화하기 위한 정부의 '4.17 경기안정종합시책' 은 경기를 급속히 둔화시켰으며, 1979년에 발생한 제2차 석유파동과 10.26, 5.17 등 사회적 혼란으로 민간소비와 설비투자가 크게 위축되어 경기를 1980년 9월까지 완전히 냉각시켰다.

제3순환은 1980년 9월부터 1985년 9월까지이다. 경기회복세가 기대에 미치지 못하자 정부는 1981년 하반기 중 금리인하, 기업자금 공급확대 등의 경기부양책을 시행하여 1984년 2월까지 완만한 상승을 지속하였다. 그 후 무리한 투자확대 지양과 부동산 투기억제 등 긴축정책이 효과를 가져와 물가가 안정되었으나, 국내경기는 1984년 2월 이후 1985년 9월까지 위축되었다.

제4순환은 1985년 9월부터 1989년 7월까지이다. 1985년 9월 이후 달러가치의 하락, 원유가격의 하락, 국제금리의 하락 등 '3저 현상' 으로 상승국면에 진입한 우리 경제는 1988년 1월까지 다시 한번 고도성장기를 맞게 되었다. 1988년 1월 이후 국제수지 흑자로 인한 원화절상과 극심한 노사분규로 국내경기는 1988년 1월부터 1989년 7월까지 하락하였다.

제5순환은 1989년 9월부터 1993년 1월까지이다. 정부는 1989년 4월에 신도시건설계획, 7월에 임시 투자세액공제제도, 11월에 내수부양대책을 실시하였으며, 1990년 4월에 '4.4 경제활성화 종합대책' 을 실시하였다. 그러나 경기가 건설투자를 중심으로 과열양상을 보이자 정부는 1991년 1월에 경제안정화대책을 발표하였다. 그 결과 경기는 1992년 1월에 정점에 도달했으며, 그 이후 1993년 1월까지 수축국면에 진입하였다.

제6순환은 1993년 1월부터 1998년 8월까지이다. 경기정점인 1996년 3월 이후 원화강세로 인한 수출 부진으로 국내경기는 하락했으며 외채급증, 대기업도산, 동남아 국가들의 외환위기의 전이 등으로 1997년 말 우리나라 경제는 외환위기로 1970년 이후 가장 침체되었던 1998년을 지나왔다.

제7순환은 1998년 8월부터 2001년 7월까지이다. IMF 체제 이후 IT산업의 활성화에 기인한 광공업생산의 증가와 소비회복 등으로 실물지표가 회복됨에 따라 경기선행지수가 1998년 10월부터 가파르게 상승함으로써 2000년 8월까지 본격적인 경기회복을 나타내었다. 그 후 세계 IT 경기침체와 설비투자의 위축으로 경기가 하락하였다.

제8순환은 2001년 7월부터 2005년 4월까지이며 기존패턴과는 반대로 확장기간이 수축기간보다 짧았다. 2001년 하반기부터 가계대출의 확대와 수출의 회복으로 2002년 12월까지 경기상승이 지속되었다. 그러나 2003년 이후 투자와 소비의 침체, 투신사의 유동성 위기 등으로 2005년 4월까지 28개월 동안 경기하락이 지속되었다.

제9순환은 2005년 4월부터 2009년 2월까지이다. 경기가 33개월 확장하다가

[표 13-2] 미국 경기순환의 기초통계 (단위: 개월)

	저점	정점	저점	확장국면	수축국면	전체순환기간
제 1 순환	1854. 12	1857. 6	1858. 12	30	18	48
제23순환	1945. 10	1948. 11	1949. 10	37	11	48
제24순환	1949. 10	1953. 7	1954. 5	45	10	55
제25순환	1954. 5	1957. 8	1958. 4	39	8	47
제26순환	1958. 4	1960. 4	1961. 2	24	10	34
제27순환	1961. 2	1969. 12	1970. 11	106	11	117
제28순환	1970. 11	1973. 11	1975. 3	36	16	52
제29순환	1975. 3	1980. 1	1980. 7	58	6	64
제30순환	1980. 7	1981. 7	1982. 11	12	16	28
제31순환	1982. 11	1990. 7	1991. 3	92	8	100
제32순환	1991. 3	2001. 3	2001. 11	120	8	128
제33순환	2001. 11	2007. 12	2009. 6	73	18	91
제34순환	2009. 6	2020. 2	—	128	—	—
평균				64	11	75

출처: http://www.nber.com
주: 평균은 제23순환부터 최근까지 경기순환의 평균임

[표 13-3] 일본 경기순환의 기초통계 (단위: 개월)

	정 점	저 점	정 점	수축국면	확장국면	전체순환기간
제 1 순환	1951. 6	1951. 10	1954. 1	4	27	31
제 2 순환	1954. 1	1954. 11	1957. 6	10	31	41
제 3 순환	1957. 6	1958. 6	1961. 12	12	42	54
제 4 순환	1961. 12	1962. 10	1964. 10	10	24	34
제 5 순환	1964. 10	1965. 10	1970. 7	12	57	69
제 6 순환	1970. 7	1971. 12	1973. 11	17	23	40
제 7 순환	1973. 11	1975. 3	1977. 1	16	22	38
제 8 순환	1977. 1	1977. 10	1980. 2	9	28	37
제 9 순환	1980. 2	1983. 2	1985. 6	36	28	64
제10순환	1985. 6	1986. 11	1991. 2	17	51	68
제11순환	1991. 2	1993. 10	1997. 5	32	43	75
제12순환	1997. 5	1999. 1	2000. 11	20	22	42
제13순환	2000. 11	2002. 1	2008. 2	14	73	87
제14순환	2008. 2	2009. 3	2012. 3	13	37	50
제15순환	2012. 3	2012. 11	2018. 10	8	71	79
평균				15	39	54

출처: http://www.cao.go.jp/index-e.html

글로벌 금융위기로 2008년 1월부터 수축국면에 진입하여 2009년 2월에 저점에 도달했다.

제10순환은 2009년 2월부터 2013년 3월까지이다. 2011년 8월에 정점을 지나 글로벌 금융위기로 19개월 후인 2013년 3월에 저점을 통과하였다.

제11순환은 2013년 3월에 시작하여 2017년 9월에 정점을 지나고 있다.

참고로 미국과 일본의 경기순환에 대한 기초통계는 [표 13-2]와 [표 13-3]과 같다. 미국은 우리나라와 마찬가지로 저점에서 다음 저점까지를 하나의 순환으로 보는 반면, 일본은 반대로 정점에서 다음 정점까지를 하나의 순환으로 본다.

미국의 경우 1945년 10월부터 현재까지 12번의 경기순환을 경험하고 있는데, 경기확장국면이 평균 64개월이었고 경기수축국면이 평균 11개월이었다. 1982년 11월부터 1990년 7월까지의 제31순환의 확장국면은 레이건 대통령이 집권하였던 시기였는데, 이 기간 중 92개월의 장기호황을 누렸다. 레이건이 대통령에 재선하는 데 장기호황이 기여하였다고 볼 수 있다. 그리고 1991년 3월부터 2001년 11월까지의 제32순환은 클린턴 대통령이 집권하였던 시기였는데, 이 기간 중 120개월의 장기호황을 누렸다. 역시 클린턴이 대통령에 재선하는 데 장기호황이 기여하였다고 볼 수 있다.

일본의 경우 1951년 6월부터 2018년 10월까지 15번의 경기순환을 경험하였는데, 경기확장국면이 평균 39개월이었고 경기수축국면이 평균 15개월이었다. 한국, 미국, 일본 모두 평균적으로 경기확장국면이 경기수축국면보다 길었다.

13.3 경기변동이론

1. 케인즈학파의 이론

케인즈학파는 기업가의 투자심리 또는 동물적 감각(animal spirit) 등에 의해 결정되는 독립투자 및 내구소비재 지출의 불안정한 변동을 경기순환의 원인으로 보았다. 케인즈학파는 경기변동이 기본적으로 총수요측면의 교란요인에 의해 발생하는 불균형 현상이므로, 정부의 적절한 재량적 총수요관리정책이 필요하다고 주장하였다.

케인즈학파인 사무엘슨(Samuelson)은 독립투자 또는 내구재 소비의 증가로 인한 소득증가가 소비지출의 증가를 유발함으로써 추가적인 소득 증가를 가져오는 승수효과(multiplier effect)와 이러한 생산 변동이 다시 투자변동을 유발시키는 가속도 원리(acceleration principle)를 결합하여 경기순환을 설명하고 있다. 즉 투자변동과 국민소득변동이 서로 영향을 주고 받는 순환과정의 지속성을 통하여 경기변동을 설명하였다. 재화시장의 균형조건으로부터 승수-가속도 모형을 살펴보자. 소비함수에서 t 기의 소비(C_t)는 $t-1$ 기의 소득(Y_{t-1})의 증가함수이고, 투자함수에서 t 기의 투자(I_t)는 $t-1$ 기의 소득 증가분($Y_{t-1}-Y_{t-2}$)의 증가함수이다.

$$C_t = \overline{C} + bY_{t-1} \tag{1}$$
$$I_t = \overline{I} + \alpha(Y_{t-1}-Y_{t-2}) \tag{2}$$

한계소비성향 b는 $0<b<1$이고, $\alpha\,(>0)$는 가속도계수(accelerator coefficient)이다. 식 (1)과 식 (2)를 재화시장 균형식인 $Y=C+I$에 대입하여 정리하면 다음과 같다.

$$Y_t - (b+\alpha)Y_{t-1} + \alpha Y_{t-2} = \overline{C} + \overline{I} \qquad (3)$$

식 (3)은 국민소득에 관한 2차 차분방정식(difference equation)이다. 차분방정식을 풀면 α의 값에 따라 수렴형, 발산형, 진동형 등의 유형이 결정된다. $0<\alpha<1$이면 모형이 수렴하게 되고, $\alpha>1$이면 모형이 발산하게 된다. 따라서 $\alpha=1$의 조건이 만족될 때, 일정한 진폭을 갖는 대칭적인 정규순환(regular cycle)이 설명된다. 그러나 경기변동의 비대칭성이 일반적인 현상이기 때문에 승수-가속도 모형은 현실 설명력이 떨어진다고 할 수 있다.

2. 통화주의자의 이론

통화주의자는 경기조절을 위해 총수요 관리가 필요하다고 본다는 점에서 케인즈학파의 사고방식과 동일하나, 통화주의자들은 지출요소들이 안정적인 반면에 화폐공급은 불안정하기 때문에 경기순환이 발생한다고 보았다. 1970년대에 석유파동 등 공급측면의 충격에 의한 스태그플레이션이 발생하자 총수요 변화에 입각한 케인즈학파의 경기변동이론에 대해 회의가 대두되었다. 통화주의자는 경제가 자연산출수준 즉 완전고용 산출수준으로 회귀하려는 경향이 있기 때문에, 정책당국은 화폐공급량을 경제의 적정 성장속도에 맞추어 해마다 일정한 비율로 증가시킬 필요가 있다고 주장하였다.

통화주의와 합리적 기대론자의 근본 뿌리는 같다고 할 수 있으나 통화주의자들은 균형상태 간의 조정이 경제주체들의 적응적 기대 때문에 완만히 이루어진다고 가정한 반면, 합리적 기대론자들은 균형상태 간의 조정이 경제주체들의 합리적 기대에 의해서 이루어지기 때문에 훨씬 빠르다고 보았다.

3. 새고전학파의 이론

루카스(Lucas)는 정부의 정책변화가 경제주체들의 기대를 변화시키고 이에 따라 최적 경제행위의 양태를 변화시키므로, 소비·투자함수의 계수들이 변할 수 있는 가능성을 모형에 도입해야 한다고 주장하였다. 이를 루카스의 비판(Lucas critique)이라 한다. 이에 따라 행태방정식(behavioral equation)의 계수가 일정하다는 가정하에 연립방정식 체계의 거시경제모형을 추정한 후 추정계수

를 고정시키고 미래의 정책효과를 분석하는 전통적인 승수–가속도모형은 루카
스 비판을 벗어날 수 없었다.

　　루카스, 사전트(Sargent) 등은 이와 같은 문제점을 해결하고자 임의의 소비
및 투자함수를 가정하는 대신, 불확실성하의 합리적 기대하에서 개별 경제주체
의 최적화(optimization)와 수요와 공급이 일치하는 시장청산(market clearing)
의 결과로써 경기변동을 설명하고자 하였다. 이를 균형경기변동(EBC: equili-
brium business cycle)이론이라 한다. 새고전학파(New Classical)의 균형경기
변동이론에서는 균형상태에서 외생적인 충격이 개별경제주체의 최적화 행위를
통해 확산, 촉발되는데, 외생적 교란의 요인이 화폐적인 것인가 또는 실물적인
것인가에 따라 화폐적 균형경기변동이론과 실물적 균형경기변동이론으로 구분
할 수 있다.

(1) 화폐적 균형경기변동이론

　　루카스는 화폐량의 역할을 중시하는 프리드만 등의 견해를 발전시켜 특히 불
완전정보하에서 합리적 기대를 하는 경제주체들이 상대가격의 변화와 일반물가
수준의 변화를 구별하지 못함으로써 경기변동이 발생할 수 있다는 화폐적 경기
변동(MBC: monetary business cycle)이론을 제시하였다. 루카스는 일반물가의
변화를 초래하는 화폐적, 총체적 충격(monetary shock)과 상대가격의 변화를
초래하는 실물적, 개별적 충격(real shock)을 구별하였다. 불완전정보하에서 예
상치 못한 총체적 충격이 발생할 경우 이를 개별적 충격으로 오인하여 국민소득
에 변화를 가져오게 된다. 루카스의 이론은 경제주체들의 화폐량 변동에 대한
오인모형(monetary misperception model) 또는 섬 모형(isalnd model)이라고
한다.

$$Y_t = Y_{p,t} + \underset{\oplus}{\beta}(P_t - E_{t-1}P_t) \tag{4}$$

　　개별기업에 대한 충격은 경제전체로 볼 때 서로 상쇄되므로 고려할 필요가
없으나, 예상치 못한 화폐량 변동은 각 기업에 동일한 방향으로 영향을 미치므로
경제 전체에 커다란 영향을 미친다. 따라서 화폐적 균형경기변동이론에서 경기
변동의 원인은 예상치 못한 화폐량의 변동이다. 신축적 가격조정을 통해 수요와
공급이 일치하는 균형상태에 있는 루카스의 모형에서 경기변동이란 실질GDP

가 잠재GDP 수준으로부터 이탈과 회복을 반복하는 현상으로 이해된다.

[그림 13-3]에서와 같이 위의 이론을 $IS-LM$모형을 통해서 살펴보자. 화폐량이 증가하면 LM곡선과 AD곡선이 오른쪽으로 이동된다. 개별기업은 이를 실물적 요인인 상대가격의 상승으로 오인하여 생산량을 증가시킴으로써 국민소득이 잠재GDP 수준인 Y_p로부터 Y_2로 증가한다. P_0하에서 초과수요가 발생하여 물가가 P_0에서 상승하면 LM곡선이 왼쪽으로 이동하고, $E_{t-1}P_t$도 상승하여 루카스의 AS곡선도 왼쪽으로 이동하게 된다. 그 결과 국민소득이 다시 Y_p로 복귀한다. 이러한 과정을 통하여 국민소득이 증감하는 경기변동을 설명하고 있다.

합리적 기대이론에 따르면 민간 경제주체들은 정부의 정책에 대해 합리적 기

그림 13-3 화폐적 균형경기변동

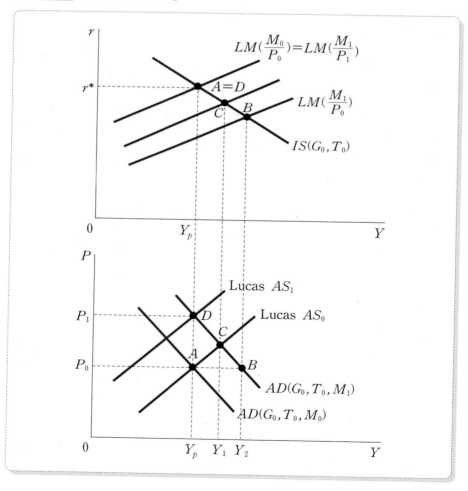

대를 형성하게 된다. 화폐적 균형경기변동이론의 시사점은 정책당국이 예상된 통화정책을 시행할 경우에는 국민소득에 영향을 주지 못하지만, 예상치 못한 통화정책을 시행할 경우에는 실물경제에 영향을 주게 되고 경기변동을 일으키게 된다는 것이다.

그러나 대규모의 경기변동을 협소한 물가예상의 오차로 설명하기 어려울 뿐만 아니라 상대가격에 대한 착오를 유발하는 화폐충격이 현실적으로 계속 발생하지 않기 때문에, 화폐적 균형경기변동이론은 경기변동의 지속성을 설명하기 어려운 단점을 갖는다.

(2) 실물적 균형경기변동이론

1980년대 들어 키들랜드와 프레스컷(Kydland and Prescott)에 의해 기술충격, 유가상승 등 실물적 요인이 경기변동의 주요 원인이라고 보는 실물적 균형경기변동이론이 대두되었다. 키들랜드와 프레스컷의 실물적 경기변동(RBC: real business cycle)이론은 최적화조건과 시장균형하에서 기술변화, 유가상승 등 공급충격이 확산되어 경제전반에 파급되는 과정에서 경기변동이 발생한다고 하였다. 실물충격은 평균적으로 양(+)의 충격과 음(−)의 충격이 서로 상쇄되지 않기 때문에 연속적이고 누적적인 효과를 발생시킴으로써 산출물을 변화시키게 된다.

그림 13-4 실물적 균형경기변동

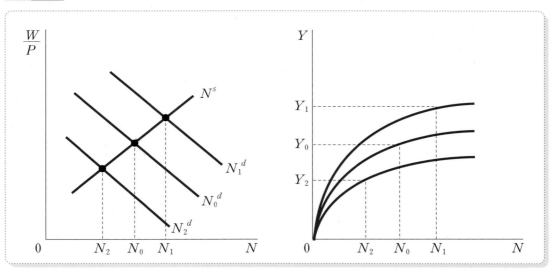

이 이론은 실물적 기술충격에 대한 노동공급자의 기간간 노동대체로써 경기순환의 지속성을 잘 설명하고 있다. 기간간 노동대체(intertemporal substitution of labor)란 동태적 최적화행동의 결과로서 노동자들은 노동에 대한 충분한 보상을 받을 수 있을 때 노동공급을 늘리고, 그렇지 못한 시기에는 노동공급을 줄인다는 것이다. 또한 이 이론은 일반 균형상태에서 거시경제변수들이 결정되기 때문에 생산, 고용량, 투자, 소비 등 거시경제변수들의 공통적인 움직임을 나타내는 경기변동의 공행성(comovement)도 잘 설명하고 있다.

[그림 13-4]와 같이 기술향상은 생산함수를 위쪽으로 이동시키며 노동수요곡선을 오른쪽으로 이동시킨다. 반대로 유가상승은 생산함수를 아래쪽으로 이동시키며 노동수요곡선을 왼쪽으로 이동시킨다. 이와 같이 공급충격은 국민소득과 고용을 순환변동시키는 요인이 되며, 이로써 경기변동을 설명하는 것이 실물적 균형경기변동이론이다. 실물적 균형경기변동이론은 화폐적 균형경기변동이론이 경기변동의 지속성(persistence)을 제대로 설명하지 못하는 한계를 극복한 것으로 평가받고 있다.

그러나 실물적 경기변동이론은 프리드만이나 슈워츠 등이 실증분석을 통해 제시한 제2차 세계대전 이후 화폐량 변동이 GDP 변동에 선행한다는 미국의 화폐적 경기변동현상을 설명하기 어려운 단점을 갖는다.

4. 새케인즈학파의 이론

케인즈학파의 전통을 따르는 새케인즈학파(New Keynesian)의 경제학자들은 최적화 행위와 합리적 기대라는 새고전학파의 방법론은 받아들이되, 임금·가격의 경직성과 승수효과의 아이디어를 계승하였다. 새케인즈학파는 개별 시장에서 관찰되는 가격조정 메커니즘의 불완전성을 미시적 기초에 근거하여 합리적으로 규명하였다. 즉 가격·임금의 경직성이 이론적 가정이 아닌 경제주체들의 최적화행동의 결과로 나타나는 합리적인 것임을 증명하고, 총수요충격이 가격조정이 아닌 생산수준의 변화를 유발할 수 있다고 설명하였다. 따라서 새케인즈학파는 가격·임금의 경직성에 의해 GDP의 변동이 야기된다고 봄으로써 경기변동의 현상을 설명하고 있다.

가격이 경직적인 이유로 제시되는 것이 메뉴비용(menu cost)이다. 메뉴비용이란 기업이 가격을 연속적으로 변경시키는 데 발생하는 모든 비용을 가리킨다.

이 용어는 식당이 가격표를 변경시킬 때 드는 비용이라는 비유적인 표현이다. 새케인즈학파는 메뉴비용의 크기가 개별기업의 입장에서는 작다(second order magnitude)고 할지라도 경제전체적으로는 메뉴비용의 크기가 상당히 클 수 있다(first order magnitude)고 주장하였다. 그 밖에 임금과 가격이 중첩적으로 결정되거나 가격 및 임금 인하에 대해 기업간 조정이 실패하는 경우도 가격·임금의 경직성을 초래할 수 있다.

새케인즈학파는 경직성이 개인의 최적화 행동의 결과로 나타나더라도 이것이 사회적으로는 최적의 결과가 아닐 수 있음을 보여줌으로써 정부의 시장개입에 대한 정당성을 뒷받침하였다.

| 경기변동이론 : 경기변동의 원인 |

1. 케인즈학파 : 독립투자 및 내구소비재지출의 불안정한 변동
   승수효과와 가속도 원리를 결합하여 경기순환을 설명
2. 통화주의자 : 화폐공급의 불안정한 변동
   화폐공급량을 적정 성장속도에 맞춰 일정한 비율로 증가시킬 필요가 있음
3. 새고전학파 : 불확실성하의 합리적 기대, 최적화, 시장청산의 결과
   화폐적 균형경기변동이론 : 예상치 못한 화폐량의 변동 등 화폐적 요인
   실물적 균형경기변동이론 : 기술충격, 유가상승 등 실물적 요인
4. 새케인즈학파 : 가격·임금의 경직성
   최적화 행위와 합리적 기대라는 새고전학파의 방법론은 받아들이되,
   임금·가격의 경직성과 승수효과의 아이디어를 계승

13.4 경기예측

경기순환 주기에서 현재의 경기상태를 확정하는 데 오랜 시간이 걸리므로 경기상태를 미리 예측할 필요가 있다. 이러한 의미에서 경기예측이 중요한 연구 분야가 되고 있다. 경기예측의 방법으로서 경기지수에 의한 방법, 설문조사에 의한 방법, 경제모형에 의한 방법 등을 살펴보고자 한다.

1. 경기지수

개별 경제지표들은 경제활동의 한 측면만을 나타내는 것이므로, 국민경제 전체의 경기동향을 파악하기 위해서는 각종의 지표들을 종합하여 합성화한 경기지수를 작성하여 이용할 필요가 있다. 경기지수란 경기동향을 알기 위해 작성되는 지수로서, 그 중 대표적인 것으로 경기종합지수와 경기확산지수가 있다.

(1) 경기종합지수

경기종합지수(CI: composite index)는 경기변동의 방향, 국면, 전환점뿐만 아니라 속도와 진폭까지도 동시에 파악이 가능한 경기지표이다. 경기종합지수는

[표 13-4] 경기종합지수(2005＝100) 구성지표 시계열

지수별	2018. 11	2018. 12
선행종합지수(2015＝100)	113.3	113.4
재고순환지표(%p)	-6.2	-7.2
소비자기대지수	92.2	91.2
기계류내수출하지수(선박제외)(2015＝100)	103.1	101.6
건설수주액(실질)(십억원)	10,426.4	11,029.2
수출입물가비율(2010＝100)	96.7	97.3
구인구직비율(%)	60.2	61.2
코스피지수(1980.1.4＝100)	2,181.4	2,102.3
장단기금리차(%p)	0.59	0.43
동행종합지수(2015＝100)	109.8	109.8
광공업생산지수(2015＝100)	106.8	106.2
서비스업생산지수(도소매업제외)(2015＝100)	107.9	107.9
건설기성액(실질)(십억원)	8,996.7	8,993.8
소매판매액지수(2015＝100)	110.1	110.5
내수출하지수(2015＝100)	103.9	103.7
수입액(실질)(백만불)	48,583.2	48,938.9
비농림어업취업자수(천명)	25,516.3	25,503.7
후행종합지수(2015＝100)	111.8	112.2
생산자제품재고지수(2015＝100)	111.1	113.2
소비자물가지수변화율(서비스)	1.6	1.6
소비재수입액(실질)(백만불)	6,971.8	7,152.4
취업자수(천명)	26,866.3	26,882.5
CP유통수익률(%p)	1.8	1.9

출처: 통계청

국민경제의 각 부문을 대표하고 경기대응성이 뛰어난 경제지표들을 종합하여 작성한다. 경기종합지수에는 선행종합지수, 동행종합지수, 후행종합지수가 있다. [표 13-4]에는 우리나라의 선행종합지수, 동행종합지수, 후행종합지수를 구성하는 개별지표들이 표시되어 있다.

선행종합지수는 금융기관유동성, 기계수주액, 건설수주액, 순상품교역조건 등 경기순환에 앞서 변동하는 선행 구성지표들을 가공·종합하여 만든 지수로서 향후 경기변동의 단기예측과 앞으로의 경제활동을 예고하는 지수이다.

동행종합지수는 광공업생산지수, 비농가취업지수, 도소매업판매액지수, 수입액 등 경기순환과 동시에 변동하는 동행 구성지표들을 가공·종합하여 만든 지수로서 현재의 경기상태를 나타내는 지수이다.

후행종합지수는 생산자제품재고지수, 도시가계소비지출, 회사채유통수익률 등 경기순환보다 늦게 변동하는 후행 구성지표들을 가공·종합하여 만든 지수로서 현재 경기의 사후 확인에 이용되는 지수이다.

(2) 경기확산지수

경기확산지수(DI: diffusion index)는 경기변동의 진폭이나 속도는 측정하지 않고 경기변동의 변화, 방향, 전환점을 식별하기 위한 경기지표이다.

$$DI = \frac{\text{전월비 증가지표수} + (0.5 \times \text{보합지표수})}{\text{구성지표수}} \times 100 \tag{5}$$

DI가 50% 이상이면 경기를 상승국면으로 판단하고, 50% 이하이면 하강국면으로 판단한다. DI는 정점에서 50%선을 위에서 아래로 통과하고, 저점에서는 아래로부터 위로 통과한다.

역사적 경기확산지수는 경기변동을 예측·분석하는 데는 사용할 수 없고 과거의 기준순환일을 추정하는 데만 이용된다. 당면적 경기확산지수는 현재의 경기국면의 판단 및 향후 경기예측에 이용된다. 그리고 누적 경기확산지수는 경기 전환점을 확인하는 데만 이용된다.

> **| 경기지수에 의한 경기예측 |**
>
> 1. 경기종합지수(CI): 경기변동의 방향, 국면, 전환점뿐만 아니라 속도와 진폭까지도 동시에 파악이 가능한 경기지표
>   선행종합지수, 동행종합지수, 후행종합지수가 있음
> 2. 경기확산지수(DI): 경기변동의 진폭이나 속도는 측정하지 않고 경기변동의 변화방향과 전환점을 식별하기 위한 경기지표
> DI가 50% 이상이면 상승국면, 50% 이하이면 하강국면

2. 설문조사

설문조사에는 기업에게 경기에 대해 설문하는 기업경기실사지수와 소비자에게 경기에 대해 설문하는 소비자태도지수가 있다.

(1) 기업경기실사지수

기업경기실사지수(BSI: business survey index)는 한국은행, 전국경제인연합회(전경련) 등이 경기동향 등에 대한 기업가의 판단 및 전망을 설문서를 통하여 조사 분석함으로써, 전반적인 경기동향을 파악하고자 하는 단기 경기예측수단이다. BSI는 기업활동의 수준 및 경기의 변화방향만을 조사한다. BSI는 조사대상인 전체 기업 중에서 향후의 경제상황에 대해 긍정적으로 응답한 기업의 비율(X%)과 부정적으로 응답한 기업의 비율(Y%)의 차이를 구한 다음 여기에 100을 더하여 구한다.

$$BSI = (X-Y) + 100 \qquad (6)$$

기업경기실사지수는 0~200의 값을 가지며 BSI가 100 이상인 경우는 경기가 상승하는 확장국면으로 예측하고, 100이하의 경우는 경기가 하락하는 수축국면으로 예측한다. BSI는 일정 시점에서 경기에 대한 긍정적인 반응의 확산 정도를 보여 준다는 의미에서 일종의 DI라 할 수 있다.

(2) 소비자태도지수

소비자태도지수(CSI: consumer sentiment index)는 BSI와 같이 $0 \sim 200$ 의 값을 가진다. CSI가 100 이상인 경우는 경기를 긍정적으로 보는 소비자가 부정적으로 보는 소비자 에 비해 많다는 것을 의미하며, 100 이하의 경우는 반대로 경기를 부정적으로 보는 소비자가 긍정적으로 보는 소비자에 비해 많다는 것을 의미한다.

| 설문조사에 의한 경기예측 |

1. 기업경기실사지수 : $BSI = (X - Y) + 100$

   BSI가 100 이상인 경우 확장국면을, 100 이하의 경우는 수축국면을 의미
2. 소비자태도지수

   CSI가 100 이상인 경우 확장국면을, 100 이하의 경우는 수축국면을 의미

---

3. 경제모형

경제모형에 의한 경기예측에는 경제이론에 근거하는 거시경제 계량모형과 경제이론에 근거하지 않고 과거행태에서 규칙을 찾는 시계열모형이 있다.

(1) 거시경제 계량모형

거시경제 계량모형(macro-econometric model)은 경제이론에 입각하여 모형을 단일방정식이나 연립방정식의 형태로 구성한다. 예를 들어 $IS-LM$모형이나 $AD-AS$모형이 거시경제 계량모형이다. 모형을 구성하여 경기를 예측하는 데 있어서 여러 가지 단계를 거친다.

첫째 모형의 규정(specification)으로서 경제이론에 입각하여 변수 간의 관계를 연립방정식 또는 단일방정식으로 표시하는 단계이다. 둘째 모형의 추정(estimation)으로서 관찰치와 회귀선(regression line) 사이의 수직편차의 제곱의 합이 최소가 되도록 계수를 결정하는 단계이다. 셋째 추정계수의 해석과 검정으로서 설명변수가 종속변수에 어떤 영향을 미치는가를 분석하고 회귀분석에 의하여 추정된 모형이 어느 정도 신뢰할만한가를 검정(test)하는 단계이다. 넷째

모의실험인 시뮬레이션(simulation)으로서 추정된 모수값과 내생 및 외생변수값을 이용하여 분석기간에 대해 각 내생변수에 대한 수학적 해를 구하는 단계이다. 다섯째 예측 및 정책효과분석으로서 외생변수로 정의된 정책변수의 여러 가지 변화에 대한 내생변수들의 미래 예측치를 비교함으로써 정책대안들의 효과를 분석하는 단계이다. 미래예측의 방법에는 추정 이후 시점부터 현재까지의 기간에 대한 시뮬레이션에 근거한 사후예측(ex-post forecasting)의 방법과 현재시점 이후의 미래에 대해 내생변수의 값을 구하는 시뮬레이션에 근거한 사전예측(ex-ante forecasting)의 방법이 있다.

(2) 시계열모형

시계열 모형(time series model)이란 경제에 근거하지 않고 경제변수의 과거 행태에 기초하여 동태적 모형을 만든 후 미래를 예측하는 모형이라고 할 수 있다. 시계열모형으로는 선형, 지수, 2차함수, 로지스틱, S자 모양 등의 단순외삽모형, 자기회귀모형, 이동평균모형, ARMA모형, ARIMA모형 등이 있다.

자기회귀(AR: autoregressive)모형 중에서 AR(1)모형, 이동평균(MA: moving average)모형 중에서 MA(1), ARMA모형 중에서 ARMA(1,1)모형, ARIMA모형 중에서 IMA(1,1)모형은 각각 다음과 같다.

$$\text{AR}(1) \text{ 모형} : X_t = aX_{t-1} + e_t \tag{7}$$

$$\text{MA}(1) \text{ 모형} : X_t = e_t - be_{t-1} \tag{8}$$

$$\text{ARMA}(1,1) \text{ 모형} : X_t = aX_{t-1} + e_t - be_{t-1} \tag{9}$$

$$\text{IMA}(1,1) \text{ 모형} : X_t = X_{t-1} + e_t - be_{t-1} \tag{10}$$

Episode
에·피·소·드

경제기사로 보는 거시경제: 성장률 전망 실패

IMF와 World Bank 등 주요 경제연구기관에서는 정기적으로 각국의 성장률 전망치를 내 놓고 있으며, 우리나라에서도 주요 연구기관(한국개발연구원, 금융연구원, 한국경제연구원)과 중앙은행(한국은행), 그리고 기획재정부에서 우리나라 성장률 전망을 내 놓고 있다. 아래 기사(세계일보, 2013.12.6.)는 우리나라 정부가 성장률 전망에 실패하여 예산 책정을 잘 못 했다고 질타하고 있으나, 어느 전망 기관도 완벽한 전망을 할 수는 없다. 경기예측은 현재 시점에서 가지고 있는 최대한의 정보로 미래를 예측하는 최선일 뿐, 정답은 아닌 것이다.

========================= 이하 기사 원문 =========================

[단독] 성장률 전망 '엉터리' … 세수 예측 오락가락

정부가 국세수입을 엉터리로 예측하고 있다. 최근 10년간 국세수입 전망을 잘못해 세수결손이 발생한 해가 5차례나 된다. 이와 반대로 추계치보다 무려 14조 원이 더 걷히는 경우도 있었다. 특히 법인세는 과소추계되는 경향이 뚜렷해 세수추계 모형에 구조적인 오류가 존재할 가능성이 큰 것으로 지적됐다.

5일 기획재정부와 국회 기획재정위원회 등에 따르면 최근 10년간 정부가 본예산에 잡은 국세규모보다 세입실적이 부진한 해는 2004년(-4조 3,000억 원)과 2005년(-3조 2,000억 원), 2009년(-10조 9,000억 원), 2012년(-2조 8,000억 원)이다. 올해도 세수결손액이 추경예산의 국세(210조 4,000억 원)에 비해서는 8조 2,000억 원, 본예산 국세(216조 4,000억 원) 대비로는 무려 14조 2,000억 원에 이를 것으로 예산정책처는 내다봤다.

반면에 2007년에는 전망치보다 국세가 14조 2,000억 원이나 더 많이 걷혔다. 2010년과 2011년에도 각각 7조 3,000억 원, 4조 7,000억 원이 초과수납됐다. 국세수입을 너무 적게 잡았기 때문이다. 2006년 말 부동산세제 개편으로 부동산 시장 거래가 급증했는데 정부가 2007년 전망에 이를 반영하지 못했다.

잘못된 성장률 전망은 세수결손 또는 초과수납의 주된 원인이다. 정부는 지난해 4% 성장이라는 장밋빛 전망을 근거로 올해 예산안을 짰지만 결국 2.3%로 낮췄다. 박근혜정부는 경제전망 실패를 인정하고 추가경정예산을 편성했지만 세수에 구멍이 나는 것은 피할 수 없다.

[표 A13] 국세수입 전망과 실적

(단위: 원, 오차＝실적−예산)

	2004	2005	2006	2007	2008	2009	2010	2011	2012	2013년
본예산	122조 1,000억	130조 6,000억	135조 3,000억	147조 3,000억	165조 5,000억	175조 4,000억	170조 5,000억	187조 6,000억	205조 8,000억	216조 4,000억
실적	117조 8,000억	127조 4,000억	138조	161조 5,000억	167조 3,000억	164조 5,000억	177조 7,000억	192조 4,000억	203조	202조 2,000억
오차	−4조 3,000억	−3조 2,000억	2조 7,000억	14조 2,000억	1조 8,000억	−10조 9,000억	7조 2,000억	4조 8,000억	−2조 8,000억	−14조 2,000억 (추정치)

출처: 국회예산정책처

세목별 추계방식에서도 오류가 적지않다. 법인세는 1997년 이후 1997년(−6,000 억 원)과 2001년(−1조 9,000억 원) 두 차례를 제외하고는 과소추계됐다. 관세는 자유 무역협정(FTA) 효과를 간과하는 바람에 최근 3년간 과대추계됐다. 농어촌특별세는 지난해 전망치의 30.4%(1조 6,825억 원)가 비어 전체 세목 중 오차폭이 가장 컸다.

세수추계 오류는 여러 부작용을 낳는다. 세입이 전망보다 적으면 재정건전성이 위협받고 정부 정책과 사업이 차질을 빚는다. 반대로 세입전망을 지나치게 적게 잡을 경우 다양한 사업이 예산안에 들어가지 못하고, 효율적인 재정집행도 할 수 없다.

기재부는 지난해 11월 말 세입결손 우려가 가시화하자 각 부처 12월 정기자금 신 청액을 축소해 나눠줬다. 이때문에 부처들은 자금 집행에 애를 먹었다. 세입감소로 지난해 대외경제협력기금 전출금사업은 예산보다 500억 원 적게 집행됐다. 공공자금 관리기금 전출금사업(이차보전, 융자계정)도 예산보다 2,615억 원이 줄었다. 최근 4 년간 이들 두 기금 전출금사업의 집행률 미달 사례는 지난해가 처음이다. 대외경제협 력기금 전출금 규모 축소는 개도국의 차관사업에 위험요인으로 작용할 우려가 크다. 기재위는 "경제전망은 현실을 반영해 객관적으로 하되 세수추계와 거시전망치 간 연 관성이 제고되도록 추계모형을 개선하고, 재정정책 추진 시 세수실적을 면밀히 검토 해야 한다"고 지적했다.

[세계일보: 세종＝박찬준 기자 skyland@segye.com]

연 습 문 제

01 경기변동의 개념에 대해 설명하시오.

02 경기순환의 과정을 2분법과 4분법으로 구분하시오.

03 경기변동의 특징인 공행성, 변동성, 지속성, 비대칭성에 대해 각각 설명하시오.

04 경제시계열의 계절조정 방법에 대해 설명하시오.

05 케인즈학파는 경기변동이론의 원인을 무엇이라고 보는가?

06 통화주의자는 경기변동이론의 원인을 무엇이라고 보는가?

07 화폐적 균형경기변동이론은 경기변동이론의 원인을 무엇이라고 보는가?

08 실물적 균형경기변동이론은 경기변동이론의 원인을 무엇이라고 보는가?

09 새케인즈학파는 경기변동이론의 원인을 무엇이라고 보는가?

10 경기종합지수 중 선행종합지수의 구성지표에는 어떤 것이 있는가?

11 경기확산지수(DI)에 의한 경기예측에 대해 설명하시오.

12 기업경기실사지수(BSI)에 의한 경기예측에 대해 설명하시오.

13 경제모형에 의한 경기예측에서 거시경제 계량모형과 시계열모형의 차이점은?

14

경제성장 이론

SLIM MACRO ECONOMICS

14 경제성장 이론

본장에서는 경제성장에 관한 주요한 이론들을 제시한다. 먼저 경제성장의 결정요인을 살펴보고 노동, 자본, 기술 등이 경제성장에 영향을 미치는 기여도를 성장회계공식을 이용해 분석해 본다. 경제성장에 대한 기본모형으로서 맬더스의 인구론에 기초한 고전학파의 리카르도-맬더스 모형을 살펴보고, 노동과 자본 등 생산요소간의 대체를 인정하지 않는 케인즈학파의 해로드-도마 모형을 설명한다. 다음으로 생산요소간의 대체를 인정하는 신고전학파의 솔로우 모형을 설명한 후, 후진국과 선진국의 소득격차가 줄어든다는 수렴이론에 대한 시사점을 도출해 본다. 그리고 수렴이론과는 반대로 국가간 소득격차가 지속적으로 확대되는 현상을 설명하고자 제안된 내생적 성장이론에 대해 살펴보고자 한다.

14.1 경제성장의 결정요인

경제성장이란 GDP 또는 1인당 GDP의 지속적인 증가를 의미한다. 올해의 경제성장률은 작년의 실질GDP(Y_{t-1})에 비해서 올해의 실질$GDP(Y_t)$가 얼마나 증가하였는가를 측정하여 구한다. 현재 t 기의 경제성장률($\hat{Y}_t$)은 다음의 식으로 정의된다.

$$\hat{Y}_t(\%) \ = \ \frac{Y_t - Y_{t-1}}{Y_{t-1}} \times 100 \tag{1}$$

그리고 올해의 1인당 경제성장률은 작년의 1인당 실질GDP($y_{t-1} = \dfrac{Y_{t-1}}{L_{t-1}}$)에 비해서 올해의 1인당 실질GDP($y_t = \dfrac{Y_t}{L_t}$)가 얼마나 증가하였는가를 측정하여 구한다. 현재 t 기의 1인당 경제성장률($\hat{y}_t$)은 다음의 식으로 정의된다.

$$\hat{y}_t(\%) \;=\; \frac{y_t - y_{t-1}}{y_{t-1}} \times 100 \qquad (2)$$

경제성장의 결정요인을 분석하기 위해 기술(A), 자본(K), 노동(L)이 포함된 콥-더글라스(Cobb-Douglas) 형태의 생산함수(production function)를 규정해 보자.

$$Y = Af(K, L) = AK^{\alpha}L^{1-\alpha}, \; 0 < \alpha < 1 \qquad (3)$$

식 (3)에 log를 취한 후 증가분($\varDelta$)의 형태로 표시하면 다음과 같이 증가율에 관한 식이 된다.

$$\varDelta \log Y \;=\; \varDelta \log A + \alpha \varDelta \log K + (1-\alpha)\varDelta \log L \qquad (4)$$

$\varDelta \log Y \,(= \dfrac{\varDelta Y}{Y})$가 Y의 증가율이라는 사실을 이용하여 식 (4)를 해당변수의 증가율로 표시하면 다음과 같이 성장회계공식(growth accounting formula)이 도출된다.

경제성장률＝기술의 성장률＋α×자본의 증가율＋$(1-\alpha)$×노동의 증가율 (5)

전통적으로 자본과 노동으로 경제성장을 설명하였으나 자본과 노동만으로는 경제성장을 전부 설명하지 못하는 문제가 발생하였다. 식 (5)에서 보면 경제성장을 설명하는 나머지 부분이 기술진보이다. 이와 같이 기술진보가 경제성장에 기여하는 부분인 기술의 성장률을 솔로우 잔차(Solow residual)라고 한다. 실제로 기술의 성장률은 다음과 같이 나머지의 형태로 구한다.

기술의 성장률＝경제성장률－α×자본의 증가율－$(1-\alpha)$×노동의 증가율 (6)

기술의 성장률에는 기술수준, 산업구조, 경제제도 등 자본과 노동이 설명하지 못하는 모든 것이 포함된다는 의미에서 총요소생산성(TFP: total factor productivity)이라 한다.

우리나라의 성장회계를 추정한 결과는 [표 14-1]에 나타나 있다. 1970년대의 6.7%의 경제성장률 중에서 기술의 성장률은 −0.5%p를 차지하여 이 시기에는 모든 경제성장이 자본과 노동의 양적인 성장에 의존하였다고 볼 수 있다. 그후 1980년대에는 기술의 경제성장에 대한 기여도가 급증하여 8.2%의 경제성장률 중에서 기술의 성장률은 3.3%p를 차지하였다. 이를 경제성장에 대한 기여율로 나타내면 40.3%가 된다. 1990년 이후에도 기술의 경제성장에 대한 기여율이 30% 내외의 값을 보임으로써 기술진보의 중요성이 부각되고 있다.

식 (3)의 생산함수를 1인당 변수로 변형하여 표시하면 다음과 같이 생산성함수(productivity function)가 도출된다.

$$y = Ak^a, \quad 0<a<1 \tag{7}$$

여기서 $y=\dfrac{Y}{L}$는 1인당 생산량으로서 생산성을 나타내고, $k=\dfrac{K}{L}$는 1인당 자본이다. 식 (7)를 (k, y)-좌표에서 그래프로 나타내면 다음과 같은 생산성곡선(productivity curve)이 된다. 자본과 노동의 증가는 생산성곡선상의 움직임으로 나타나고 기술의 진보는 생산성곡선 자체의 이동으로 나타난다. [그림 14-1]에서 기술의 진보가 발생한다면 생산성곡선이 위쪽으로 이동하여 경제가 점 a에

[표 14-1] 우리나라의 성장회계 (단위: %)

기간	경제성장률	자본의 증가율	노동의 증가율	기술의 성장률 (총요소생산성)
1970~1980	6.7	4.4%p (65.7)	2.8%p (41.8)	−0.5%p (−7.5)
1980~1990	8.2	2.7%p (32.9)	2.2%p (26.8)	3.3%p (40.3)
1990~2000	5.5	2.4%p (43.6)	1.7%p (30.9)	1.4%p (25.5)
2000~2005	4.6	1.9%p (41.3)	1.2%p (26.1)	1.5%p (32.6)

출처: 곽노선, "성장회계분석을 이용한 외환위기 전후의 성장요인분석과 장래성장률 전망," 한국경제학회, 2007
주: ( )내는 경제성장에 대한 기여율

그림 **14-1** 1인당 자본의 증가와 기술진보

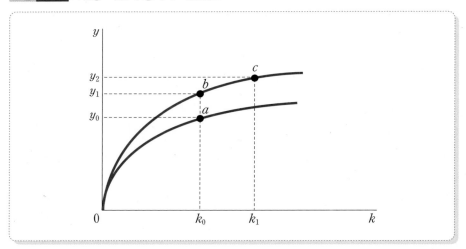

서 점 b로 이행함으로써 1인당 생산량이 y_0에서 y_1으로 증가한다. 동시에 1인당 자본이 k_0에서 k_1으로 증가한다면 경제는 생산성곡선상의 점 b에서 점 c로 움직여 생산량이 y_1에서 y_2로 증가한다. 결국 전체 생산성의 증가($y_0 \rightarrow y_2$)는 기술진보에 의한 부분($y_0 \rightarrow y_1$)과 1인당 자본의 증가에 의한 부분($y_1 \rightarrow y_2$)로 나눌 수 있다.

| 경제성장의 결정요인 |

1. 경제성장률 : GDP 또는 1인당 GDP의 지속적인 증가
2. 성장회계공식 : $\Delta \log Y = \Delta \log A + a \Delta \log K + (1-a) \Delta \log L$
    $\Delta \log A$: 솔로우 잔차, 총요소생산성(TFP)
3. 생산성곡선
    자본과 노동의 증가 : 생산성곡선상의 움직임
    기술의 진보 : 생산성곡선의 이동

14.2 고전학파의 리카르도-맬더스 모형

고전학파의 성장이론은 리카르도의 수확체감의 법칙과 맬더스의 인구론을 결합하여 경제성장을 설명하였다. 리카르도(Ricardo), 맬더스(Malthus) 등은 인구증가로 노동(N)이 증가함에 따라 생산량(Y)도 증가하지만 수확체감의 법칙에 따라 증가속도는 점점 감소한다.

$$생산의\ 공급: \quad Y^s = f(N), \quad f'>0, \quad f''<0 \quad\quad (8)$$

여기서 생산량을 식량으로 해석할 수 있다. 이에 비해 전체 인구는 주어진 생존임금(W)하에서 벌어들인 노동소득(WN)으로 생존에 필요한 최소생산량을 수요하게 된다. 따라서 생산량의 공급은 노동자 수가 증가함에 따라 수확체감의 법칙이 적용되지만, 생산량의 수요는 노동자 수에 비례하여 증가하게 된다.

$$생산의\ 수요: \quad Y^d = WN \quad\quad (9)$$

식 (8)과 식 (9)를 그래프로 나타낸 것이 [그림 14-2]이다. 초기의 인구가 N_0일 때 전체 인구가 생존하는 데 필요한 최소생산량보다 실제 생산의 공급이

그림 14-2 고전학파의 리카르도-맬더스 모형

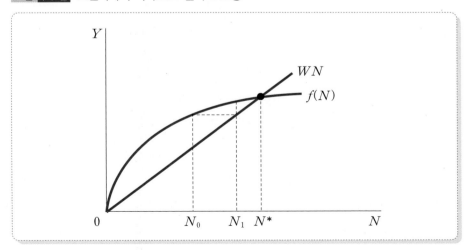

많기 때문에, 경제 전체적으로 더 많은 인구를 부양할 능력을 갖게 된다. 따라서 N_1을 거쳐 N^*까지 인구가 증가하여도 부양이 가능해진다. 그러나 N^*를 초과하는 인구에서는 실제 생산의 공급이 전체 인구를 부양할 수 없는 수준이기 때문에, 인구는 N^*에서 정체가 된다. 따라서 고전학파의 리카르도-맬더스 모형은 경제성장이 어느 수준에 다다르면 정체상태에 빠진다는 비관적인 전망을 하게 된다.

| 고전학파의 리카르도-맬더스 모형 |

1. 생산의 공급 : 수확체감의 법칙에 따라 증가속도는 점점 감소

$$Y^s = f(N), \quad f' > 0, \quad f'' < 0$$

2. 생산의 수요 : 노동자 수에 비례하여 증가

$$Y^d = WN$$

3. 경제성장이 어느 수준에 다다르면 정체상태에 빠진다는 비관적인 전망

14.3 케인즈학파의 해로드-도마 모형

케인즈학파의 해로드-도마(Harrod-Domar)는 다음과 같은 3가지의 가정하에서 경제성장을 설명하였다. 첫째 생산요소간의 완전보완성(perfect complementarity)을 특징으로 하는 레온티에프(Leontief) 생산함수를 가정하였다. 둘째 저축은 산출량의 일정비율로 결정된다고 가정하였다. 셋째 인구증가율은 외생적으로 주어진다고 가정하였다.

노동이 완전고용되기 위해서는 산출량의 증가율이 노동(L)의 증가율인 인구증가율(n) 수준이어야 한다. 이런 의미에서 해로드-도마는 노동증가율을 자연성장률(g_n: natural rate of growth)이라고 하였다.

$$\frac{\Delta L}{L} = n = g_n \tag{10}$$

다음으로 자본증가율과 관련된 성장률의 개념을 살펴보자. 자본의 증가분

(ΔK)이 투자(I)라는 관계를 이용하여 자본증가율을 표시하면 다음과 같다.

$$\frac{\Delta K}{K} = \frac{I}{K} \qquad (11)$$

자본증가율을 재화시장의 균형조건$(I=S)$과 평균저축성향$(s=\frac{S}{Y}$: average propensity to save$)$을 이용하여 변형하면 다음과 같다. 평균저축성향은 저축률 (saving ratio)이라고도 한다.

$$\frac{\Delta K}{K} = \frac{I}{K} = \frac{S}{K} = s\frac{Y}{K} = \frac{s}{(K/Y)} = \frac{s}{v} = g_w \qquad (12)$$

여기서 v는 산출량 대비 자본의 비율인 자본계수(capital coefficient)를 나타낸다. 자본계수는 산출량 1단위를 생산하는 데 필요한 자본의 양을 의미한다. $\frac{s}{v}$는 자본의 완전고용을 유지하도록 하는 산출량의 적정증가율이다. 해로드-도마는 이를 보증성장률$(g_w$: warranted rate of growth$)$이라고 하였다.

완전고용상태에서는 자연성장률 식에 의한 노동증가율과 보증성장률 식에 의한 자본증가율이 일치해야 하므로, 적정 성장경로는 다음과 같이 결정된다.

$$g_n = n = \frac{s}{v} = g_w \qquad (13)$$

위 식을 해로드-도마의 기본방정식이라고 한다. 이 식은 노동과 자본이 경제가 성장함에 따라 완전고용 상태가 되려면 자연성장률과 보증성장률이 일치해야 함을 나타낸다. 해로드-도마 모형에서는 저축률(s), 자본계수(v), 인구증가율(n) 등이 모두 외생적으로 각각 결정되므로 기본방정식이 충족되기 어렵다. 또한 실제 성장률이 적정성장률로부터 벗어나게 된다면, 균형으로부터 회복하지 못할 뿐만 아니라 더욱 더 균형에서 멀어지게 된다. 해로드-도마의 균형은 이처럼 균형을 유지하기 어렵고 한번 균형에서 멀어지면 균형으로의 회복이 불가능하므로 불안정적 균형(unstable equilibrium)이다. 이를 면도날 균형(knife-edge equilibrium)이라고도 부른다.

| 케인즈학파의 해로드–도마 모형 |

1. 자연성장률(g_n) : $\dfrac{\Delta L}{L} = n = g_n$

2. 보증성장률(g_w) : $\dfrac{\Delta K}{K} = \dfrac{I}{K} = \dfrac{S}{K} = s\dfrac{Y}{K} = \dfrac{s}{(K/Y)} = \dfrac{s}{v} = g_w$

3. 적정 성장경로 : $g_n = n = \dfrac{s}{v} = g_w$

4. 저축률(s), 자본계수(v), 인구증가율(n) 등이 모두 외생적으로 각각 결정
   불안정적 균형, 면도날 균형

14.4 신고전학파의 솔로우 모형

1. 성장의 기본방정식

해로드–도마 모형은 저축률, 자본계수, 인구증가율이 외생적으로 주어지므로 균형이 성립하기 어렵다. 그리고 균형이 성립된 경우에도 일단 균형에서 이탈하면 다시 균형으로 회복이 불가능한 불안정적 균형이었다.

이러한 문제점을 해결하기 위해 솔로우(Solow)는 해로드–도마의 모형과는 달리 자본과 노동간의 대체가 가능한 1차 동차(homogeneous of degree one) 생산함수를 가정함으로써 안정적 완전고용균형성장의 가능성을 제시하였다. 솔로우는 생산함수를 1인당 변수로 변형하여 1인당 생산함수인 생산성함수(productivity function)로 설정하였다. 여기서 $y = \dfrac{Y}{L}$ 는 1인당 생산량으로서 생산성을 나타내고, $k = \dfrac{K}{L}$ 는 1인당 자본이다.

$$y = Af(k) = Ak^{\alpha}, \qquad 0 < \alpha < 1 \qquad (14)$$

솔로우 모형도 기본적으로 재화시장의 균형조건을 동태화한 모형이다. 재화시장의 균형조건($S = I$), 평균저축성향($s = \dfrac{S}{Y}$), $I = \Delta K = \dot{K}$ 을 이용하여 정리하면 다음과 같다.

$$S = I$$
$$sY = \dot{K}$$
$$s\frac{Y}{L} = \frac{\dot{K}}{K}\frac{K}{L} \qquad (15)$$

$k=\dfrac{K}{L}$의 양변에 log를 취한 후 증가분(Δ)의 형태로 표시하면 다음과 같이 증가율에 관한 식이 된다.

$$\Delta\log k = \Delta\log K - \Delta\log L \qquad (16)$$

$\Delta\log k\left(=\dfrac{\Delta k}{k}=\dfrac{\dot{k}}{k}\right)$를 연속함수 형태의 증가율로 해석하고 노동의 증가율을 n으로 놓고 정리하면 다음과 같다.

$$\frac{\dot{k}}{k} = \frac{\dot{K}}{K} - \frac{\dot{L}}{L}, \qquad \frac{\dot{K}}{K} = \frac{\dot{k}}{k} + n \qquad (17)$$

식 (14)와 식 (17)을 식 (15)에 대입하여 정리하면 식 (18)이 도출된다.

$$sAf(k)=\left(\frac{\dot{k}}{k}+n\right)k$$
$$\dot{k} =sAf(k) - nk \qquad (18)$$

식 (18)을 성장의 기본방정식(fundamental equation of growth)이라 한다. 경제가 정체상태(steady state)이면 $\dot{k}=0$이 되고, 1인당 균형자본량 k^*에 관한 관계식은 다음과 같이 나타난다.

$$sAf(k^*) = nk^* \qquad (19)$$

식 (18)의 경제적 의미를 살펴보기 위해 이를 그래프로 나타내 보자. [그림 14-3]의 k_1에서는 식 (18)로부터 $\dot{k}>0$이므로 자본량이 k^*까지 증가하게 된다. 즉 인구증가에 따른 필요한 자본량(nk)의 증가보다 저축에 의한 투자량($sAf(k)$)이 더 크기 때문에 1인당 자본량(k)이 증가하게 된다. 그리고 k_2에서

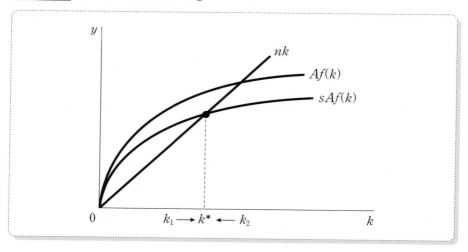

그림 14-3 신고전학파의 솔로우 모형

는 $k < 0$이므로 자본량이 k^*까지 감소하게 된다. 즉 인구증가에 따른 필요한 자본량의 증가보다 저축에 의한 투자량이 더 적기 때문에 k가 감소하게 된다. 따라서 $sAf(k)$곡선과 nk곡선이 교차하는 점에서 균형자본량 k^*가 일정한 값으로 결정된다. 이러한 의미에서 솔로우 모형의 균형은 안정적 균형(stable equilibrium)이다.

2. 정체상태의 장기균형

정체상태($\dot{k} = 0$)에서 여러 변수들의 변화경로를 살펴보자. 첫째 k가 일정한 값에서 불변이면 식 (14)로부터 y도 일정한 값에서 불변이기 때문에, 1인당 GDP의 성장률($\frac{\dot{y}}{y}$)이 0이 된다. 둘째 $\dot{k} = 0$이면 $\frac{\dot{K}}{K} = \frac{\dot{L}}{L}$이다. 셋째 $\dot{y} = 0$이면 $\frac{\dot{Y}}{Y} = \frac{\dot{L}}{L}$이다. 따라서 정체상태(steady state)에서는 GDP의 성장률과 자본의 증가율이 노동의 증가율인 n과 같게 됨으로써 완전고용 균형성장이 달성된다.

$$\frac{\dot{Y}}{Y} = \frac{\dot{K}}{K} = \frac{\dot{L}}{L} = n \tag{20}$$

신고전학파 모형에서 [그림 14-4]와 같이 평균저축성향(s)이 s_0에서 s_1으로 증가하면 $sAf(k)$곡선이 $s_0Af(k)$에서 $s_1Af(k)$로 위쪽으로 이동한다. 그 결과

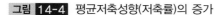

그림 14-4 평균저축성향(저축률)의 증가

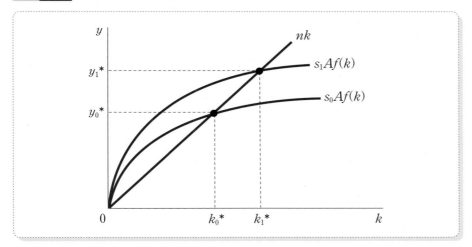

k가 k_0^*에서 k_1^*으로 증가함으로써 1인당 GDP가 y_0^*에서 y_1^*로 증가한다. 따라서 y_0^*에서 y_1^*로 증가하는 단기(short run)에서는 1인당 GDP의 성장률($\frac{\dot{y}}{y}$)이 양의 값을 갖지만, 장기(long run)적으로는 정체상태인 새로운 균형점 y_1^*에 도달하면 다시 1인당 GDP의 성장률은 0이 되고, GDP의 성장률과 자본의 증가율은 노동의 증가율인 n과 같게 된다.

다음으로 [그림 14-5]와 같이 인구증가율(n)이 n_0에서 n_1으로 감소하면 nk 곡선이 n_0k에서 n_1k로 아래쪽으로 이동한다. 그 결과 k가 k_0^*에서 k_1^*으로 증가함으로써 1인당 GDP가 y_0^*에서 y_1^*로 증가한다. 따라서 y_0^*에서 y_1^*로 증가하는 단기 (short run)에서는 1인당 GDP의 성장률($\frac{\dot{y}}{y}$)이 양의 값을 갖지만, 장기(long run)적으로는 정체상태인 새로운 균형점 y_1^*에 도달하면 다시 1인당 GDP의 성장률은 0이 되고, GDP의 성장률과 자본의 증가율은 노동의 증가율인 n과 같게 된다.

마지막으로 [그림 14-6]과 같이 기술(A)이 A_0에서 A_1으로 진보하면 $sAf(k)$곡선이 $sA_0f(k)$에서 $sA_1f(k)$로 위쪽으로 이동한다. 그 결과 k가 k_0^*에서 k_1^*으로 증가함으로써 1인당 GDP가 y_0^*에서 y_1^*로 증가한다. 따라서 y_0^*에서 y_1^*로 증가하는 단기(short run)에서는 1인당 GDP의 성장률($\frac{\dot{y}}{y}$)이 양의 값을 갖지만, 장기(long run)적으로는 정체상태인 새로운 균형점 y_1^*에 도달하면 다시 1인당 GDP의 성장률은 0이 되고, GDP의 성장률과 자본의 증가율은 노동의 증가율인 n과 같게 된다.

그림 14-5 인구증가율의 감소

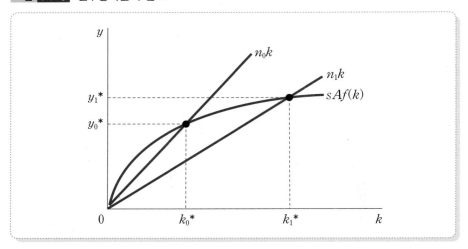

결론적으로 저축률(s)의 증가, 인구증가율(n)의 감소, 기술(A)의 진보 등은 단기적으로 k를 증가시킨다. 그러나 저축률(s)의 증가와 인구증가율(n)의 감소가 지속적으로 발생하기 어렵기 때문에 장기적으로는 기술의 진보만이 1인당 GDP(y)의 지속적 증가를 가능하게 한다. 이런 점에서 기술의 발전이 경제성장 과정에서 매우 중요한 역할을 한다. 자본과 노동의 대체관계를 가정한 솔로우 모형은 자본계수가 가변적이므로 성장경로가 안정적이라는 특징을 갖는다.

그림 14-6 기술의 진보

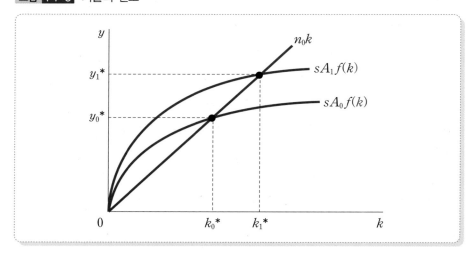

그리고 솔로우 모형은 해로드-도마 모형의 불안정적 균형의 문제를 해결하여 안
정적 균형 모형을 제시하였다는 데 의의가 있다.

3. 소비의 극대화와 자본축적의 황금률

정체상태에서 1인당 소비를 극대화시키는 수준의 자본축적을 펠프스
(Phelps)는 자본축적의 황금률(golden rule of capital accumulation)이라 하였
다. 1인당 소비(c)는 1인당 GDP($y = Af(k)$)에서 1인당 저축($sAf(k)$)을 차
감하여 구할 수 있다.

$$c = Af(k) - sAf(k) = (1-s)Af(k) \tag{21}$$

정체상태의 균형식인 식 (19) $sAf(k^*) = nk^*$를 식 (21)에 대입하면 다음과 같다.

$$c^* = Af(k^*) - nk^* \tag{22}$$

식 (22)에서 1인당 소비를 극대화시키는 자본량이 황금률 자본량이 된다. 소
비의 극대화를 위해 식 (22)를 k에 대해 미분하여 0으로 놓는다.

$$\frac{\partial c^*}{\partial k} = Af'(k^*) - n = 0 \tag{23}$$

이를 그래프로 나타내면 $Af(k)$곡선의 기울기인 자본의 한계생산성($Af'(k^*)$)
이 nk곡선의 기울기인 노동의 증가율(n)가 같을 때 소비가 극대화되고 이때의
자본량이 황금률 자본량이 된다. [그림 14-7]에서 1인당 GDP인 선분 $\overline{ak^*}$ 중에
서 극대화된 소비(c^*)는 선분 $\overline{ab}$로 표시되고 나머지 선분 $\overline{bk^*}$는 저축의 크기이
다. 여기서 c^*에 상응하는 k^*가 황금률 자본량(golden rule of capital)이 된
다. 그리고 점 b를 통과하는 $s^*Af(k)$곡선에 상응하는 s^*가 황금률 저축률(golden
rule of saving rate)이 된다. k가 k^*보다 작은 구간에서는 k가 증가할수록 1인
당 소비가 증가하는 반면 k가 k^*보다 큰 구간에서는 k가 증가할수록 1인당 소비
가 감소한다.

그림 14-7 자본축적과 저축률의 황금률

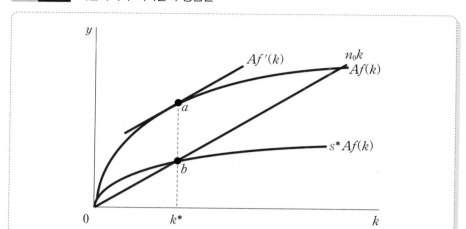

4. 수렴가설에 대한 시사점

솔로우 모형은 한계생산 체감의 법칙에 입각하여 정체상태에서 자본량이 [그림 14-3]의 k^*로 수렴한다는 이론이다. 이와 같은 수렴가설은 절대적 수렴가설과 조건부 수렴가설로 나눌 수 있다. 절대적 수렴가설(absolute convergence hypothesis)은 솔로우의 성장의 기본방정식($\dot{k}=sAf(k)-nk$)에서 생산함수의 구조($f(\cdot)$), 저축률(s), 기술수준(A), 노동의 증가율(n) 등 경제의 기초적 여건(fundamentals)이 모든 국가간에 동일해진다고 가정한다. 따라서 자본축적이 낮은 후진국과 자본축적이 높은 선진국의 자본량은 정체상태에서 모두 [그림 14-3]의 k^*로 수렴하게 되어 1인당 GDP가 같아진다는 이론이다. 다시 말하면 절대적 수렴이론은 후진국의 경제성장 속도는 빠른 반면 선진국의 경제성장 속도는 느리기 때문에 소득격차가 사라진다는 이론이다. 그러나 절대적 수렴가설은 현실 경제에서 후진국과 선진국의 소득격차가 지속되고 있는 현상을 설명하지 못하고 있다.

이와 같은 문제점을 해결하기 위해 제시된 가설이 조건부 수렴가설이다. 조건부 수렴가설(conditional convergence hypothesis)은 모든 국가간에 경제적 조건이 동일한 것이 아니라 선진국과 후진국 사이에 생산함수의 구조, 저축률, 기술수준, 노동의 증가율 등의 차이를 인정한다. 조건부 수렴가설은 모든 국가를 대상으로 수렴성을 주장하는 것이 아니라 경제적 조건이 유사한 국가간에 수렴성을 인정하는 가설이다. 이와 같이 경제적 조건이 유사하다는 조건하에서 수렴성을 인정한다는 의미에서 '조건부' 수렴가설이라 부른다. 예를 들어 OECD 가입국인 선진국들을 조건으로 하여 수렴성을 실증분석하면 대체로 조건부 수렴가설이 성립된다. 그러나 선진국과 후진국을 모두 포함하여 분석하면 수렴성이 성립하지 않는다는 것이 조건부 수렴가설이다.

| 신고전학파의 솔로우 모형 |

1. 재화시장의 균형조건을 동태화한 모형

   성장의 기본방정식 : $\dot{k} = sAf(k) - nk$

2. 정체상태($\dot{k} = 0$)의 완전고용 균형성장

   $$sAf(k^*) = nk^*, \qquad \frac{\dot{Y}}{Y} = \frac{\dot{K}}{K} = \frac{\dot{L}}{L} = n$$

3. 저축률의 증가, 인구증가율의 감소, 기술의 진보

   단기 : k와 y의 증가, 1인당 GDP의 성장률이 양의 값을 가짐

   장기 : 새로운 균형점에 도달하면 다시 1인당 GDP의 성장률은 0이 됨

   　　　 GDP의 성장률과 자본의 증가율은 노동의 증가율인 n과 같아짐

4. 자본축적의 황금률 : 정체상태에서 1인당 소비 극대화 수준의 자본축적

   소비의 극대화 : $Af(k)$ 곡선의 기울기와 nk 곡선의 기울기가 같을 때 성립

5. 수렴가설

   절대적 수렴가설 : 경제의 기초적 여건이 모든 국가간에 동일해짐

   　　　　　　　　 모든 국가의 1인당 GDP가 같아짐

   조건부 수렴가설 : 모든 국가를 대상으로 수렴성을 주장하는 것이 아니라

   　　　　　　　　 경제적 조건이 유사한 국가간에 수렴성을 인정하는

   　　　　　　　　 가설

14.5 내생적 성장이론

한계생산 체감의 법칙에 입각한 솔로우의 모형에서 성장의 원동력은 외생적으로 주어진 기술진보이다. 이런 의미에서 솔로우의 모형은 외생적 성장이론이다. 그러나 현실 경제에서 관찰되는 1인당 GDP의 지속적 격차는 외생적 기술진보의 차이로 설명하기는 어렵다. 왜냐하면 외생적으로 주어진 기술변수가 지속적으로 증가한다고 가정할만한 충분한 근거를 찾기 어렵기 때문이다. 경제성장의 원동력과 1인당 GDP의 지속적 격차에 대한 설명이 부족한 솔로우 모형의 문제점을 해결하고자, 기술변수(A) 등 성장모형의 변수들을 내생변수로 규정하는 성장이론이 1980년대 중반 이후 대두되었다. 성장모형의 변수들을 '내생화한다(endogenizing)'는 의미에서 이러한 이론을 '내생적' 성장이론(endogenous growth theory)이라 한다. 내생적 성장이론은 경제주체의 최적행위를 전제로 하는 미시적 기초 위에 사회후생을 극대화시키는 경제성장률이 어떤 내생적 요인들에 의해 결정되는가를 규명하는 성장이론이다.

내생적 성장이론은 솔로우의 외생적 성장모형을 2가지 관점에서 수정하였다. 첫째 한계생산 체감의 법칙을 유지하면서 외생적 기술진보 등을 내생화하여 경제성장의 원동력과 1인당 GDP의 지속적 격차를 설명하고자 하였다. 여기에는 기술변수를 경제주체의 최적화행위로 선택한 내생변수로 취급하는 연구개발(R&D)모형 등이 있다. 둘째 전통적인 자본과 노동에 의한 물적 성장 이외에 인적자본(human capital)과 학습효과(learning by doing) 등을 통한 질적 성장을 도입하여 정체상태에서 한계생산 체감의 법칙이 발생하지 않는 모형을 구성하는 것이다. 여기에는 수익불변 형태의 AK 모형이 있다. AK 모형에는 인적자본 모형과 학습효과 모형 등이 있다.

내생적 성장이론은 외생적 성장이론과는 달리 일국경제의 장기균형에서도 경제성장률이 0%가 되지 않고 일정하게 유지될 수 있다고 한다. 그리고 인구증가, 기술진보 등 외생적 요인이 없다 할지라도 효용극대화 등 최적화행위의 결과로 내생적으로 결정되는 R&D투자, 인적자본투자, 자본축적에 따른 학습효과 등에 의해 지속적인 경제성장(sustainable growth)이 가능하다고 한다.

1. R&D모형

로머(Romer) 등의 연구개발(research and development) 모형인 R&D모형은 한계생산 체감의 법칙을 유지하면서 기술변수를 내생변수로 취급한다. 기술변수를 내생화한 1인당 생산함수는 다음과 같다.

$$y_t = A_t f(k_t) = A_t k_t^{\alpha}, \qquad 0 < \alpha < 1 \tag{24}$$

여기서 기술수준(A_t)은 최적화행위의 결과로 선택된 R&D투자규모에 의해 결정된다. R&D투자를 지속적으로 증가시킨다면 기술수준(A_t)도 지속적으로 증가됨으로써 1인당 GDP가 수렴하지 않고 지속적으로 증가할 수 있다. 따라서 R&D투자의 지속적 증가가 가능한 선진국과 그렇지 못한 후진국간의 1인당 GDP의 지속적 격차가 설명된다.

2. AK모형

생산함수가 $Y = AK$의 형태로 표시되면 자본의 한계생산이 일정하게 된다. 자본의 한계생산이 체감하지 않기 때문에 솔로우 모형에 근거한 수렴가설은 성립하지 않고 1인당 GDP의 지속적 격차가 설명된다.

(1) 인적자본 모형

루카스(Lucas) 등은 경제성장의 원동력으로서 인적자본(H: human capital)을 강조하였다. 솔로우 모형에서 사용한 콥-더글라스 형태의 생산함수인 $Y = AK^{\alpha}L^{1-\alpha}$ 대신에 다음과 같이 인적자본(H)을 추가한 형태의 생산함수를 가정하였다.

$$Y = A_0 K^{\alpha}L^{1-\alpha}H^{1-\alpha} \tag{25}$$

균형하에서 자본의 한계생산($\frac{\partial Y}{\partial K}$)과 인적자본의 한계생산($\frac{\partial Y}{\partial H}$)이 같아진다는 관계를 식 (25)에 대입하여 정리하면 다음과 같다.

$$Y = \left[A_0\left(\frac{1-\alpha}{\alpha}\right)^{1-\alpha} L^{1-\alpha} \right] K = AK \qquad (26)$$

식 (26)으로부터 자본의 한계생산이 체감하지 않고 일정한 AK 형태의 생산함수를 얻을 수 있다. 이러한 생산함수는 경제성장의 원동력이 인적자본의 증가라고 설명하고 있으며, 자본의 한계생산이 체감하지 않기 때문에 1인당 GDP의 지속적 격차를 잘 설명하고 있다.

(2) 학습효과 모형

애로우(Arrow) 등은 솔로우 모형에서 사용한 콥–더글라스 형태의 생산함수인 $Y=AK^{\alpha}L^{1-\alpha}$ 대신에 다음과 같이 자본축적에 따라 생산성을 증가시키는 학습효과(aK, $a>0$)를 추가한 형태의 생산함수를 가정하였다.

$$Y = A_0 K^{\alpha} L^{1-\alpha}(aK)^{1-\alpha} \qquad (27)$$

식 (27)을 AK 형태의 생산함수로 정리하면 다음과 같다.

$$Y = [A_0 a^{1-\alpha} L^{1-\alpha}] K = AK \qquad (28)$$

식 (28)로부터 자본의 한계생산이 체감하지 않고 일정한 AK 형태의 생산함수를 얻을 수 있다. 이러한 생산함수는 경제성장의 원동력이 자본축적에 따른 학습효과라고 설명하고 있으며, 자본의 한계생산이 체감하지 않기 때문에 1인당 GDP의 지속적 격차를 잘 설명하고 있다.

| 내생적 성장이론 |

1. 외생적 성장이론

   외생적 기술변수와 한계생산 체감의 법칙의 도입으로 수렴가설을 주장

   비판: 외생적 기술변수로 성장의 원동력과 1인당 GDP의 격차를 설명 못함

2. 내생적 성장이론

   성장의 원동력과 1인당 GDP의 지속적 격차를 설명하고자 제안된 이론

   1) 기술변수의 내생화 : R&D모형 $y_t = A_t f(k_t) = A_t k_t^\alpha$

   2) 한계생산이 체감하지 않는 모형(AK모형)

   인적자본 모형 : $Y = A_0 K^\alpha L^{1-\alpha} H^{1-\alpha}$

   $$= \left[A_0 \left(\frac{1-\alpha}{\alpha} \right)^{1-\alpha} L^{1-\alpha} \right] K = AK$$

   학습효과 모형 : $Y = A_0 K^\alpha L^{1-\alpha} (aK)^{1-\alpha}$

   $$= [A_0 a^{1-\alpha} L^{1-\alpha}] K = AK$$

Episode

에 · 피 · 소 · 드

데이터로 보는 거시경제 : 중국의 GDP는 언제 미국을 추월할 것인가?

그 동안 미국은 경제규모로 세계 1위의 자리를 고수해 오고 있었으나, 이제 중국에 그 1위 자리를 추월당하는 것은 시간문제가 되고 있다. 아래 〈그림 A14〉는 구매력 환율(Purchasing Power Parity Exchange Rate) 기준으로 한 미국, 일본, 중국의 GDP 규모에 대한 과거 추이와 IMF의 향후 전망을 나타내고 있는데, 중국의 가파른 성장세가 한 눈에 보인다. 중국은 등소평의 등장 이후 1980~2010년 사이 평균 10% 수준의 놀라운 성장을 지속하였고, 이를 바탕으로 2000년대 초반 이미 일본을 추월하였고, 2015년경 이후부터는 미국을 추월할 것으로 전망되고 있다.

A14 미국, 일본, 중국의 PPP 기준 GDP 추이와 전망   (단위: 10억 달러)

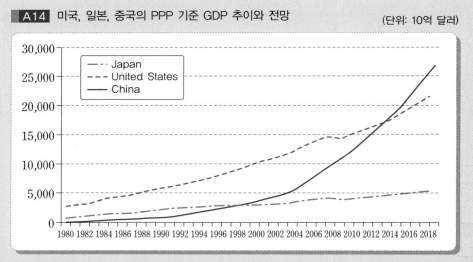

출처: IMF World Economic Outlook Database (October 2014)
주: 2013년 이후는 IMF의 전망치

연 습 문 제

01 경제성장 이론에서 솔로우 잔차에 대해 설명하시오.

02 콥-더글라스 형태의 생산함수를 이용하여 성장회계공식을 도출하시오.

03 생산함수를 1인당 변수로 변형한 생산성함수를 그래프로 표시하시오. 그리고 기술진보가 발생하면 생산성곡선에는 어떤 변화가 있는가?

04 고전학파의 리카르도-맬더스 모형은 어떤 의미에서 경제성장에 대해 비관적인 전망을 하였는가?

05 케인즈학파의 해로드-도마 모형에서 자연성장률과 보증성장률을 설명하시오. 그리고 이 모형의 균형은 어떤 의미에서 불안정적 균형인가?

06 신고전학파의 솔로우 모형에서 성장의 기본방정식을 도출하시오.

07 솔로우 모형의 균형은 어떤 의미에서 안정적 균형인가?

08 저축률의 증가, 인구증가율의 감소, 기술의 진보가 1인당 GDP의 성장률에 미치는 단기효과와 장기효과에 대해 각각 설명하시오.

09 절대적 수렴가설과 조건부 수렴가설에 대해 각각 설명하시오.

10 내생적 성장이론은 솔로우의 외생적 성장모형을 2가지 관점에서 수정하였는데 이에 대해 각각 설명하시오.

11 한계생산이 체감하지 않는 모형인 AK 모형에 대해 설명하시오.

ㅊ

ㅋ

저자 약력

서울대학교 경제학과 학사
The Johns Hopkins University 경제학과 석사
The Johns Hopkins University 경제학과 박사
California State University, Sacramento, Visiting Research Scholar
한국은행 금융경제연구소 전문연구역
현, 명지대학교 사회과학대학 경제학과 교수
e-mail: yimh@mju.ac.kr

■ 주요 연구실적

The effect of the Internet on inflation: Panel data evidence, *Journal of Policy Modeling(SSCI)*, vol.27, no.7 (2005. 10), pp. 885-889.

A GMM test of the precautionary saving with nonexpected-utility preferences, *Applied Economics(SSCI)*, vol.38, no.1 (2006. 1), pp. 71-78.

Does financial development cause economic growth? Implication for policy in Korea, *Journal of Policy Modeling(SSCI)*, vol.30 (2008. 9), pp. 827-840.

The Effect of the Internet on Economic Growth, *Economics Letters(SSCI)*, vol.105 (2009. 10), pp. 39-41.

The Internet, R&D expenditure and economic growth, *Applied Economics Letters (SSCI)*, vol.25, no.4 (2017. 4), pp. 1-4.

슬림거시경제 [제4판]

2009년 6월 30일   초 판 발행
2015년 7월 10일   제2판 발행
2019년 8월 10일   제3판 발행
2022년 7월 20일   제4판 1쇄 발행

저 자 이   명   훈
발행인 배   효   선

발행처 도서출판 法 文 社

주 소 10881 경기도 파주시 회동길 37-29
등 록 1957. 12. 12. / 제2-76호 (윤)
TEL 031)955-6500~6 FAX 031)955-6525
e-mail (영업): bms@bobmunsa.co.kr
        (편집): edit66@bobmunsa.co.kr
홈페이지 http://www.bobmunsa.co.kr
조 판 법 문 사 전 산 실

정가 28,000원   ISBN 978-89-18-91319-3